Computer – Grundwissen

R96 - R98
RP4
U5
Y5

Daniela Maag

Computer – Grundwissen

BASSERMANN

Inhalt

VORWORT 7

KAPITEL 1: RUND UM DEN COMPUTER 8
Anwendung 9
Wozu braucht man einen PC? . 10
Grundlegendes zum Thema Computer 10
Das Bussystem 11
Der Arbeitsspeicher 13
Der Prozessor 13
Herstellung 14
Geschichte 16

KAPITEL 2: COMPUTERTYPEN 20
Personal Computer 21
PC-Gehäuseformen 22
Laptop und Notebook 22
Homecomputer 24
Multimedia-PC (MPC) 24
PDAs 25
Palmtops 25
Organizer 26
PEN-PDAs 26
Workstations 26
Mittlere Datentechnik 27
Großrechner 27

KAPITEL 3: HARDWARE 28
Bestandteile eines Computers . . 29
Zentraleinheit 30
Motherboard 30
Prozessor 30
Coprozessoren 33
Arbeitsspeicher 33
RAM 33
ROM 34
Cache-Speicher 34
Schnittstellen 35
Parallele Schnittstellen . . . 35
Serielle Schnittstellen 36
Erweiterungssteckplätze 36
Grafikkarten 37
Funktionsweise 37
Technik 38
Grafikstandards 39
Soundkarte 39
Laufwerke 40
Diskettenlaufwerke 42
Festplattenlaufwerke 44
Magnetbandlaufwerke 45
CD-ROM-Laufwerke 45
Eingabegeräte 48
Tastatur 48
Mäuse und Verwandte 49

Mechanische und optische Mäuse 49
Trackball 50
Druckempfindlicher Button 50
Joystick 5
Grafiktableau 5
Lightpen 5
Touchscreen 5
Scanner 5
Flachbettscanner 5
Handscanner 5
Trommelscanner . . . .
Strichcodeleser . . . .
Digitaler Fotoapparat . . . . . .
Framegrabber . . . .
Multimedia-Karten . . . .
Spracheingabe . . . .
Ausgabegeräte . . . .
Bildschirm . . . .
Funktionsweise . . . .
Auflösungsstandards . . . .
LCD- und Plasmatechnik . .
Ergonomie bei Bildschirmen . . . .
Drucker . . . .
Nadeldrucker . . . .
Tintenstrahldrucker . . . . .
Laserdrucker . . . .
Thermodrucker . . . .
Imagedrucker . . . .
Belichter . . . .
Plotter . . . .
Speichermedien . . . .
Disketten . . . .
Festplatten . . . .
Aufbau und Funktionsweise einer Festplatte . . . .
Optische Speicher . . . .
Compact Disks . . . .
CD-Arten . . . .
WORM . . . .

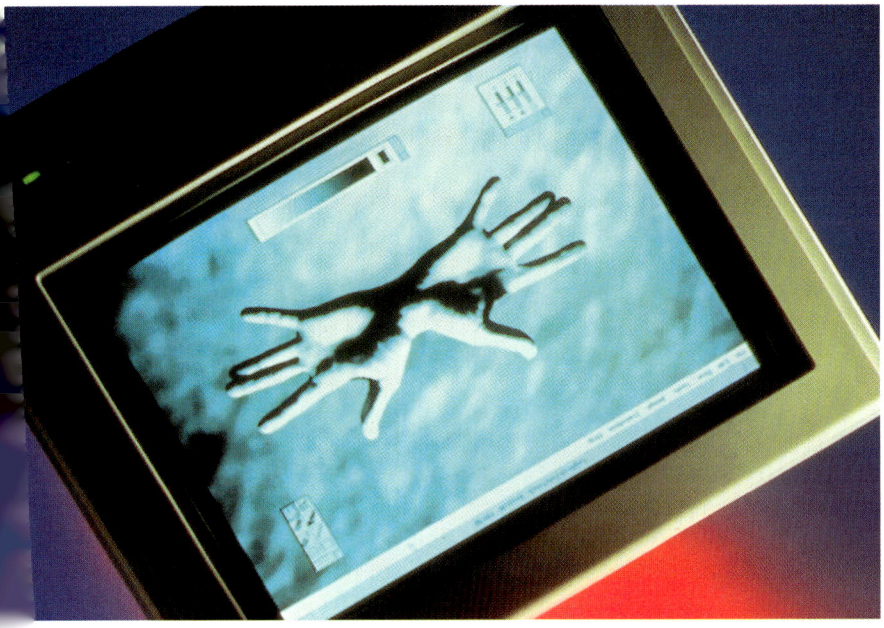

Sonstige Massenspeicher . . . 71
Magneto-optische Disks . . 71
Magnetbänder 72
Wechselfestplatten 72
Syquest-Wechselplatten . . 72

ITEL 4: KOMMUNIKATION 74
ɲnfernübertragung 75
echnische Voraussetzung . . 76
Modem 76
Modem-Arten 76
Auswahlkriterien 76
Anschluß eines Modems . . 78
ıtenleitungen 78
Datexnetz 79
ISDN 79
tenautobahnen 81
T-Online 81
Internet 82
CompuServe 83
Microsoft Network (MSN) . 83
American Online (AOL) . . . 84
Europe Online 85

Netzwerke 85
Lokale Netze 85
Netzwerkarchitekturen . . . 86
Globale Netze 87
MAN und WAN 87

KAPITEL 5: SOFTWARE 88
Lebenselixier des Computers . . . 89
Betriebssystem 91
Bootvorgang 91
Verzeichnisstruktur 92
Funktionen eines modernen Betriebssystems 93
Direkte Speicheradressierung 93
Multitasking 94
Protected Mode des Prozessors 94
Multiuser-Betrieb 95
Weitere Anforderungen . . . 95
MS-DOS 95
Bekannte Betriebssysteme 95
Windows NT 95
Windows 95 96
OS/2 96
System 7 97
UNIX 97

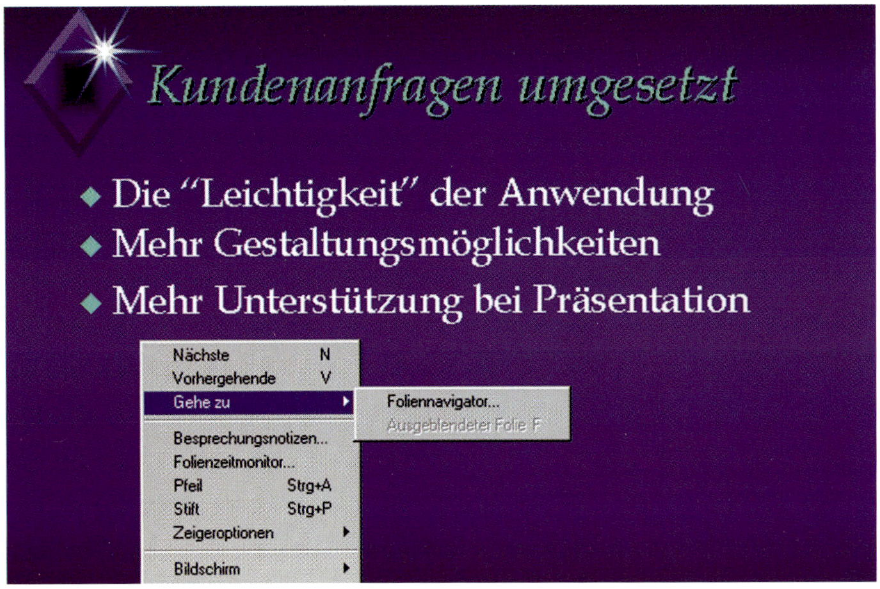

Benutzeroberflächen 98
Grafische Benutzeroberflächen 98
Windows 99
Der Windows-Desktop 99
Virtuelles Speichermanagement 101
Datenaustausch 101
Die Zwischenablage 102
Anwendungssoftware 103
Textverarbeitung 105
Bekannte Textverarbeitungsprogramme 107
Tabellenkalkulation 108
Bekannte Tabellenkalkulationsprogramme . . . 109
Datenbankprogramme 110
Bekannte Datenbankprogramme 111
Grafikprogramme 112
Bekannte Grafikprogramme 113
Zeichenprogramme 114
Bekanntes Zeichenprogramm 114

Malprogramme 114
Bekannte Malprogramme . 115
DTP-Programme 115
Bekannte DTP-Programme . 116
Integrierte Softwareprogramme 117
Bekanntes integriertes Softwareprogramm 118
Hilfsprogramme 119
Gewerbliche Programme 119
Branchenprogramme 119
Buchhaltung 120
Lagerverwaltung 122

Technisch-wissenschaftliche Programme 123
Lernprogramme 124
Multimedia 125
Spiele 127
Sonstige Programme 129
Programmiersprachen 131
Bekannte Programmiersprachen 131
Assembler 13
BASIC 13
C 13
COBOL 13
FORTRAN 13
PASCAL 13
PROLOG 13
Sonstige Programmiersprachen 1
ALGOL 1
FORTH 1

KAPITEL 6: SERVICE 1
Kauf eines Computers 1
Die richtige Wahl 1
Entscheidungshilfen 1
Zeitschriften . . . .
Fachbücher . . . .
Wo kauft man einen Computer? . . . .
Fachhandel . . . .
Versandhaus . . . .
Wartung . . . .
Wartungsvertrag – ja oder nein? . . . .
Schulung . . . .
Wie findet man die richtige Schulung? . . . .
Lernprogamme . . . .

KAPITEL 7: ANHANG . . . .
Fachwortverzeichnis . . . .
Register . . . .

Vorwort

Kaum eine andere technische Erfindung hat unser Leben so verändert wie der Computer. Hinter Bahnhofs- und Bankschaltern, am Arbeitsplatz oder zu Hause im Wohn- und im Kinderzimmer – überall finden sich heute Computer. Insbesondere der „persönliche Computer“, der Personal Computer oder kurz PC, hat Einzug in fast alle Lebensbereiche gefunden.
Doch, wie es bei allen etablierten technischen Neuerungen der Fall ist: Man sieht und benutzt sie täglich, man hat sich an ihre Gegenwart gewöhnt, aber – Hand aufs Herz – man weiß wenig über sie. Dieses Buch will hierbei Abhilfe schaffen.
Sie erhalten zunächst einen ausführlichen und verständlichen Überblick über die Grundzüge der Informationsverarbeitung. Ein kleiner Einblick in die Geschichte der Computerei zeigt außerdem auf, in welch rasantem Tempo die technische Entwicklung gerade in diesem Bereich vorangestürmt ist.
In einem Kapitel werden Ihnen die verschiedenen Computertypen mit ihren unterschiedlichen Einsatzbereichen vorgestellt. Ausführlich werden die Standardkomponenten eines Personal Computers sowie seiner wichtigsten Zusatzgeräte beschrieben. Da jedoch ein Computer ohne Software völlig unnütz ist, wird gerade dieser Bereich der Datenverarbeitung besonders ausführlich besprochen.
Das abschließende Kapitel mit dem Namen „Service“ hilft Ihnen beim Kauf eines eigenen persönlichen Computers und informiert Sie außerdem, was im „laufenden Betrieb“ eines PCs alles zu beachten ist. Außerdem findet das Thema Schulung ausführlich Beachtung.
Insgesamt gibt Ihnen dieses Buch einen verständlichen und informativen Einstieg in die heutige Computertechnik. Auch wenn Sie bereits einiges an Grundwissen aufweisen können, werden Ihnen die gelieferten Informationen zu einem umfassenden Verständnis des Themas verhelfen.
Der Verlag und die Autorin hoffen, Ihnen mit diesem Buch einen sinnvollen und hilfreichen Einstieg in die Welt der Computer zu bieten.

Autorin und Verlag

Rund um den Computer

Sicherlich haben Sie bereits mit einem Computer gearbeitet, auch wenn Sie sich dessen gar nicht bewußt waren: Zum Beispiel wenn Sie an einem Geldautomaten Geld abgehoben oder Ihren Kontostand abgefragt haben, wenn Sie im Parkhaus an einem Automaten Ihre Parkgebühren bezahlt oder aber zu Hause Ihren CD-Spieler oder Ihren Videorecorder bedient haben. Bei all diesen Anwendungen steht ein Computersystem im Hintergrund.

Ursprünglich entstanden Computer einzig und allein, um dem Menschen komplizierte Rechnungen abzunehmen. Daher kommt auch ihr Name: lateinisch „computare", zusammenrechnen, berechnen; englisch „to compute", berechnen, errechnen. Mittlerweile haben sie überall im Leben der Menschen Einzug gehalten und sind schon gar nicht mehr daraus wegzudenken.

Vor allem der Personal Computer („persönlicher Computer" oder kurz „PC") hat große Bedeutung sowohl im beruflichen als auch im privaten Bereich erlangt. Deshalb beschäftigen wir uns in erster Linie mit dem PC, wenn auch – wo notwendig – kurze Abstecher in die anderen Welten der Computerei gemacht werden.

Anwendung

Unter dem Begriff „Computer" werden heute alle elektronischen, programmgesteuerten Rechenmaschinen zusammenfaßt, und zwar unabhängig von ihren konkreten Verwendungszwecken.
Programmgesteuert bedeutet, daß der Rechner eine Arbeitsanweisung oder eine Folge von Anweisungen zur Lösung einer bestimmten Aufgabe abarbeitet.
Die Erstellung derartiger Anweisungen heißt Programmierung. Die Art und Reihenfolge der Anweisungen legt ein Programmierer fest.
Unter Computeranwendung oder -benutzung versteht man nun, daß Menschen zur Erledigung von bestimmten Aufgaben den Computer einsetzen bzw. vorhandene Lösungen verwenden, ohne selbst über spezielle Programmier- oder Rechenkenntnisse verfügen zu müssen.
Der Einsatz von Computern ist nicht auf vordefinierte Teilgebiete begrenzt. Das Leistungspotential moderner Rechner erlaubt es sogar, unterschiedliche Aufgaben gleichzeitig zu bewältigen. Mehrere Bediener können beispielsweise an sogenannten Mehrplatzsystemen arbeiten. Komplexe Organisations- und Steuerprogramme sorgen dann dafür, daß der Anweisungsfluß innerhalb der miteinander verbundenen Computersysteme dabei nicht durcheinandergerät. Vertraut sind Bilder vom Computereinsatz in der Weltraumfahrt, in Rechenzentren von Großbetrieben, in der Verkehrsüberwachung, bei der Flugsicherung und so weiter. Die Leistungsfähigkeit dieser Systeme muß aufgrund der Aufgabenstellung sehr hoch sein. Für weniger aufwendige Arbeiten gibt es kleinere Computersysteme, die Personal Computer oder PCs. Sie sind auf einen einzelnen Anwender zugeschnitten und genügen den täglichen Bedürfnissen im Beruf. Bei Bedarf lassen sich PCs auch zu „Netzen" verbinden.

Wozu braucht man einen PC?

PCs machen den größten Prozentsatz aller Arbeitsplatz- oder Anwendungscomputer auf der Welt aus. Ihr Haupteinsatzort ist noch immer der Büroarbeitsplatz.
Zahlreiche Bürotätigkeiten lassen sich mit Hilfe eines Computers erledigen. Nach einer Einarbeitungsphase geschieht dies in der Regel schneller und einfacher als mit der Hand, was die Monotonie mancher Büroarbeit auf ein erträgliches Maß reduziert. Sind Informationen und Arbeitsschritte erst einmal in computergerechter Form aufbereitet, können sie beliebig oft reproduziert werden. Eine Antwort auf Bewerbungsschreiben, ein Vertrag oder ähnliches muß nicht immer wieder neu geschrieben, sondern lediglich mit den aktuellen Daten versehen werden.
Welche Aufgaben zu Hause oder im Büro mit einem PC erledigt werden, bleibt im Prinzip ganz der Phantasie überlassen, da der PC als „offenes" Medium unendlich viele Anwendungsgebiete umfaßt. Ob mit seiner Hilfe ein Fahrtenbuch geführt, eine Diasammlung verwaltet, die englische Sprache erlernt oder Schach gespielt wird – dem PC ist fast jede Anwendung recht, und es ist weitaus schwieriger, Aufgaben zu finden, die man nicht mit ihm ökonomischer lösen kann.
Wie erlernt man die Handhabung eines PCs, ohne bloß nutzenmaximierende und funktionale Zwecke zu verfolgen? Die Möglichkeiten und Grenzen eines Computers erkennt man bei seiner Nutzung. Sieht man einmal von der Funktionalität eines PCs ab, so stellt er ein „hochsensibles" und aus einfachsten Prinzipien entwickeltes Meisterwerk dar, an dem viele Menschen über Jahrtausende gearbeitet haben.
Die „Architektur" des Computers ist offen und flexibel. Der PC kann als bessere Schreibmaschine oder als Taschenrechner gebraucht werden, es ist aber auch möglich, kreativ mit ihm umzugehen – sei es in Form von multimedialen Anwendungen, Grafikerstellung, Layout, Programmierung oder auch Computer- und Lernspielen für Kinder (s. Bild links).

Grundlegendes zum Thema Computer

In diesem Teilkapitel soll die Frage behandelt werden: Wie funktioniert der Computer und sein zentrales Bauelement, der Prozessor? Im Zusammenhang mit dem Thema des Buches sind diese Erläuterungen nützlich, denn dieses Wissen erleichtert das Verständnis für die Arbeit. Sie wurden so allgemeinverständlich wie nur möglich geschrieben, um einen Einblick in die teilweise abstrakte Materie zu verschaffen.
Alle Computersysteme – vom kleinsten Heimcomputer bis zum Großrechner – folgen bei der Verarbeitung von Daten einem einfachen Grundprinzip: Die eingegebenen Daten werden gemäß einer Arbeitsanweisung in Ausgabedaten umgewandelt.
Doch was sind eigentlich Daten? Zunächst einer der wichtigsten Begriffe der Computertechnologie! Allgemein gesprochen sind Daten kodierte Informationen. Also Informationen, die in einer ganz bestimmten Form vorliegen. Zum Verständnis muß man dabei wissen, daß Computer intern mit nur zwei Logikzuständen arbeiten: „ja" oder

„nein", „wahr" oder „falsch" – dazwischen gibt es nichts. Oder noch genauer: Was zwischen ja oder nein liegen könnte, ist ungültig und löst deshalb besondere Prozeduren aus, die zu Fehlermeldungen führen.
Die zwei eindeutig definierten Zustände bezeichnet man meist als „logisch 0" und „logisch 1" oder vereinfacht als „0" und „1". In einer Datenleitung im Inneren eines Computers wird eine 0 meist durch eine Spannung zwischen genau 0 Volt und 0,7 Volt und eine 1 durch eine Spannung zwischen 2,5 Volt und 5,5 Volt dargestellt. Alle Spannungen außerhalb dieser Bereiche sind auf einer solchen Datenleitung ungültig. Eine einzelne Stelle nennt man in der Computertechnik eine binäre Einheit, auf englisch: binary digit. Durchgesetzt hat sich die Abkürzung Bit.
Mit nur je einer 0 oder 1 würde man natürlich nicht weit kommen. Deshalb werden zum Kodieren von Informationen stets eine ganze Anzahl von Stellen benutzt. Das nebenstehende Schema zeigt dies auf: Mit nur 0 und 1, einer einzigen Stelle also, gibt es nur zwei mögliche Kombinationen. Mit zwei Stellen ergeben sich bereits vier mögliche Kombinationen: 00, 01, 10 und 11. Eine weitere Stelle verdoppelt erneut die Anzahl der möglichen Kombinationen, jetzt sind es schon acht: 000, 001, 010, 011, 100, 101, 110, 111. Mit der vierten Stelle ergeben sich bereits 16 mögliche Kombinationen, und so geht es weiter:
5 Stellen = 32, 6 Stellen = 64,
7 Stellen = 128, 8 Stellen = 256,
..., 10 Stellen = 1.024,
..., 16 Stellen = 65.536,
..., 32 Stellen = 4.294.967.296 usw.
Auf diese Weise werden alle Daten – Zahlen, Buchstaben, Steuercodes usw. – im Inneren des Computers als Kombinationen von elektrischen 0- und 1-Signalen dargestellt.

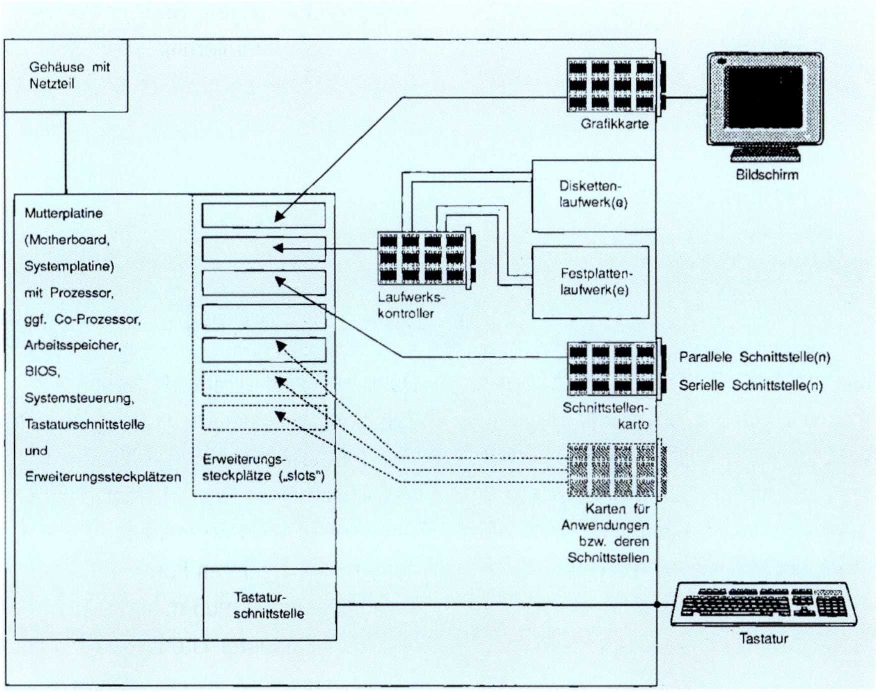

Beim Computer gibt es sehr viel Drumherum, um die Verständigung zwischen Mensch und Maschine zu ermöglichen, etwa die Tastatur zur Dateneingabe und den Bildschirm zur Datenausgabe. Doch können die Daten statt auf dem Bildschirm auch auf dem Drucker ausgegeben werden, ohne daß dies etwas an der eigentlichen Verarbeitung der Daten im Prozessor ändern würde.
Zentraleinheit, Tastatur und Bildschirm bilden die Hauptbestandteile eines Computers; die beiden letztgenannten werden im Kapitel „Hardware" noch näher erläutert. Im Moment ist für uns nur wichtig zu wissen, daß mit Hilfe dieser Geräte Daten in das System eingegeben und Ergebnisse der Arbeit des Systems sichtbar gemacht werden. Die Zentraleinheit enthält die Plattenspeicher, den aus RAM und ROM bestehenden Arbeitsspeicher, den Prozessor und die Systemsteuerung sowie das Netzteil (Stromversorgung). Letzteres stellt für alle anderen Bestandteile die Betriebsspannungen bereit.

Das Bussystem

Mit Ausnahme des Netzteils werden alle Funktionseinheiten durch sogenannte Busse verbunden. Das sind der Datenbus, der Adreßbus und der Steuerbus. Der Steuerbus ist für die (zeitliche) Ablaufsteuerung innerhalb der Zentraleinheit zuständig, während der Adreßbus bestimmte Speicherstellen oder Sonderadressen aktiviert, von denen Daten

Bild rechte Seite:
Eine Übersicht über die Bestandteile der Zentraleinheit gibt dieses Schaubild. Wenn noch Tastatur und Bildschirm angeschlossen werden, ist das Grundgerät perfekt.

geholt oder zu denen Daten übertragen werden sollen. Die Daten selber werden vom Datenbus transportiert. Das Bussystem ist also nichts anderes als eine Anzahl elektrischer Leiter. Jeder der drei genannten Busse besteht aus einer bestimmten Anzahl solcher Leitungen, die alle Einheiten miteinander verbinden. Bevor eine sinnvolle Tätigkeit im Inneren des Computers überhaupt möglich wird, muß der Datenverkehr mit Hilfe dieser Busse geregelt werden.
Heute haben sich folgende Datenbussysteme durchgesetzt:

- ISA (Industrie-Standard-Architektur): Die meisten auf dem Markt befindlichen PCs nutzen diese Busarchitektur. Sie befand sich bereits in den ersten Personal Computern (XT- und AT-PC). Vorteil dieses Datenbusses ist die weite Verbreitung, weshalb es ein enormes Angebot an passenden und preiswerten Einsteckkarten zu kaufen gibt. Nachteil ist jedoch die geringe Geschwindigkeit der Datenverarbeitung.
- MCA (Micro Channel Architecture): IBM brachte dieses Bussystem mit dem Personal Computer PS/2 auf den Markt. MCA-Karten nutzten erstmals die Datenübertragung mit einer Breite von 32 Bit. Ihr Vorteil war, daß sie selbstkonfigurierend und kleiner sind, also weniger Platz benötigen. Da die PS/2-Computer sich jedoch nicht durchsetzen konnten, hat MCA nie die Bedeutung von ISA erlangt.
- EISA (Erweiterte Industrie-Standard-Architektur): Diese Busarchitektur entstand als Gegenpart zu MCA. Während letztere von IBM entwickelt wurde, entstand EISA durch Kooperation mehrerer Computerhersteller. EISA erlaubte es, die Leistung des Bussystems an die der 32-Bit-Prozessoren anzugleichen. Denn nur wenn beide aufeinander abgestimmt sind, kann die volle Leistung des Prozessors genutzt werden. EISA-Karten haben den Vorteil, daß sie mit ISA kompatibel sind, so daß vorhandene Karten weiterverwendet werden können.
- Local Bus: Dieses 32-Bit-Bussystem wurde ebenfalls von mehreren Anbietern gemeinsam entwickelt. Diese Kooperation von über hundert Firmen ist unter dem Namen VESA (Video Electronics Standards Association) bekannt. Local Bus besitzt eine besonders hohe Übertragungsrate, was sich vor allem beim Bildaufbau und beim Datentransport zur Festplatte bemerkbar macht. Heute hat sich jedoch ein anderes Local-Bus-Konzept durchgesetzt: PCI (Peripheral Component Interconnect), ein Produkt des Prozessoren-Herstellers Intel. Anders als VESA ist dieser Standard prozessorenunabhängig, also auch auf moderne Prozessoren wie den Pentium ausgerichtet.

Neben dem Datenbus gibt es, wie bereits angesprochen, noch den Adreßbus und den Steuerbus. Der Adreßbus ist notwendig, damit der Computer immer weiß, an welcher Stelle in seinem Speicher schon etwas abgelegt oder wo noch etwas frei ist. Ein Speicher ist mit einem Regal mit vielen Fächern vergleichbar. Jedes Fach hat einen bestimmten Inhalt und ist mit einer eindeutigen Nummer gekennzeichnet. Die Aufgabe des Adreßbusses (die Gesamtheit aller Adreßleitungen) ist es, diese Fächer zu unterscheiden.
Wie viele Adreßleitungen ein Computer hat, hängt vom Prozessor ab. Je höher die Prozessorleistung, desto schneller kann er Daten transportieren. Ein 80486er-Prozessor und ein Pentium zum Beispiel weisen jeweils eine Adreßbusbreite von 32 Bit auf.
Der dritte Bus im Bussystem eines Computers ist der Steuerbus. An diesen können intern Bauteile über ein Steckkartensystem angeschlossen werden. Wenn also diese Elemente (Laufwerke, Soundkarten, Grafikkarten

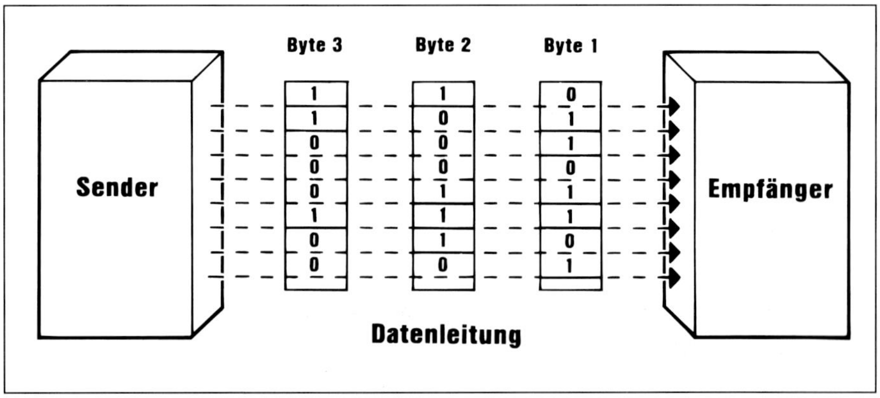

Das Funktionsprinzip der parallelen Schnittstelle: 8 Bits (= 1 Byte) werden gleichzeitig über 8 Leitungen vom Sender zum Empfänger transportiert.

etc.) Daten senden oder empfangen wollen, wird ein Signal verschickt. Diese Aufgabe übernimmt der Steuerbus. Eine genaue Erläuterung der Funktionsweise des Bussystems würde uns bereits tief in den Fachbereich der Elektronik führen. Da dieses Buch jedoch zunächst nur ein Grundwissen vermitteln soll, verzichten wir hier auf weiterführende Erläuterungen.

Der Arbeitsspeicher

Der Arbeitsspeicher eines Computers besteht aus frei adressierbaren Speicherstellen. Zu jeder Speicherstelle gehört eine Anzahl Bit. In der Regel sind es 8, 16 oder 32 Bit, die gemeinsam angesprochen werden.
Unterschieden werden muß nun noch zwischen Speicherstellen, die feste (nicht änderbare Daten) enthalten, und solchen, deren Inhalt jederzeit geändert werden kann. Die Speicherzellen der Festspeicher kann man sich am einfachsten als Schalter vorstellen, die in einer bestimmten Stellung festgeklemmt wurden.

Der Prozessor

Zu den wesentlichen Elementen eines Computers gehört der Prozessor. Er kann mehrere Funktionen nacheinander ausführen oder, anders ausgedrückt, Abläufe, Prozesse durchführen. Deshalb nennt man ihn auch „zentrale Prozeßeinheit“, englisch: „Central Process Unit“ oder abgekürzt: CPU.
Eine CPU ist sozusagen der zentrale Computer im Computer.
Der Prozessor eines PCs besteht im wesentlichen aus den Registern (prozessorinterne Speicherstellen), dem Steuerwerk (zur Programm-, Eingabe- und Ausgabesteuerung) und dem Rechenwerk (ALU, für arithmetische und logische Operationen). Die Register sind prozessorinterne, kleine Zwischenspeicher für die gerade zu bearbeitenden Daten und deren Adressierung. Das Steuerwerk ist primär für organisatorische Arbeiten verantwortlich. Es schreibt oder lädt beispielsweise Daten aus dem Arbeitsspeicher in die Register. Eine andere Aufgabe besteht darin, Befehle zu decodieren. Im Rechenwerk werden anschließend die logischen und arithmetischen Befehle ausgeführt. Der interne Aufbau von Steuer- und Rechenwerk legt den Befehlssatz fest.
Die Register eines Prozessors werden nach ihrer Verwendungsart und in Abhängigkeit vom Prozessortyp untergliedert. Für die arithmetischen und logischen Operationen sowie die Datenübertragung und die Adressierung des Arbeitsspeichers stehen je nach Prozessortyp 8, 16 oder 32 Daten- und Adreßregister zur Verfügung. Für die Adressierung der Speichersegmente (der einzelnen Abschnitte des Arbeitsspeichers) besitzen einige Prozessoren einen Registersatz aus vier 16 Bit breiten Registern, die sogenannten Segmentregister. Bei den moderneren Prozessoren sind zu diesen vier zwei weitere Segmentregister hinzugekommen. In speziellen Kontrollregistern stehen Statusinformationen, die über den Zustand des Prozessors und über besondere Ereignisse, die bei den letzten Operationen aufgetreten sind, Auskunft erteilen. Bei älteren Prozessortypen handelt es sich um zwei 16 Bit breite Register, bei neueren um 32 Bit breite Statusbit-Register. Weiterhin besitzen die Prozessoren noch mehrere Sonder-, Kontroll-, Test- und Steuerregister, auf die hier nicht näher eingegangen wird.
Ein Leistungsmerkmal für den Prozessor liegt in der Anzahl der Bit, die gleichzeitig verarbeitet werden können. Dies ist abhängig von der Breite des Datenbusses. Dabei unterscheidet man zwischen interner und externer Verarbeitung. Intern meint: wie breit ist der interne Datenbus, wie viele Bit umfaßt er? Extern meint: Wie breit ist der Datenbusanschluß des Prozessors nach außen, was gleichbedeutend ist mit: wie breit ist der Datenbus der Mutterplatine?
Als wichtiges Leistungsmerkmal von Prozessoren wird in der Werbung für Computer immer wieder die Taktfrequenz angegeben. Alle Arbeitsschritte des Prozessors werden in genau geregelter Abfolge ausgeführt. Die Taktfrequenz ist dabei ein elektronisch erzeugtes Signal, welches die Ablaufgeschwindigkeit dieser Abfolge regelt: Mit jedem „Taktimpuls“ wird ein Arbeitsschritt durchgeführt. Die Taktfrequenz kann jedoch nur einen Anhaltspunkt beim Vergleich zweier ansonsten baugleicher Prozessoren bieten. Sie gibt nämlich keinen direkten Aufschluß über die Arbeitsgeschwindigkeit des Gesamtsystems. Denn für diese ist zum Beispiel auch die Arbeitsgeschwindigkeit der Festplatte, des Festplattenkontrollers und der Bildschirmsteuerung von Bedeutung.
Die Betrachtung des Innenlebens eines Prozessors ist kompliziert und füllt dicke Fachbücher. Da eine Erläuterung für Normalanwender in der Regel uninteressant ist, dringen wir hier nicht tiefer in diese Materie ein.

Herstellung

Die Herstellung einer elektronischen Schaltung ist ein aufwendiger Produktionsprozeß, der höchste Anforderungen an die Ausgangsmaterialien stellt. Hauptrohstoff für die Halbleiterschaltungen (Chips) ist das zweithäufigste Element in der Erdkruste, das Silizium (von lateinisch: silex, Kiesel). Es kommt als Siliziumdioxyd, SO_2, in der Natur vor und muß nach der Bearbeitung eine derart hohe Reinheit besitzen, daß auf eine Million bis eine Milliarde Siliziumatome nur ein Fremdatom kommt.

Im ersten Arbeitsschritt wird aus Quarzsand mit Petrolkoks im Lichtbogenofen Rohsilizium gewonnen. Durch Ziehen aus dem Tiegel oder durch tiegelloses Zonenziehen entstehen Siliziumstangen mit einer sehr sauberen Kristallstruktur, der Fachbegriff lautet „monokristallin". Beim Kristallziehen werden zum einen Verunreinigungen ausgeschieden, zum anderen sogenannte Dotierungsstoffe (Fremdatome) in geringster Konzentration zugesetzt. Von den Siliziumstäben, die circa 1 Meter lang sind, schneidet man mit Diamantsägen die sogenannten Wafer ab. Hierbei handelt es sich um Scheiben von etwa 10 cm Durchmesser und 0,3 mm Dicke. Jeder Wafer bietet Platz für 100 oder mehr Chips.

Die Wafer oder Scheiben erhitzt man in einem Ofen mit der sehr genau eingehaltenen Temperatur von 1000 ° Celsius und in einer Atmosphäre aus reinem Sauerstoff, damit sich eine Schicht Siliziumdioxyd, SO_2 (Quarzglas), auf der Oberfläche bilden kann. Durch diesen Glasüberzug werden die Wafer vor Verschmutzungen geschützt. Die fertig oxydierten Wafer beschichtet man mit einem speziellen Fotolack, welcher durch Belichten aushärtet und auf diese Weise gegen bestimmte Lösungsmittel widerstandsfähig wird. Der Wafer wird so lichtempfindlich.

Anschließend bestrahlt man ihn mit UV-Licht. Zwischen UV-Licht und der lichtempfindlichen Schicht wird eine Fotomaske montiert, auf der sich eine Schaltlogik für die vielen Chips befindet. Danach entwickelt man durch Abwaschen, so daß die Schaltlogik sichtbar wird: An den nicht belichteten Stellen ist der ausgehärtete Fotolack nach wie vor vorhanden, und an den belichteten besitzt der Wafer nun keine Lackschicht mehr. In einer zweiten Entwicklung wird die Quarzschicht per Säurebad weggeätzt. Dadurch entstehen zahlreiche Öffnungen, direkte Verbindungen zur Siliziumschicht.

Weil reines Silizium aber keinen Strom leitet, wird der Rohling mit Ionen beschossen. Umweltbewußte Chemiker würden sagen, reines Silizium wird durch Bor- und Arsenatome „verunreinigt", um es leitfähig zu machen. Man nennt diesen Vorgang auch Dotieren, Ionenimplantation oder Diffusion.

Die Arbeitsschritte Belichten, Entwickeln, Ätzen und Dotieren wiederholen sich mehrmals. Schicht für Schicht überträgt man so. Abschließend wird der Wafer mit einer hauchdünnen Aluminiumschicht bedampft, um die Transistoren, Dioden und Widerstände, die im bisherigen Arbeitsprozeß entstanden sind, untereinander elektronisch zu verbinden. Es werden jedoch einige sogenannte Bondflecken ausgespart. Sie sind die Kontaktflächen des Chips zur Außenwelt. An ihnen werden feine Golddrähtchen angebracht.

Der vorletzte Produktionsschritt ist ein computergesteuerter Testlauf der Chips. Zum Testen jedes einzelnen Chips auf dem Wafer sind zwischen 10 und 100 Millionen Messungen erforderlich, bei sehr komplexen Chips manchmal noch mehr. Wurden alle Messungen erfolgreich durchgeführt, wird der Wafer zum Schluß in die einzelnen Chips zerschnitten.
Theoretisch könnte der Chip nun bereits Daten und Signale verarbeiten. Allerdings wären diese „nackten" Chips zu empfindlich für ihre „Umwelt" im Inneren des Computers: Jedes Staubkorn könnte einen Kurzschluß verursachen. Deshalb werden die Chips in Keramikgehäuse eingebaut, ihre Anschlüsse – die erwähnten Bondflecken – werden dabei in einem von Robotern durchgeführten Arbeitsschritt durch dünne Drähte mit den Anschlußstiften des Gehäuses verbunden. So entsteht eine „integrierte Schaltung", ein IC. Natürlich sind auch die Anschlußstifte aus elektrisch leitfähigem Material. Die ICs werden nun auf Platinen zu größeren Funktionseinheiten zusammengeschaltet. Platinen sind dünne Platten aus elektrisch isolierendem Material, auf denen sich elektrisch leitfähige Metallbahnen (Leiterbahnen) befinden. Bei „doppelseitigen" Platinen sind nur Ober- und Unterseite mit Leiterbahnen versehen.
Für komplexe Computerschaltungen reicht dies meist nicht, dann werden Mehrlagen-Platinen verwendet (englischer Fachbegriff: multilayer). Auf eine besonders dünne doppelseitige Platine wird eine einseitige, ebenfalls sehr dünne Platine per Klebepressung aufgebracht. Bei Bedarf wird dies wiederholt. Heute sind fünflagige Platinen durchaus nichts Besonderes mehr.
Die Leiterbahnen der einzelnen Schichten werden durch metallische Kontaktierungen an den richtigen Stellen verbunden. In diese komplexe Struktur von Verbindungsleitungen werden nun die ICs eingelötet, dies geschieht im „Lötbad", einem ebenfalls automatisierten Fertigungsschritt.
Außer den ICs werden in diesem Fertigungsschritt noch andere Bauelemente (Widerstände, Kondensatoren, Stecker) und Steckverbinder, Anschlußbuchsen und anderes auf der Platine befestigt. Auch die Platinen werden einer Funktionsprüfung unterworfen. Danach werden sie zusammen mit allen anderen Komponenten (anderen Platinen, Netzteil, Laufwerken etc.) in ein Gehäuse eingebaut und mit den entsprechenden Anschlußleitungen versehen. Jetzt ist der Computer (oder genauer: die Zentraleinheit des PCs) fertig zur Endprüfung. Wir konnten hier natürlich nur eine recht grobe Übersicht geben, die sich im wesentlichen auf die Herstellung der integrierten Schaltungen bezog. Aber diese machen auch den funktionellen Kern des Computers aus, alles andere ist sozusagen „gewöhnliche Elektronik".

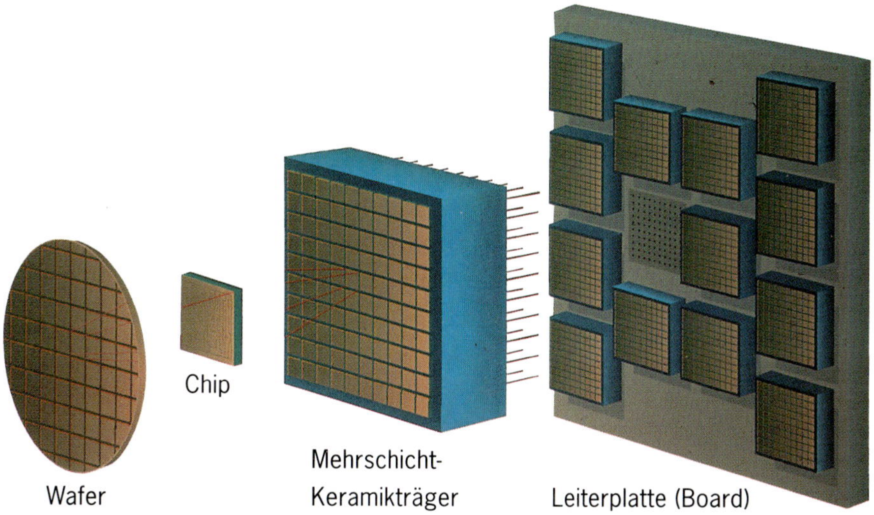

Bild linke Seite:
Bei rd. 1400 Grad Celsius wird in einer Ziehanlage das Reinsilizium hergestellt.

Bild rechte Seite oben:
Plasma-Ätzen von 1-MB-Chips.

Bild rechte Seite unten:
Die Zeichnung verdeutlicht, wie eine integrierte Schaltung entsteht.

Geschichte

Wenn wir hier über Geschichte sprechen, so meinen wir alle Entwicklungen, die mit dem Computer zu tun haben. Der heutige Computer ist das bislang letzte Glied in der Kette des menschlichen Bestrebens, die Übermittlung, Darstellung und Verarbeitung von Informationen und Daten zu erleichtern.

Dies wäre jedoch eigentlich ein Thema für ein eigenes Buch, weshalb wir unsere Darstellung auf einige wenige historische Fakten beschränken. Da der heutige Computer sich aus den elektronischen Rechenanlagen der 50er Jahre dieses Jahrhunderts entwickelte, gehen wir insbesondere auf die Entwicklung der Rechenmaschinen ein.

Das älteste bekannte Rechenhilfsmittel ist ein Rechenbrett, das die Chinesen benutzten (etwa 3000 Jahre vor Christus), gefolgt von den in Schnüre geknüpften Knoten (Additionssystem), die in Peru verwendet wurden, und vom Abakus, einem Brett mit verschiebbaren Kugeln, welches bereits 1100 vor Christus in China entwickelt wurde und seinen Weg über Persien nach Europa fand.

Mit dem Aufstieg der Geistes- und Naturwissenschaften zu Beginn des 17. Jahrhunderts wurden dann die ersten mechanischen Rechenmaschinen entwickelt. Wilhelm Schickhardt (1596 bis 1635), Universitätsprofessor in Tübingen, baute 1623 eine Rechenmaschine mit einer sehr einfachen Mechanik für Addition und Subtraktion, die Zahlen bis zu sechs Stellen bearbeiten konnte. Sie wurde 1642 bei einem Feuer zerstört. Auch der Philosoph und Mathematiker Blaise Pascal (1623 bis 1662) konstruierte 18jährig eine Rechenmaschine, mit der sechsstellige Zahlen addiert werden konnten.

Angeregt von den Bemühungen Schickhardts und Pascals entwarf Gottfried Wilhelm von Leibniz 1674 eine sogenannte 4-Spezies-Maschine, welche die vier Grundrechenarten ausführen sollte. Hervorzuheben bleibt, daß Leibniz bereits als Zahlensystem für Rechenmaschinen das Binärsystem vorschlug.

Die erste voll funktionsfähige Rechenmaschine wurde 1774 von Philipp Matthäus Hahn, einem Landpfarrer, entwickelt.

Den nächsten – allerdings theoretischen – Schritt in der Entwicklung der Rechenmaschinen vollzog 1833 Charles Babbage, Mathematiker an der Universität Cambridge. Er plante eine Rechenmaschine, bei welcher die durchzuführenden Operationen mittels lochkartenähnlicher Datenträger gesteuert werden sollten. Zu diesem Zweck unterschied er vier „Lochkartentypen“:

für Daten in Zahlenkarten und Variablenkarten sowie für Befehle in Übertragungs- und Operationskarten. Die Maschine sollte nach seinen Plänen ein Rechenwerk, eine Steuereinheit, einen Zahlenspeicher sowie einen Programmspeicher besitzen. Babbage konnte seine Pläne jedoch nicht realisieren, da die technischen Möglichkeiten seiner Zeit nicht ausreichten.

1886 entwickelte Hermann Hollerith in den USA eine elektrisch arbeitende Zählmaschine für Lochkarten. Sie wurde 1889 bei der 11. amerikanischen Volkszählung mit Erfolg eingesetzt. „Hollerith-Maschinen“ entwickelten sich zu den praktisch genutzten Datenverarbeitungsanlagen – natürlich entsprechend dem technischen Stand am Ende des letzten und Anfang dieses Jahrhunderts nicht elektronisch, sondern elektromechanisch.

1934 begann der Deutsche Konrad Zuse mit der Planung einer programmgesteuerten Rechenmaschine. Zwei seiner grundlegenden Konstruktionsprinzipien sind bis heute verbindlich geblieben, die Programmsteuerung und die Einführung des Dualzahlensystems. Unter einfachsten Bedingungen entwickelt, baute Zuse bis 1937 die noch rein mechanische Z1, die erste programmgesteuerte Rechenmaschine.

Da die rein mechanische Signalübertragung zu langsam und schwerfällig war, verwandte Zuse bei der Z2 und Z3 Relais als Schaltglieder. Die Z3 wurde 1941 fertiggestellt. Bei ihr wurde das Programm mit Hilfe von Lochstreifen eingelesen.

Der US-Amerikaner Howard H. Aiken erstellte 1943 in Zusammenarbeit mit der Harvard University und dem Unternehmen IBM die teilweise programmgesteuerte Großrechenanlage Mark 1, die allerdings noch mit dezimal verschlüsselten Werten arbeitete.

Bild linke Seite:
Charles Babbage entwickelte 1833 die „Differenzenmaschine“.

Bild rechte Seite oben links:
Hermann Hollerith erfand 1886 die elektromagnetisch arbeitende Zählmaschine.

Bild rechte Seite oben rechts:
Die erste programmgesteuerte Rechenmaschine plante Konrad Zuse ab 1934.

Bild rechte Seite unten:
Die Großrechenanlage Mark 1 sorgte 1943 in den USA für Aufsehen.

Der eigentliche „Quantensprung“ in der Entwicklung der Rechenmaschinen fand 1942 statt, als der Übergang von den mechanischen zu den elektronischen Bauteilen vollzogen wurde. Die Entwicklung der Elektronik und des Computers stehen seitdem in ständiger Wechselbeziehung. Der Übergang zur Elektronik bewirkte bei generell gleicher Bauweise einen Geschwindigkeitsgewinn um den Faktor 1000. Gebaut wurde der erste Elektronenrechner in den USA von John Altanasoff, dessen Maschine grundlegend war für den bekannteren ENIAC von Eckert, Mauchy und Goldstine von der Pennsylvania University.

1949 formulierte der US-Amerikaner John von Neumann die grundsätzlichen Konstruktionsprinzipien eines elektronischen Computers: Er besitzt einen Prozessor, welcher direkt mit einem Speicher verbunden ist, in dem Daten und/oder Programme zur Verarbeitung bereitliegen. Diese werden im Prozessor sequentiell abgearbeitet, also einer nach dem anderen.

Seit 1950 ging die Entwicklung und Fertigstellung von Rechenanlagen zunehmend von den Universitäten auf private Unternehmen über. Um eine Klassifizierung der nun in rascher Folge vollzogenen Entwicklung der Rechner zu ermöglichen, gliederte man die Rechenanlagen gemäß den eingesetzten Bauteilen in Generationen.

In der ersten Generation wurden Elektronenröhren als Schaltelemente verwendet. Zu den hervorragenden Systemen dieser Zeit gehört der UNIVAC I, der erste serienmäßig hergestellte Computer der Welt, sowie das Modell 604 der Firma IBM.

Charakteristisch für die zweite Rechnergeneration ist der Einsatz von Transistoren. Der Transistor wurde bereits 1947 erfunden, kam aber erst 1955 im Tradic der Firma Bell Telephones zum Einsatz. Vorteile der neuen Bauweise: geringerer Stromverbrauch, geringere Kühlung, platzsparendere Abmessungen sowie längere Lebensdauer und höhere Betriebssicherheit. Diese Rechner wurden bereits mit heute noch gebräuchlichen Programmiersprachen wie ALGOL oder FORTRAN gesteuert. Als externe Massenspeicher dienten anfangs Magnettrommel- und Magnetkernspeicher. Später wurden

sie von heute noch verbreiteten Magnetplattenspeichern abgelöst.
Fairchild und Texas Instruments stellten 1959 nahezu gleichzeitig die ersten integrierten Schaltkreise vor. Sie basierten auf der noch heute gebräuchlichen Siliziumtechnik. 1961 präsentierte wiederum Fairchild den ersten Chip, der vier Transistoren und einige andere Bauteile vereinigte. Diese waren jedoch noch nicht reif für den Einsatz in „richtigen Computern", so daß die „Mikromodultechnik" verwendet wurde. Bei ihr wurden etliche ICs auf steckbaren Platinen zu Funktionseinheiten zusammengefaßt. Der Einsatz dieser Technologie kennzeichnet Rechner der dritten Generation. Hier wurden bereits Packungsdichten von 20 Schaltelementen pro Quadratzentimeter erreicht.
Den Übergang zur vierten Generation brachte zu Beginn der 70er Jahre der Einsatz höher integrierter ICs, welcher eng mit der Firmengeschichte von Intel verbunden ist. Die Neuerungen betrafen nicht nur eine höhere Integration der Schaltelemente, sondern auch eine Erweiterung der Programmierbarkeit in die Ebene der Logikschaltungen selbst. Der erste derartig gefertigte Chip, der Intel-4004, war ein 4-Bit-Mikroprozessor und leistete bereits 60.000 Instruktionen pro Sekunde. Nur ein knappes Jahr später stellte Intel den 8008, einen 8-Bit-Mikroprozessor, vor. Neben der erweiterten Zahl gleichzeitig zu verarbeitender Bit zeichnete sich der 8008 durch eine geänderte Ausrichtung des Verarbeitungsschwerpunktes aus.
Der 4004 war mehr für arithmetische Aufgaben optimiert, was sein Einsatzgebiet auf eher technische Anwendungen einschränkte. Nicht so der 8008, der stark in die Richtung der Zeichenmanipulation ausgelegt war und hierdurch völlig neue Aufgabengebiete wie etwa die Textverarbeitung erschloß. Universell einsetzbar war der 8080, welcher 1974 vorgestellt wurde und der relativ schnell zum Standard wurde: Er ist Vorläufer der heutigen Mikroprozessoren in allen IBM-kompatiblen Personal Computern. Neben Intel boten auch verschiedene andere Hersteller Mikroprozessoren an; so Motorola den 68 000 und Zilog den Z80, beides 8-Bit-Prozessoren.
1977 führte Commodore den PET ein, welcher einer völlig neuen Konzeption folgte: Er ist der erste Personal Computer, der erste auf einen einzelnen Anwender zugeschnittene Computer. Bis dahin waren die Computer immer leistungsstärker geworden, immer mehr Anwender-Arbeitsplätze (Terminals) konnten an die „Jumbos", wie die Großrechner genannt wurden, angeschlossen werden. Das hatte bereits dazu geführt, daß bewußt kleinere Anlagen entwickelt wurden, die in Klein- und Mittelbetrieben eingesetzt werden konnten. Diese Rechner der „mittleren Datentechnik" verfügten meist über 4 bis 16 Arbeitsplätze.
Nun konnte der einzelne Arbeitsplatz mit einem Rechner ausgestattet werden – zumindest im Prinzip. Denn zunächst war die technische Leistungsfähigkeit dieser Geräte (auf den PET folgten einige andere, insbesondere der zur Computerlegende gewordene Apple II) noch relativ begrenzt. Doch wurden die Mikroprozessoren immer leistungsfähiger, Heimcomputer und kleine Einzelplatzcomputer lösten den im Prinzip bis heute andauernden Boom der persönlichen Computer aus. Bereits 1982 brachte der Branchenführer bei großen und mittelgroßen EDV-Anlagen, der IBM-Konzern, einen solchen Personal Computer auf den Markt. Als Betriebssystem kaufte man von einer damals noch kleinen, unbekannten Softwarefirma namens Microsoft das heute weltbekannte MS-DOS. Durch eine große Palette von Software und Pheripheriegeräten signalisierte der Konzern: Dieses Gerät ist unser Standard für kleine Computer.

In Folge entwickelten immer mehr Firmen Personal Computer, Anwendungsprogramme und Pheripheriegeräte, die zum IBM-PC kompatibel waren. IBM selbst modernisierte den PC (zunächst kam der sogenannte IBM-XT, dann der IBM-AT), und so entwickelte sich ein Standard für Personal Computer. Auch heute ist dieser (systematisch fortentwickelte) Standard noch stabil.
Im Laufe der Jahre dominierten die Personal Computer immer mehr in der Computerlandschaft, einmal durch die Entwicklung von leistungsfähigeren Mikroprozessoren und Bussystemen, zum anderen aber auch durch die Erstellung komplexerer und spezialisierter Anwendungsprogramme sowie Betriebssysteme. Aufgaben, die vor wenigen Jahren nur mit einem Großrechner gelöst werden konnten, erledigt heute der PC.

Eine kleine Revolution löste Microsoft in der PC-Welt aus, als der Softwaregigant die grafische Benutzeroberfläche Windows auf den Markt brachte. Dadurch wurde die Bedienung des PCs vereinfacht, wodurch auch bisher noch computerunbedarfte Menschen den

Weg zum PC fanden. Als nützlichen „Nebeneffekt" erlaubt Windows einen vereinfachten Datenaustausch zwischen verschiedenen Anwendungsprogrammen, die gleichzeitig geöffnet werden können.
Das noch immer aktuelle Schlagwort der letzten Jahre – „Multimedia" – prägt heute die Entwicklungen der PC-Welt. Nunmehr können nicht nur Daten in Form von Text und Zahlen verarbeitet werden, sondern die Bandbreite hat sich um Grafiken, Fotos, bewegte Bilder (Videosequenzen), Ton und gesprochene Sprache erweitert. Seitdem gehören zu jedem PC ein CD-ROM-Laufwerk und eine Soundkarte mit Lautsprechern. Heute hat man statt Lexika im Regal eine CD-ROM, auf der mehrbändige Lexika abgespeichert sind und die das herkömmliche Wissen noch mit Videos und Tondokumenten untermauern. Computerspiele werden in hoher Qualität mit allem notwendigen Sound produziert, und auch die Reisevorbereitung am Bildschirm ist gang und gäbe. Im Zusammenhang mit Multimedia wird oft ein anderes Schlagwort gebracht: die Datenautobahn. Kommunikationsdienste wie T-Online, Internet, CompuServe oder Microsoft Network (MSN) erlauben eine weltweite Kommunikation ohne Telefon oder Briefpost: In Diskussionsforen kann man mit Teilnehmern aus aller Welt Themen erörtern, bei Softwareanbietern aktuelle Treiber zum Beispiel für den Bildschirm downloaden, bei Presse- und Wirtschaftsagenturen aktuelle Nachrichten und Börsenkurse erfahren usw.
Insgesamt kann man festhalten, daß die Entwicklungen in der Informationstechnologie noch lange nicht abgeschlossen sind. Computer werden noch weiter miniaturisiert, während die Komplexität der Anwendungen weiterhin zunehmen wird. Es ist nicht absehbar, welche Veränderungen der Personal Computer erleben bzw. welche er noch mit sich bringen wird. Sicher ist nur, daß auf jeden Fall mit enormen Umwälzungen sowohl im beruflichen Alltag als auch im Privatleben der Menschen zu rechnen ist.

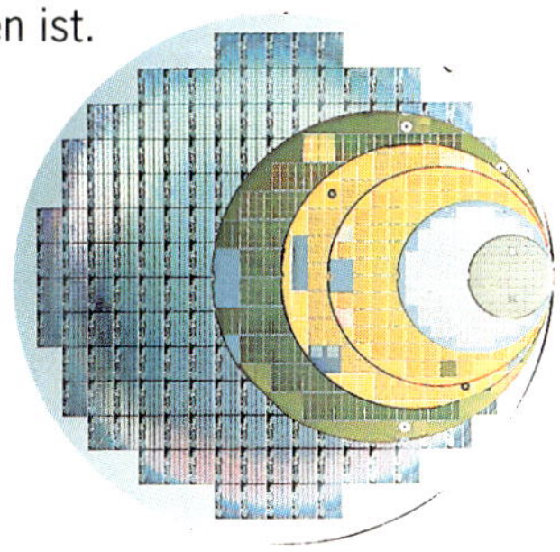

Bild linke Seite:
Der C 64 von Commodore schrieb Computergeschichte.

Bild rechte Seite links:
Das Foto aus dem Jahr 1983 zeigt das Grundmodell des IBM-PCs.

Bild rechte Seite Mitte:
Bill Gates gründete zusammen mit Paul Allen die Softwarefirma Microsoft.

Bild rechte Seite rechts:
Hier ist die Entwicklung der Wafer seit 1968 zu sehen.

Computertypen

Wer den Einstieg in die Computerwelt sucht, macht nicht selten die Erfahrung, daß dort eine Art babylonische Sprachverwirrung herrscht: Mehrere Begriffe meinen ein und denselben Sachverhalt, verschiedene Sachverhalte werden hingegen unter einem Begriff subsumiert.

Diese Erfahrung macht man auch, wenn man sich mit den verschiedenen Computertypen beschäftigt. Gab es noch vor einigen Jahren Begriffe wie Tischcomputer, Kleincomputer, Hobbycomputer, Arbeitsplatzcomputer, Bürocomputer, Kompaktcomputer und dergleichen, so sind davon heute nur noch wenige übrig geblieben.

Die Begriffe Tischrechner und Kleincomputer sind schlichtweg verschwunden. „Hobbycomputer" war schon immer bloß eine vornehmere Bezeichnung für Spielcomputer. Viele der genannten Begriffe sind im Bereich der Personal Computer (PCs) aufgegangen. Genau hier hat man allerdings wieder mit neuen Wortzaubereien zu kämpfen. Zugenommen hat nämlich der Trend, Computer nach dem Blech, das sie umgibt, oder einem einzigen Leistungsmerkmal zu benennen.

Personal Computer

Wenn man sich bewußt ist, daß die Grenzen zwischen den verschiedenen Computertypen fließend verlaufen, kann man heute folgende Grobaufteilung vornehmen:

- PCs (Personal Computer)
- PDAs
  (Persönliche Digitale Assistenten)
- Mittlere Datentechnik
- Großrechner

All diese Computer sind Universalcomputer, das bedeutet, sie sind frei programmierbar. Wenn wir in den folgenden Kapiteln von Computern sprechen, meinen wir immer die Universalcomputer und nicht die „Spezialisten", die vom Anwender nur für einen genau definierten Zweck verwendet werden können. Typisches Beispiel ist eine Maschinensteuerung in der Industrie.

Es ist noch gar nicht lange her, da unterteilte man Computer noch nach „Breite" oder „Länge" der „Wörter", die ein Prozessor zur selben Zeit verarbeiten kann. Man sprach dann von 8-Bittern, 16-Bittern und so weiter. Später gebrauchte man bevorzugt die Begriffe Mikrocomputer und Minicomputer.

Von der Entwicklung her waren Mikrocomputer zunächst Geräte, die auf einem Mikroprozessor basierten. Von einem Mikroprozessor sprach man, wenn der gesamte Prozessor auf einem Chip realisiert wurde; in der Fachsprache ausgedrückt: Wenn der Prozessor aus einem einzelnen integrierten Schaltkreis („IC") bestand. Bei den Minicomputern dagegen handelte es sich um Rechner der mittleren Datentechnik, bei denen ein Prozessor sich aus mehreren elektronischen Komponenten zusammensetzte.

Inzwischen ist dies überholt: Auch die Rechner der mittleren Datentechnik arbeiten mit Prozessoren, die mit einem integrierten Schaltkreis realisiert wurden. Die gleichen Prozessoren werden ebenso in den Spitzengeräten der PC-Kategorie verwendet, so daß beide Bezeichnungen zunehmend ihren ursprünglichen Sinn verlieren.

Die Bezeichnung Personal Computer (abgekürzt: PC) kommt aus dem Englischen und bedeutet soviel wie „persön-

licher Rechner". Der erste Computer, der diesen Namen trug, war der PC-XT von IBM. Er kam 1982 auf den Markt (siehe Kapitel „Rund um den Computer. Geschichte", S. 19). Seitdem wurde der PC in unglaublicher Geschwindigkeit weiterentwickelt. So ist ein PC mit einem Pentium-Prozessor heute gut 250mal so schnell wie der IBM-XT.
Ein Personal Computer besteht aus einer Anzahl von Einzelkomponenten, die in einem Gehäuse eingebaut sind. An diesen Komponenten wiederum werden weitere Bestandteile angeschlossen (z. B. Bildschirm, Drucker, Tastatur, Laufwerke), die man als Peripherie bezeichnet.
Es gibt verschiedene PC-Modelle, die sich in Form, Größe, Leistungsfähigkeit, Anzahl der anschließbaren Peripheriegeräte oder im Preis unterscheiden. Gemeinsam sind allen jedoch bestimmte Grundelemente, die für das Funktionieren eines Computers sorgen. Ein Personal Computer muß in der Lage sein, Daten zu erfassen, zu speichern, zu bearbeiten und als Endergebnis wieder auszugeben. Die Eingabe erfolgt bei Personal Computern meist über eine Tastatur und die Speicherung auf Diskette oder Festplatte. Verarbeitet werden die Daten von einem Mikroprozessor, die Ausgabe übernimmt der Bildschirm oder ein Drucker.
Neben den IBM-kompatiblen Personal Computern (so bezeichnet man alle PCs, die dem IBM-XT in Nachfolge entwickelt wurden) gibt es auch noch weitere PC-Familien. Diese werden in der Regel mit einem Motorola-Prozessor bestückt (im Vergleich zu den Intel- oder kompatiblen Prozessoren, die in den IBM- und IBM-kompatiblen Rechnern eingebaut werden). Hier sind vor allem die PCs der Firma Apple, die sogenannten Macintoshs, zu nennen. Sie finden ihren Einsatz meist im grafischen Bereich, z. B. für CAD (Computer Aided Design, s. S. 123) und DTP (Desktop Publishing, s. S. 115).

PC-Gehäuseformen

Oftmals hört man im Zusammenhang mit Personal Computern Begriffe wie „Desktop" oder „Tower-PC". Damit ist eigentlich nichts anderes gemeint als die Gehäuseform, in der die Zentraleinheit des Computers steckt.
Ein Desktop-Gehäuse erkennt man daran, daß es auf einem Schreibtisch steht. Auf einem solchen Tischgehäuse steht üblicherweise der Bildschirm – idealerweise in Augenhöhe. Nachteile eines Desktop-PCs sind, daß er zuviel Platz auf einem Schreibtisch wegnimmt und die Erweiterungsmöglichkeiten auf ca. fünf Steckkarten beschränkt sein können. Letzterer Nachteil macht sich noch mehr bei den sogenannten Slimline-Gehäusen bemerkbar. Dies sind extraflache Desktops, die den Einbau von nicht mehr als drei Steckkarten in horizontaler Lage erlauben.
Möchte man die Zentraleinheit nicht auf dem Schreibtisch stehen haben oder will man sich die Möglichkeit für mehr Erweiterungen offenhalten, so empfiehlt sich der Kauf eines sogenannten Tower-PCs. Ein solcher Turm (englisch: tower) ist in der Regel rund 60 cm hoch und wird unter den Schreibtisch gestellt.
Um die Verwirrung komplett zu machen, unterscheidet man je nach Höhe des Gehäuses noch zwischen Mini-, Midi- und dem eigentlichen Tower. Ein Minitower kann mit einem senkrecht stehenden Desktop-Gehäuse verglichen werden. Sein Vorteil zu einem Desktop ist jedoch, daß Erweiterungen leichter eingebaut werden können und meist mehr Einschübe für Laufwerke zur Verfügung stehen. Ein Midi-Tower liegt in der Größe zwischen einem Minitower und einem Tower. Ihn sollte man kaufen, wenn unter dem Schreibtisch in der Höhe nicht genügend Platz vorhanden ist.

Laptop und Notebook

Eine besondere Kategorie bilden die tragbaren, netzunabhängigen PCs. Hier haben sich heute die Notebooks (Notizbuchrechner) durchgesetzt. Sie besitzen etwa die Größe einer DIN-A4-Seite und wiegen zwischen 2 und 3 kg.
Man kann ein Notebook auch stationär betreiben. Hierfür bieten die Hersteller sogenannte Docking-Stations an, in die man das Notebook steckt. An diese „Station" können dann Monitor, große Tastatur, Drucker usw. angeschlossen

Bis vor wenigen Jahren waren in der Klasse der tragbaren Computer noch sogenannte Laptops führend. Darunter verstand man sehr kleine und leichte Geräte, die etwa das Format einer Aktentasche hatten und oft mehrere Stunden lang per Batterie- oder Akkubetrieb unabhängig von jeder Steckdose betrieben werden konnten. Da sie jedoch relativ schwer waren, verkleinerte man sie kontinuierlich, bis eben ein Notebook herauskam. Ein Laptop ist also nichts anderes als der große Bruder des Notebooks.

werden – fertig ist ein voll funktionsfähiger Desktop-PC.
Notebooks werden nicht mit den üblichen (schweren) Bildschirmen betrieben, sondern mit Flüssigkristall- oder Plasmabildschirmen. Beide sind erheblich sparsamer im Stromverbrauch und zudem viel leichter, aber in der Herstellung im Moment noch teurer als der „normale" Bildschirm. Plasmabildschirme verbrauchen mehr Strom als Flüssigkristallschirme, sind aber selbstleuchtend und deshalb vom Kontrast her besser ablesbar. Nützlicher Nebeneffekt: Beide sind augenfreundlicher als die üblichen Kathodenstrahl-Bildschirme.
Leistungsbezogen gesehen gibt es heute kaum noch Einschränkungen gegenüber einem Desktop-PC. Auch in bezug auf Peripherie haben Notebooks alles zu bieten: Man kann sowohl eine Soundkarte als auch ein CD-ROM-Laufwerk einbauen. Der Unterschied zwischen einem Desktop-PC und einem Notebook ist jedoch der Preis. Für ein High-End-Produkt muß man noch immer mehr als das Doppelte bezahlen im Vergleich zu einem stationären PC.
Das Notebook weist natürlich aufgrund seiner Baugröße einige Nachteile zum Desktop-PC auf: Die Anzeige ist in der Größe beschränkt, und an die größenmäßig komprimierte Tastatur muß man sich erst einmal gewöhnen. Außerdem sind verschiedene Tasten der kleineren Tastatur eines Notebooks mit mehreren Funktionen belegt – dies erfordert eine gewisse Übung.

Bild linke Seite und rechte Seite oben:
Personal Computer können individuell, je nach Bedürfnis, zusammengestellt werden – egal, ob es ein Desktop-PC (links) oder ein Tower-PC (oben) ist.

Bild rechte Seite links und rechts:
Notebooks sind die zur Zeit kleinsten tragbaren und netzunabhängigen PCs. Angeschlossen an eine Docking-Station (Bild links), besteht funktional kein Unterschied zu einem Desktop-PC.

Homecomputer

Vor nicht gar so langer Zeit wurde der private Computermarkt von sogenannten Homecomputern beherrscht. Diese waren in der Regel Produkte der Firmen Atari und Commodore, wie der C 64 und die Amiga-Reihe. Sie wurden meist zur Unterhaltung genutzt, das heißt, man verwendete sie fast ausschließlich zum Spielen – entsprechend groß war auch die Palette an Computerspielen jeglicher Couleur. Homecomputer waren im Vergleich zu Personal Computern sehr preisgünstig.
Da Homecomputer nur bedingt zu den herkömmlichen PCs kompatibel waren und PCs immer preiswerter wurden, verloren sie an Bedeutung.

Multimedia-PC (MPC)

Seit einigen Jahren macht ein „neuer" Computertyp von sich reden: der sogenannte Multimedia-PC.
Eigentlich ist ein Multimedia-PC nichts anderes als ein herkömmlicher Personal Computer. Der Unterschied liegt einzig und allein in seiner Bestückung mit Hardwarekomponenten, die bisher nicht bei einem PC üblich waren. So muß ein Multimedia-PC unbedingt eine Soundkarte (daran angeschlossen zwei Lautsprecher) und ein CD-ROM-Laufwerk besitzen. Außerdem wird bei diesen Geräten großer Wert auf eine gute, hochauflösende Grafikkarte (s. S. 37) gelegt.
Heute haben die meisten Computeranwender ihre PCs nachträglich zu einem Multimedia-Computer gemacht und mit einer Soundkarte sowie mit einem CD-ROM-Laufwerk aufgerüstet. Jedoch stellen viele der CD-ROMs, die im Handel sind, zusätzlich hohe Ansprüche an Speicherplatz und Prozessorleistung: Da sie meist mit Fotos, Grafiken, Videosequenzen, Animationen und Sounds ausgestattet sind, ist es häufig eine Qual bzw. ganz unmöglich, diese mit einem schwachen Prozessor, einfachen VGA-Grafikkarten und geringem Festplattenspeicher abspielen zu lassen.
Wenn Sie also überlegen, sich einen neuen Computer zu kaufen, so sollte dieser unbedingt Multimedia-tauglich sein. Dazu brauchen Sie folgende technische Ausstattung:

- einen schnellen Prozessor (heute also einen Pentium-Prozessor)
- einen großen Arbeitsspeicher (minimum 16 MByte, besser 32 MByte)
- sehr viel Festplattenspeicher (1 GByte kostet heute kaum mehr als 540 MByte)
- eine SVGA-Grafikkarte
- eine Soundblaster-kompatible Soundkarte mit zwei Aktiv-Lautsprechern
- ein Vierfach- oder Sechsfach-CD-ROM-Laufwerk

Zusätzlich sollten Sie sich überlegen, ob Sie sich einen 17-Zoll-Monitor gönnen. Dieser kostet zwar etwas mehr als ein 15-Zoll-Bildschirm, jedoch ist der Spaß an Multimedia-Produkten viel größer, und Ihre Augen werden es Ihnen zusätzlich danken.
Die Computerwelt ist extrem schnelllebig. Deshalb kann sich die oben genannte Ausstattung sehr schnell ändern. Wenn Sie also möglichst Ihre Ansprüche nach oben hin orientieren, liegen Sie auch zukünftig richtig.
Da es keinen Standard oder gar eine Norm für die Ausstattung eines Multimedia-PCs gibt, unterscheiden sich die Geräte mit diesem Namen je nach Hersteller enorm. Viele haben ihren Computern nur diesen Namen gegeben, um auf der Multimedia-Welle mitschwimmen zu können. Deshalb lassen Sie sich Zeit bei der Auswahl Ihres Multimedia-PCs, und testen Sie die Geräte mit bekannten Multimedia-CD-ROMs. Sie werden dabei feststellen, daß es manchmal besser ist, einen herkömmlichen PC zu kaufen und ihn nachträglich multimedial auszustatten.

PDAs

Persönliche digitale Assistenten (PDAs) sind Mini-Computer, welche die Funktion eines Taschenrechners, einer Tabellenkalkulation, eines Terminkalenders und eines Adreßverzeichnisses übernehmen.
Diese Computer, die von der Größe her in jede Aktentasche bzw. Westentasche passen, bieten darüber hinaus auch noch andere Einsatzmöglichkeiten. Denn ihr eigentlicher Sinn liegt in der Fähigkeit, mit einer Basisstation zu kommunizieren. Außerdem können sie in der Regel mit einem Modem, einem Piepser und an neue Funkdienste angekoppelt werden. Von manchen PDAs ist mittels spezieller Software eine Datenübertragung zu einem Personal Computer möglich.
PDAs lassen sich in drei Gruppen unterscheiden: die Palmtops, die Organizer und die PEN-PDAs. Während der Palmtop noch stark an ein Notebook erinnert, haben sich Organizer schon völlig vom großen Bruder entfernt. PEN-PDAs dagegen sehen nicht nur aus wie ein Notizblock, sondern werden auch wie diese mit einem Stift „bedient". (Eine Kurzbeschreibung dieser Geräte finden Sie weiter unten.)
PDAs werden trotz ihrer vielfältigen Einsatzmöglichkeiten nur von wenigen Anwendern akzeptiert. Dies liegt zum einen daran, daß die Geräte mit unbekannteren Betriebssystemen arbeiten und man sich somit völlig neu in die Funktionsweise einarbeiten muß. Und obwohl sie für die Datenhaltung konzipiert wurden, ist gerade die Datenverwaltung als äußerst dürftig zu bezeichnen. So kommt es, daß sich hauptsächlich technikbegeisterte Menschen mit einem PDA schmücken, während die meisten Anwender nach wie vor herkömmliche Timer und Taschenrechner bevorzugen.

Palmtops

Palmtops sind von der Funktionsweise näher mit einem Personal Computer verwandt als PDAs. Sie besitzen eine fast komplette Schreibtastatur sowie Funktionstasten. Außerdem werden sie mit Anwendungen bedient, die der Software auf einem PC sehr ähnlich sind. Die bekanntesten Palmtops wurden bisher von den Firmen Atari, Hewlett-Packard und Psion auf den Markt gebracht.

Bild linke Seite:
Zur Grundausstattung eines Multimedia-PCs gehören Soundkarte, Lautsprecher und CD-ROM-Laufwerk.

Bild rechte Seite:
Die handflächengroßen Palmtops wiegen nur 300 g bis 1 kg.

Organizer

Organizer ähneln auf den ersten Blick einem Taschenrechner. Ihre Funktionsweise und ihre Anwendungen sind kaum noch mit denen eines Personal Computers verwandt. Daher kommen auch die Akzeptanzprobleme, die Anwender mit diesen Geräten haben: Man muß sich vollständig neu in dieses Gerät einarbeiten, und es ist kaum ein Datenaustausch mit dem großen Bruder möglich. Sogar zwischen den Organizern verschiedener Hersteller lassen sich kaum Parallelen finden. Fast jedes Produkt, das sich derzeit auf dem Markt befindet, ist unterschiedlich in seiner Anwendung.
Hauptanbieter im Organizer-Markt sind die Firmen Casio und Sharp.

PEN-PDAs

Noch am Anfang ihrer Entwicklung stehen PEN-PDAs. Sie erinnern optisch sehr stark an einen Notizblock und werden mit einem speziellen Stift bedient. Das heißt, anstelle der Dateneingabe per Tastatur tritt nun wieder die Schrift. Zwar ist die Akzeptanz dadurch beim Anwender groß, jedoch steckt die Schrifterkennung noch sehr in ihren Anfängen, was das produktive Arbeiten mit diesen Geräten stark einschränkt. Der bekannteste PEN-PDA ist der Newton von Apple Computer. Ein ernstzunehmendes Konkurrenzprodukt hat bisher nur die Firma Casio auf den Markt gebracht.

Workstations

Häufig ist in bestimmten Bereichen der Computeranwendung von Workstations die Rede. So werden besonders leistungsfähige Einzelplatzsysteme bezeichnet, die insbesondere grafischen Anwendungen dienen. Meist laufen Workstations mit dem Betriebssystem UNIX bzw. einem Betriebssystem der großen UNIX-Familie.
Workstations sind oftmals nichts anderes als besonders leistungsfähige Personal Computer. Da sie vor allem im grafischen Bereich, wie CAD, zum Einsatz kommen, sind sie für diese Belange entsprechend ausgerüstet. Das heißt, sie haben mindestens einen Hochleistungsprozessor, besonders viel Arbeitsspeicher und eine hochauflösende Grafikkarte.
Workstations werden zunehmend auch für die Produktion von Multimedia-Produkten eingesetzt. Denn z. B. für die Bearbeitung von bewegten Bildern, wie Videosequenzen, und von gesprochener Sprache benötigt man besonders viel Rechenleistung – und diese bieten Workstations mit ihrer speziellen Ausstattung.

Workstations werden vor allem dort eingesetzt, wo Leistung gefragt ist: bei grafischen Anwendungen oder bei der Multimedia-Produktion.

Mittlere Datentechnik

Neben dem Marktsegment der persönlichen Computer gibt es ein weiteres: das der mittleren Datentechnik (in das die Spitzengeräte der PC-Klasse hineinragen).
Unter dem Begriff „mittlere Datentechnik", häufig mit MDT abgekürzt, faßt man den nicht genau eingrenzbaren Bereich mittelgroßer kommerzieller EDV-Anwendungen zusammen. Historisch gesehen entstand dieser Bereich aus dem Zusammenwachsen von Büromaschinentechnik mit der sich rasch entwickelnden Computertechnologie.
Auch anwendungsbezogen kann man von einem mittleren Bereich sprechen: Mittlere Datentechnik findet man insbesondere in mittelgroßen Unternehmen oder auf Abteilungsebene in großen Unternehmen.
Eine typische Anlage besteht aus einem Rechner mit 4 bis 16 oder sehr viel mehr angeschlossenen Terminals (beziehungsweise 4 bis 16 oder mehr Ein- und Ausgabeeinheiten einer EDV-Anlage) und Peripheriegeräten. Dabei kann der Rechner ein leistungsarmer Großrechner sein, aber auch ein Minicomputer, eine Workstation oder ein besonders leistungsfähiger Personal Computer mit einem Multiuser-/Multitasking-Betriebssystem wie z. B. UNIX.
Der Begriff mittlere Datentechnik ist sowohl quantitativ als auch qualitativ nicht genau eingrenzbar. So werden die Aufgaben dieser Anlagen heute manchmal von einem PC-Netzwerk (LAN, Local Area Network, lokales Netzwerk) übernommen, das eine echte Alternative darstellt. Bei entsprechend ausgelegter Software kann wie bisher von allen Bildschirmarbeitsplätzen aus auf einen gemeinsamen Datenbestand zugegriffen werden. Zusätzlich – und dies ist der entscheidende Fortschritt – kann man bei Kapazitätsengpässen, etwa der Rechenleistung, die Kapazitäten anderer PCs im Netz in Anspruch nehmen.
Weiterer Vorteil: Bei Ausfall eines PCs ist nur ein Arbeitsplatz betroffen, fällt dagegen das Netz selber aus, kann an den einzelnen Arbeitsplätzen bis zur Behebung der Störung autark weitergearbeitet werden.
In der Praxis zeigt sich unterdessen, daß die mittlere Datentechnik ab einer Größenordnung von 30, 40, 50 oder mehr Terminals im allgemeinen nicht vom PC-Netzwerk abgelöst wird.

Großrechner

Der Begriff Großrechner wird für zwei unterschiedliche Geräte verwendet: Zum einen steht der Begriff Großrechner für große Computeranlagen mit einer Vielzahl angeschlossener Terminals, die oft Hunderte von Kilometern von der Zentraleinheit entfernt stehen und über Datenleitungen mit dieser verbunden sind. Diese Form von Vernetzung nennt man in der Computersprache WAN, was für „Wide Area Network" – also „weit gestrecktes Netzwerk" steht.
Zum anderen versteht man unter dem Begriff Großrechner auch sogenannte „Supercomputer". Dies sind Computer mit extrem hoher Rechenleistung, die in Forschung und Industrie zunehmende Bedeutung erlangen. Die Anzahl der angeschlossenen Terminals ist hier oft sehr klein (im Extremfall ist nur ein einziges vorhanden), da die Datenerfassung auf anderen Rechnern oder mit anderen Methoden geschieht. Supercomputer werden dort benötigt, wo man sehr große Mengen von Daten berechnen muß.
Großrechner (englisch: mainframe) im herkömmlichen Sinne sind jedoch generell Datenverarbeitungsanlagen mit enormer Leistungsfähigkeit und Rechenleistung. Sie findet man insbesondere in den Rechenzentren von Großbetrieben und Universitäten, also überall dort, wo riesige Datenmengen und -ströme anfallen. Zwar werden heute zunehmend in großen Unternehmen PC-Netzwerke (LAN, Lokal Area Network) eingesetzt, jedoch können diese nicht die Rechenleistung zur Verfügung stellen wie ein Großrechner. Aus diesem Grund wird man auch zukünftig dort Großrechner einsetzen, wo große Mengen Daten bearbeitet und zahlreiche Arbeitsstationen angeschlossen werden müssen.

Hardware

Dieses Kapitel beschreibt die Hardware moderner Personal Computer. Doch sind die Grundprinzipien ebenso gültig für mittlere Datentechnik und Großrechner. Die „harte Ware“ bilden vereinfacht gesagt alle Teile des Computers, die man anfassen kann. Unterschieden wird nach den Funktionen, die diese Bestandteile übernehmen. Das Kapitel gliedert sich deshalb wie folgt:

*** Bestandteile des Computers**

*** Zentraleinheit**

*** Eingabegeräte**

*** Ausgabegeräte**

*** Speichermedien**

Bestandteile eines Computers

Die beiden grundlegenden Komponenten jedes Computersystems sind die Hardware und die Software. Nur im Zusammenspiel ermöglichen sie die Benutzung des Computers.

Als Hardware bezeichnet man die Gesamtheit aller materiellen, physikalisch vorhandenen Bestandteile einer Datenverarbeitungsanlage – also außer dem Computer selbst auch Drucker, Maus usw. Vereinfacht ausgedrückt: Alles, was man sehen und anfassen kann.

Als Software bezeichnet man die kodierten Steuerbefehle für den Prozessor des Computers, die von diesem nacheinander bearbeitet werden. Bei dieser Bearbeitung sind die Steuerbefehle in Form elektrischer Impulse vorhanden. Aber das ist nur eine Erscheinungsform: Genausogut kann Software auf einer Diskette gespeichert sein. Die Diskette selbst ist zwar Hardware, die auf ihr gespeicherten Programme aber sind Software. Am einfachsten kann man sagen: Software sind die Programme, die den Computer überhaupt erst zu einem nützlichen Gerät machen.

Die Hauptbestandteile der Hardware sind Geräte für die Eingabe, Ausgabe, Verarbeitung und Speicherung von Daten. Hinter dieser Einteilung steht das Prinzip jeder Datenverarbeitung, nämlich: Einlesen von Daten, Verarbeiten der Daten nach bestimmten Anweisungen und Ausgabe der Ergebnisse sowie gegebenenfalls Speicherung, um die Daten erneut verwerten zu können – dieses Prinzip nennt man nach den Anfangsbuchstaben ihrer Funktion auch das EVA-Prinzip (Einlesen-Verarbeiten-Ausgeben).

Eingabeeinheiten gibt es in großer Vielfalt. Die beiden bekanntesten sind die

Multimedia – ein Stichwort, das auch zukünftig den Computermarkt beherrschen wird.

Tastatur und die Maus. Bei der Tastatur wird durch Betätigen einer oder mehrerer Tasten ein Signal an die Verarbeitungseinheit durchgegeben. Sie benötigt keine weiteren Funktionseinheiten, um benutzt werden zu können: Selbst bei ausgeschaltetem Bildschirm ist sie wirksam. Die Maus dagegen ist nur zusammen mit dem Bildschirm nutzbar. Der Mauszeiger wird durch Bewegen der Maus in die entsprechende Richtung auf „sensitive" Stellen des Bildschirms gelenkt. Durch Betätigen einer Maustaste wird die gewünschte Funktion ausgelöst. Maus und Tastatur sind also die beiden grundlegenden Eingabeeinheiten. Zu den Eingabeeinheiten zählen jedoch alle Geräte oder Medien, die Zeichen oder physikalische Größen in Werte umsetzen, die ein Computersystem verarbeiten kann.

Typische Eingabegeräte für steuernde Eingaben sind Lichtstift, Berührungsbildschirm (Touchscreen), Grafiktableau und Joystick. Für Daten kommen unter anderem Geräte wie Lesestift, Scanner und Belegleser in Frage.

Die Zentraleinheit oder kurz CPU (englisch: Central Processing Unit) ist das Medium, in dem die ankommenden Daten nach festgelegten Kriterien ausgewertet und aufbereitet werden.

Dabei ist die Verwendung dieses Begriffes im Bereich der kommerziellen EDV (Großrechner und mittlere Datentechnik) anders als bei Personal Computern: In der (kommerziellen) EDV ist mit Zentraleinheit konkret der Prozessor (bestehend aus Steuerwerk, Rechenwerk und Registern) sowie der Hauptspeicher (bestehend aus Arbeits- und Festspeicher) gemeint. Im PC-Bereich wird als Zentraleinheit einfach alles bezeichnet, was sich jeweils im Hauptgehäuse des PCs befindet.

Nachdem Daten eingegeben und verarbeitet worden sind, kommen sie zur Ausgabe. Typische Ausgabegeräte sind Bildschirm, Drucker, Plotter und Lautsprecher. Unterscheiden kann man Ausgabeeinheiten, die Daten in dauerhafter Form ausgeben (Drucker und Plotter), und solche, die nur eine zeitweise Ausgabe bewirken, wie Bildschirm, Lautsprecher und ähnliche.

Speichermedien wiederum dienen der Aufbewahrung von Daten in computerlesbarer Form. Es kann sich um Disketten, Festplatten, Bandspeicher (Streamer), optische Speicher (sogenannte WORMs oder CD-ROMs) oder andere, weniger gebräuchliche Speichermedien handeln.

Zentraleinheit

Grundsätzlich ist eine Zentraleinheit bei Personal Computern all das, was sich im Gehäuse des PCs selbst befindet – inklusive dieses Gehäuses. Das ist dann allerdings auch schon fast alles, was zu einem funktionsfähigen PC gehört: Wenn noch Bildschirm und Tastatur angeschlossen werden, ist das Grundgerät komplett.

Motherboard

Der wohl wichtigste Bestandteil eines Computers ist das Motherboard (aus dem Englischen: Mutterplatine); sie wird gelegentlich auch als Systemplatine bezeichnet. Sie enthält den (Mikro-) Prozessor, den Arbeitsspeicher, den Festspeicher mit dem ROM-BIOS, die Ablaufsteuerung des Systems, die Tastaturschnittstelle und die Steckplätze für Erweiterungskarten. Standarderweiterungskarten sind die Grafikkarte, die den Bildschirm steuert, eine Karte für Schnittstellen und der Laufwerkskontroller. Letzterer ist mit Diskettenlaufwerk(en) und Festplatte(n) verbunden.

Prozessor

Heute in Personal Computern verwendete Prozessoren sind zwar winzig in ihren äußeren Abmessungen, ihre Leistungsfähigkeit übertrifft jedoch weit die von Prozessoren, die vor zehn Jahren noch in Großrechnern eingesetzt wurden.

Die Prozessoren haben über die Jahrzehnte eine enorme Leistungssteigerung erfahren. Konnte ein inzwischen veralteter Prozessor mit der Bezeichnung 4004 sechzigtausend Instruktionen pro Sekunde ausführen, schafft der aktuelle i486 bis zu 25 Millionen Instruktionen pro Sekunde (MIPS). Dabei wurde die Breite des Datenbusses verachtfacht (von 4 auf 32 Bit).

Die Entwicklung der Prozessoren ist durch eine fortgesetzte Miniaturisierung geprägt. Der erste programmierbare Prozessor mit der Bezeichnung

4004 besaß 2300 Transistoren (Halbleiterbauelemente, mit denen eine Schaltung gesteuert wird) auf einer Fläche von 4,2 mm^2 · 3,2 mm^2. Ein heute verwendeter Prozessor – der oben bereits erwähnte Prozessor mit der Bezeichnung i486 – vereint dagegen über 1,2 Millionen Transistoren auf einem Chip, das ist mehr als das 500fache. Bis heute gibt es eine Reihe von Prozessortypen, die sich sowohl in der Taktfrequenz als auch in der Verarbeitungsgeschwindigkeit und in ihrer Leistungsfähigkeit insgesamt voneinander unterscheiden. Unterschiedliche Prozessortypen grenzen die Hersteller in der Regel durch (alpha)numerische Bezeichnungen voneinander ab, wie man am Beispiel des Marktführers Intel schon sehen kann: 8086, 8088, 80286, 386 SX, 386 DX, 486 SX und 486 DX. Der neueste Prozessor von Intel weicht jedoch von dieser Norm ab: der Pentium.

Am modernsten sind derzeit Prozessoren, die sich an einer Datenbreite von 32 Bit orientieren. Sie bieten eine interne und externe 32-Bit-Arithmetik an. Der noch aktuelle Prozessor 80486 DX wies im Vergleich zu seinem Vorgänger, dem 80386 DX, eine enorme Steigerung auf. Er konnte die meisten und wichtigsten Befehle in einem Taktzyklus abarbeiten.

Die Prozessoren der Intel-Familie sind jeweils kompatibel zu ihren Vorgängern. Alle Programme, die zum Beispiel für einen 80386 DX geschrieben wurden, laufen auch auf den 486ern. Sämtliche Register und Befehlssätze der veralteten Prozessoren stehen den moderneren zur Verfügung. Dies wird

Ausschnitt einer modernen Mutterplatine, von oben betrachtet.

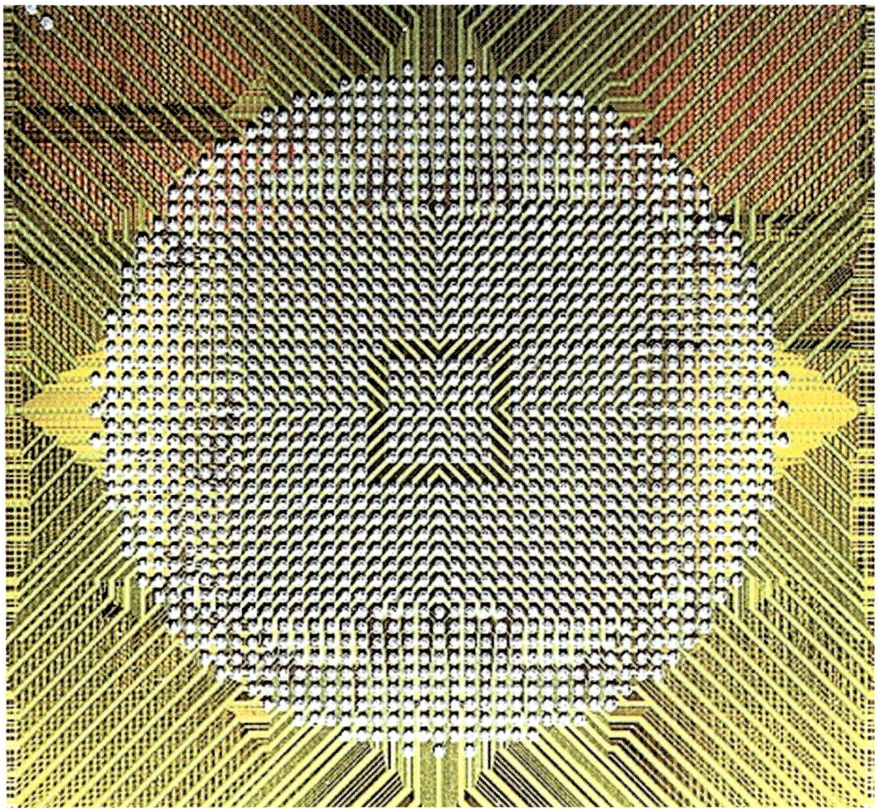

Bild linke Seite oben:
Das Herzstück jedes Motherboards ist der Prozessor.

Bild linke Seite unten:
Zwei Prozessoren-Chips der Firma IBM.

Bild rechte Seite:
Coprozessoren entlasten den Hauptprozessor.

zum Teil dadurch erreicht, daß alle Prozessoren der Intel-Familie nach dem Einschalten in derselben Betriebsart starten, nämlich im „Protected Mode“ (geschützte Betriebsart). Die Prozessoren 386 und i486 können in dieser Betriebsart auf einen Adreßraum von bis zu vier GigaByte (GByte) zugreifen. Außerdem erlaubt die geschützte Betriebsart den einfachen und schnellen Wechsel zwischen verschiedenen Anwendungsprogrammen, den Tasks.

Wie bereits oben aufgelistet, geht die Bandbreite der Prozessoren heute von 80386 bis Pentium. Einige der Prozessoren haben ein SX hinter der Nummer. Dies ist stets ein Zeichen von eingeschränkter Leistung. Deshalb entscheiden Sie sich besser für einen DX – dies ist der „normale“ Prozessor. Man findet aber auch Prozessoren wie den 80486 DX2. Die Ziffer 2 am Ende weist auf eine weitere Leistungssteigerung hin.

Der leistungsfähigste Prozessor ist heute der Pentium. Er besitzt einen eingebauten Multiplizierer, Dividierer und Addierer, wodurch die Bearbeitung der drei häufigsten Fließkomma-Befehle meist in einem Takt ausgeführt werden kann. Im Vergleich zum 80486 DX2/66 besitzt der Pentium eine bis zu fünffach höhere Rechenleistung.

Zu einem Pentium gehört auch ein 8 KByte großer Befehls-Cache, ein Zwischenspeicher, der die Verarbeitungsgeschwindigkeit deutlich erhöht. Außerdem hat man dem Prozessor durch einen weiteren Speicher zusätzliche Intelligenz verschafft, wodurch Verzweigungen zu Programmteilen um ein Vielfaches schneller ausgeführt werden können.

Der Pentium ist zwar ein 32-Bit-Prozessor. Jedoch kann er seine Daten auf einem 64 Bit breiten Datenbus transportieren, das heißt, er kann höchstens 528 MByte Daten in der Sekunde übertragen.

Der Pentium ist heute zum Standard bei Personal Computern geworden. Er bietet anspruchsvoller und umfangreicher Software (zum Beispiel Grafik- und CAD-Programmen) genügend Leistung, um mit dieser in annehmbaren Zeiten arbeiten zu können.

Auf dem Markt der Prozessoren ist der Hersteller Intel dominierend. Es gibt auch noch andere Produzenten wie AMD, Cyrix und IBM. Deren Prozesso-

ren sind in der Regel preisgünstiger, die Qualität der Produkte ist jedoch nicht schlechter. Außerdem gibt es eine eigene Klasse von Personal Computern, die mit Motorola-Prozessoren ausgestattet sind. Hierbei sind vor allem die Geräte von Apple Computer zu nennen. Einen Prozessor von Motorola erkennt man daran, daß er in der Regel mit der Zahl „68“ beginnt.

Coprozessoren

Für besonders rechenintensive Anwendungen, insbesondere im naturwissenschaftlich-technischen Bereich, werden arithmetische Coprozessoren eingesetzt. Sie entlasten den Hauptprozessor (CPU) und sind darauf spezialisiert, numerische Berechnungen sehr schnell auszuführen.

Trigonometrische Funktionen wie Sinus- und Cosinusberechnungen sind zum Beispiel fest im Coprozessor-Chip implementiert. Der Coprozessor arbeitet darüber hinaus mit einer erhöhten Genauigkeit und kann in einem größeren Wertebereich rechnen. Ähnlich wie die Hauptprozessoren verfügen die Coprozessoren auch über Register für Statusinformationen, Kontrolle der Steuerung und so weiter.

Neben dem Hauptprozessor und den arithmetischen Coprozessoren können in einem PC auch andere Mikroprozessoren vorhanden sein. Zum Teil werden sie Controller genannt (von englisch: control; leiten, regeln, steuern, überwachen). Sie sind nur für spezielle Anwendungen und entsprechende Hardwareerweiterungen (Erweiterungskarten) ausgelegt.
So gibt es zum Beispiel für grafik- und zeichenintensive Anwendungen wie CAD leistungsfähige Grafikkarten mit speziellen Grafikcontrollern. Sie sorgen für einen sehr schnellen Bildaufbau und entlasten mit eigenen Zeichenroutinen die CPU bei den Bildschirmausgaben, gehen also in ihrer Arbeitsweise und Leistung über die von Grafikkarten deutlich hinaus.

Arbeitsspeicher

Speicher dienen im allgemeinen dazu, Daten und Programme aufzunehmen und abrufbereit zu halten. Neben den vergleichsweise wenigen Speicherzellen des Prozessors, den Registern, enthält der PC einen großen Speicher für Programme und für Daten, die bei einer Verarbeitung entstehen bzw. benötigt werden.
Dieser sogenannte Hauptspeicher ist wesentlicher Bestandteil eines jeden PCs. Er besteht aus einem kleinen „nicht-flüchtigen Teil“ (Festwertspeicher oder ROM) und einem größeren „flüchtigen“ Speicherteil (Arbeitsspeicher oder RAM). Daten, die sich im flüchtigen Speicher befinden, gehen beim Ausschalten des Computersystems unweigerlich verloren, während die Daten im nichtflüchtigen Teil auch dann erhalten bleiben.

RAM

Der „flüchtige“ Teil des Hauptspeichers, der Arbeitsspeicher, wird kurz RAM genannt (englisch: Random Access Memory, wahlfreier Zugriffsspeicher); die deutsche Bezeichnung lautet Schreib-Lese-Speicher. Er dient zur kurzfristigen Speicherung von Daten und Programmen.
Die Programme und Daten werden von Datenträgern, beispielsweise einer Diskette oder Festplatte, gelesen und in den Arbeitsspeicher geschrieben (geladen). Nach Auswertung und zielgerichteter Veränderung der Daten müssen diese wieder auf einen Datenträger gebracht (z. B. auf Diskette oder Festplatte gespeichert) werden, sonst gehen sie mit dem Abschalten der Betriebsspannung verloren.
Die Verbindung zwischen dem Prozessor und dem Arbeitsspeicher wird über drei Busse hergestellt: den Adreßbus, den Datenbus und den Steuerbus.
Beim Datenbus sind in aller Regel sämtliche Leitungen mit dem Speicher verbunden. Bei den anderen Bussen werden nur die jeweils benötigten Anschlüsse verwendet. Dies sind beim Adreßbus die Mehrzahl, beim Steuerbus dagegen nur einige wenige Leitungen. (Eine nähere Beschreibung zum Thema Bussystem finden Sie in dem Kapitel „Grundlegendes zum Thema Computer“, S. 11.)
Bei den Speicherbausteinen für den Arbeitsspeicher unterscheidet man zwischen statischen und dynamischen. Bei den statischen Speicherchips wird die kleinste Informationseinheit in einem sogenannten Flipflop gespeichert. Der Nachteil dieser Speicher ist ihr hoher Anschaffungspreis und Strombedarf, ihr Vorteil liegt in einer sehr einfachen

Ansteuerung und der sehr schnellen Zugriffsgeschwindigkeit.
Bei den dynamischen Speicherchips werden kleine Kondensatoren zur Speicherung der Bit benutzt, die mit speziellen Transistoren zusammen eine Speicherzelle bilden. Ein Nachteil des dynamischen Speichers ist, daß der Kondensator mit seiner sehr kleinen Kapazität mit der Zeit seine Ladung und damit den Speicherinhalt verliert. Daher wird er ca. alle drei Millisekunden (rund 350mal in der Sekunde) neu geladen oder aufgefrischt. Dabei wird der Inhalt der Zelle gelesen und wieder neu gespeichert.
Da beim Lesen der Zelle jedesmal der Inhalt zerstört wird, muß nicht nur beim Auffrischen, sondern auch beim normalen Lesen der Inhalt wieder in die Zelle eingeschrieben werden. Diese beiden Faktoren machen die Steuerung dieses Speichertyps recht aufwendig.
Der wesentliche Vorteil der dynamischen Speicher liegt in ihrem einfacheren Aufbau und den damit verbundenen geringeren Herstellungskosten. Aus diesem Grund werden hauptsächlich dynamische Speicherbausteine in PCs eingesetzt.
Ein weiterer Nachteil der dynamischen RAMs ist deren geringere Geschwindigkeit beim Schreiben oder Lesen. Bei modernen Mikroprozessoren sind Taktfrequenzen von 133 MHz durchaus normal. Bei solchen Geschwindigkeiten sind die dynamischen Speicherchips überfordert. Deshalb müssen spezielle Maßnahmen die Zugriffsgeschwindigkeit herabsetzen („Wartezyklen") oder/und die vom Prozessor benötigten Daten in schnellen Speichern zwischenspeichern (sogenannten Cache-Speichern, s. u.).

ROM

Der nicht-flüchtige Speicher, kurz ROM (englisch: Read Only Memory, Nur-Lese-Speicher), wird auch Festwertspeicher genannt. Hier stehen grundlegende Routinen (kleine Programme), die der Rechner unverändert, speziell beim Einschalten, benötigt. Dies sind zum Beispiel Routinen für einen Selbsttest, zum Durchzählen und Überprüfen der RAM-Chips und zum Laden des Betriebssystems.
Auch Routinen, die während des Betriebes ständig ausgeführt werden müssen (zum Beispiel die Steuerung der Uhr, das Auffrischen der RAM-Bausteine), befinden sich im ROM. Bei den IBM-PCs oder Kompatiblen werden diese Routinen unter dem Begriff BIOS (englisch: Basic Input Output System, Basis-Eingabe-Ausgabe-System) zusammengefaßt. Die grundlegenden Funktionen des BIOS sind standardisiert.
Zu den Festwertspeichern gehören mehrere spezielle Speichertypen wie PROM (Abkürzung für: Programmable Read Only Memory), EPROM (Abkürzung für: Erasable Programmable Read Only Memory) und EEPROM (Abkürzung für: Electrically Erasable Programmable Read Only Memory). Die Unterschiede sind rein technischer Art: ROMs müssen beim Herstellungsprozeß gleich programmiert werden; PROMs können vom Computerhersteller durch elektrische Impulse programmiert werden (aber nur einmal); EPROMs werden wie PROMs programmiert und können durch UV-Licht insgesamt wieder gelöscht (und danach neu programmiert) werden; bei EEPROMs können durch elektrische Impulse die Zellen gelöscht und neu programmiert werden. Gemeinsam ist all diesen Festspeichern nur ihr Grundmerkmal: Die in ihnen gespeicherten Daten gehen beim Ausschalten nicht verloren.

Cache-Speicher

Ein Cache-Speicher ist ein sehr schneller Zwischenspeicher. In ihn werden nur die zur Bearbeitung notwendigen Daten und Befehle für den Prozessor aus dem langsameren Arbeitsspeicher kopiert. Der Prozessor kann danach ohne zusätzliches Warten auf die Daten im Cache-Speicher zugreifen.
Um einen Cache-Speicher einsetzen zu können, muß im PC ein Cache-Controller vorhanden sein. Controller sind elektronische Steuerungseinheiten für verschiedene Arbeitsabläufe. Der Cache-Controller verwaltet die Zusammenarbeit zwischen RAM und dem schnellen Cache-Speicher. Zudem führt er Protokolle über die wechselseitigen Zugriffe. Werden Daten vom Prozessor angefordert, die nicht im Cache-Speicher vorhanden sind, so löscht der Controller zunächst jene Daten, die am längsten nicht mehr benötigt wurden.

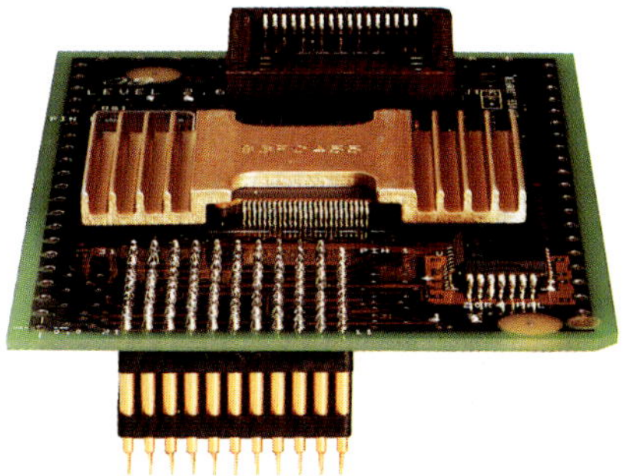

Bild linke Seite:
Hier ist ein Prozessor mit integriertem Cache-Speicher zu sehen.

Bild rechte Seite:
Die Rückseite eines PCs mit verschiedenen Schnittstellen und Erweiterungssteckplätzen (oben).

Der frei gewordene Platz dient zur Aufnahme der angeforderten Daten.
Diese Technik bringt spürbare Geschwindigkeitsvorteile bei der Bedienung eines PCs, weil der Zugriff auf Daten im optimalen Arbeitstakt des Prozessors erfolgt. Weil ein Cache-Speicher hohe Kosten verursacht, kommt er im Vergleich zum übrigen Arbeitsspeicher nur in einer kleinen Dimension von 32, 64 oder 128 KByte zur Anwendung.

Schnittstellen

Jedes Computergehäuse hat – zumeist auf der Rückseite – eine Reihe von Anschlüssen, die auch Schnittstellen genannt werden. Sie bieten eine Anschlußmöglichkeit für äußere Hardwarekomponenten wie Maus, Drucker, Modem etc.
Die Schnittstellen sind – je nach konkretem Computer – auf dem Motherboard oder auf Erweiterungssteckkarten enthalten. Für die Tastatur ist bei allen IBM- und IBM-kompatiblen PCs generell eine serielle Schnittstelle auf der Mutterplatine enthalten, die für diesen Verwendungszweck fest programmiert ist.

Parallele Schnittstellen

Parallele Schnittstellen ermöglichen es, Daten nicht Bit für Bit hintereinander, sondern in größeren Einheiten zu übertragen. Die Bit werden praktisch gruppenweise übertragen, so wie sie auch im Computer in der Regel verarbeitet werden.
Prinzipiell können soviele Bit gleichzeitig übertragen werden, wie Datenleitungen zur Verfügung stehen. In den allermeisten Fällen werden bei Parallelschnittstellen die Daten byteweise (1 Byte = 8 Bit) übertragen. Die Schnittstelle besitzt dann 8 Datenleitungen und eine Anzahl von Steuerleitungen.
Häufig werden parallele Schnittstellen zum Anschluß von Druckern verwendet. Weil die Schnittstelle, die der amerikanische Druckerhersteller Centronics hierfür verwendete, sich zu einem Standard entwickelte, wird die parallele Schnittstelle, die beim PC zur Grundausrüstung gehört, oft auch als Centronics-Schnittstelle bezeichnet.
Das ist bei genauer Betrachtung allerdings nicht ganz richtig, denn diese Schnittstelle kann als Centronics-kompatible Schnittstelle programmiert werden, und dies ist auch ihre häufigste Verwendung. Sie kann aber auch für die Datenkommunikation programmiert werden, wobei über die Datenleitungen nicht nur gesendet wird (wie beim Drucken), sondern auch Daten empfangen werden können.
Der Steckanschluß dieser Schnittstelle ist meist 25polig. Für die Druckersteuerung sind das Data-Strobe- (Datenabtastsignal) und das Busy-Signal (Belegtsignal) die wichtigsten. Das Data-Strobe-Signal aktiviert der Computer, wenn er Daten an den Drucker senden will und diese auf den Datenleitungen bereitstehen.
Mit dem Busy-Signal signalisiert dagegen der Drucker, daß er beschäftigt ist und im Moment keine weiteren Daten einlesen kann.

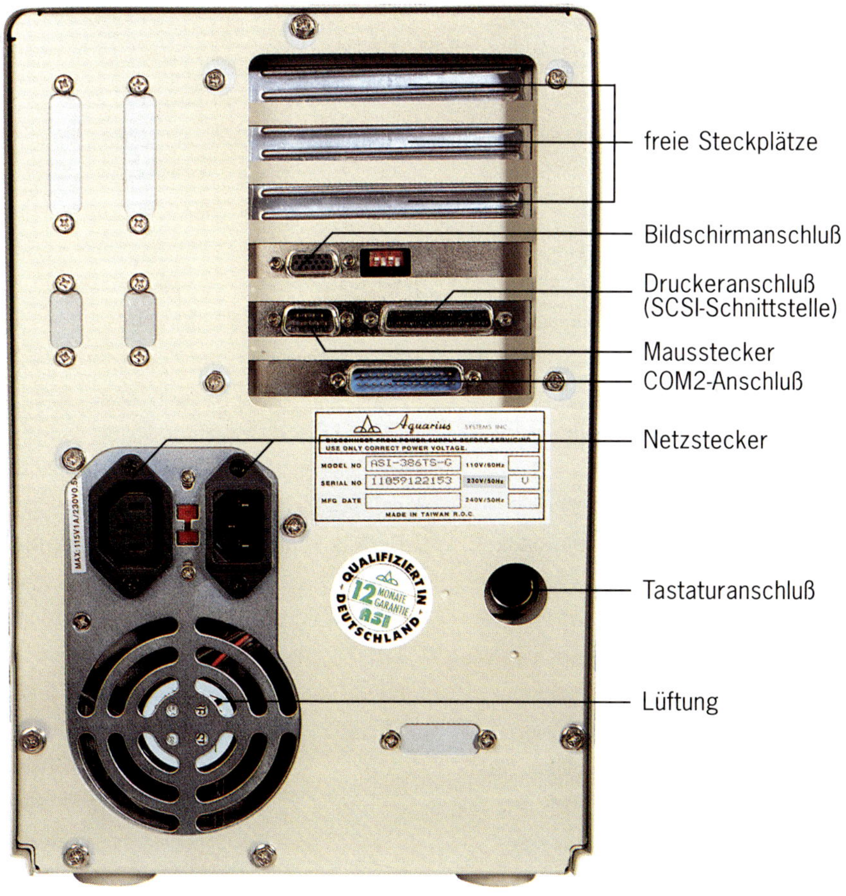

Eine weitere bekannte Parallelschnittstelle ist die SCSI (Small Computer System Interface, ausgesprochen: Skassi). Auch sie überträgt die Daten byteweise, doch sind erheblich größere Datenraten als bei der Standardschnittstelle möglich: maximal sind es 40 MByte pro Sekunde! Das ist allerdings ein eher theoretischer Wert, da die meisten Peripheriegeräte gar nicht so schnell Daten bereitstellen oder annehmen können. Die Praxiswerte liegen zwischen 400 KByte pro Sekunde und 10 MByte pro Sekunde.
Ein typischer Einsatzbereich für die SCSI-Schnittstelle ist der Anschluß von Peripheriegeräten mit eigener Steuerung. Die Zentraleinheit „kommuniziert“ dann über ihre SCSI-Schnittstelle und die des Peripheriegerätes mit diesem (bei Peripheriegeräten ohne eigene Steuerung steuert die Zentraleinheit das Peripheriegerät). Oft wird während des Datenaustausches auf diesem schnellen Wege sogar der Prozessor der Zentraleinheit abgekoppelt und der Ablauf durch einen Spezialbaustein gesteuert.
Typische mit SCSI-Schnittstellen ausgerüstete Geräte sind schnelle Laserdrucker, Festplatten mit großer Kapazität, CD-ROM-Laufwerke und Streamer.

Serielle Schnittstellen

Über die serielle Schnittstelle werden die Daten und Programme bitweise übertragen. Da die Daten im PC aber prinzipiell parallel (mindestens byteweise) vorliegen, werden sie in der Schnittstelle des „Senders“ in ein Schieberegister eingeschrieben. Das ist ein spezielles Register, bei dem Daten zum einen wie gewohnt parallel eingeschrieben und ausgelesen werden können, zum anderen aber auch nacheinander auf eine Leitung ausgegeben bzw. von ihr empfangen werden können. Das Register besteht meist aus acht Speicherzellen. Über einen Eingangs-/Ausgangstreiber können diese parallel beschrieben oder gelesen werden. Die Bit können aber auch nacheinander auf dem Übertragungsausgang gesendet werden.
Bei Personal Computern ist die asynchrone Übertragung verbreitet. Sie funktioniert folgendermaßen:
Sobald ein Byte vom Datenbus ins Schieberegister geladen wurde, sendet die Schnittstelle zunächst ein Startbit, das immer „0“ ist. Dann folgen nacheinander die zu übertragenden Datenbit. Zum Schluß sendet die Schnittstelle noch ein oder zwei Stopbit. Das Byte ist also von einem Rahmen (englisch: frame) eingeschlossen. Der Empfänger erkennt das Startbit, interpretiert die acht folgenden Bit als Datenbit und beendet die Empfangssequenz nach Erkennung des/der Stopbit. Dann wartet er auf das nächste Startbit. Das kann sofort kommen, aber auch irgendwann später – daher die Bezeichnung „asynchron“ (nicht gleichzeitig).
Wesentlicher Vorteil der seriellen im Vergleich zur parallelen Übertragung ist, daß weniger Leitungen erforderlich sind. Diese Einsparung kommt besonders bei der Übertragung über große Entfernungen zum Tragen. Gleichzeitig sinkt bei großen Entfernungen aber die Übertragungsgeschwindigkeit, die Übertragungssicherheit oder beides.
Die Übertragungsrate bei der Standard-PC-Schnittstelle reicht von 50 bis 19 200 Bit pro Sekunde. Diese Schnittstelle arbeitet nach einer internationalen Norm, die RS 232 C genannt wird und in Europa unter der Bezeichnung V 24 bekannt ist.
Manchmal kann man auch die Bezeichnung Baud zur Angabe der Schnittstellengeschwindigkeit lesen, was aber falsch ist: Dieser Begriff stammt nämlich aus der Telegrafie und steht für „Übertragungsschritte pro Sekunde auf der Übertragungsleitung“ (also beispielsweise der Telefonleitung). Solange nun pro Übertragungsschritt nur ein Bit gesendet wird, sind Baudrate und Übertragungsrate gleich. Moderne Modems können jedoch oft ganze Bitgruppen übertragen, zum Beispiel indem sie bestimmten Bitkombinationen bestimmte Frequenzen zuordnen. Auf der Übertragungsleitung wird dann folgerichtig mit einer anderen Geschwindigkeit gearbeitet als bei der Schnittstelle!

Erweiterungs-steckplätze

Personal Computer sind sogenannte „offene Systeme“, können also vom Anwender selbst erweitert werden. Dazu gibt es verschiedene Konzepte und Standards. Die verbreitetsten sind Erweiterungssteckplätze.
Sie dienen dazu, die Hardware für Erweiterungen und spezielle Anwendungen aufzunehmen. Das kann zum Beispiel eine Speichererweiterungskarte sein, wenn der Hauptspeicher des PCs nicht mehr ausreicht, oder es kann sich um eine Karte mit speziellen Schnittstellen handeln. Auch ist durch Erweiterungskarten eine fortlaufende Modernisierung des PCs gewährleistet. Es muß nicht gleich das komplette System ausgewechselt werden, wenn beispielsweise eine höhere Grafikauflö-

sung erforderlich wird: In den Steckplatz wird (nach Entfernen der alten) die neue Grafikkarte eingebaut und mit dem neuen Bildschirm verbunden.
Die Steckplätze bestehen aus vielpoligen Anschlußleisten. Auf den einzelnen Anschlüssen sind komplett Daten-, Adreß- und Steuerbus der Mutterplatine vorhanden und dazu noch alle Betriebsspannungen.

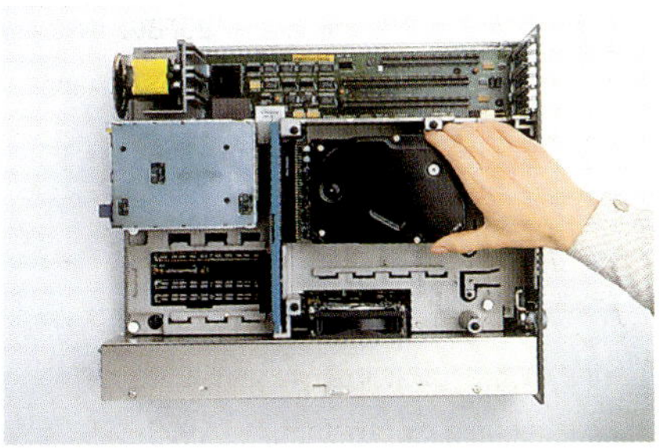

Die Steckkarte mit der Hardwareerweiterung wird in einen Erweiterungssteckplatz eingesetzt, indem ihre Anschlußleiste in diesen eingedrückt wird. Dadurch werden gleichzeitig elektrisch leitende Verbindungen zwischen der Steckkarte und der Mutterplatine hergestellt. Die Karten haben am unteren Ende einen Steckanschluß mit mehreren blanken Leiterflächen. Durch das Einstecken kommen Anschlußzunge und Leiterfläche in Berührung.

Grafikkarten

Die beiden wichtigsten Ausgabegeräte für Computer sind Bildschirm und Drucker: Der Bildschirm wird für die zeitweise Ausgabe von Informationen benutzt, der Drucker für die dauerhafte. Beim Drucker ist die Steuerung in der Regel in dessen Gehäuse eingebaut: Er erhält vom Computer kodierte Zeichen und setzt sie selber für den Ausdruck um. Die Bildschirme dagegen werden bei heutigen Personal Computern durch eine spezielle Karte, die Grafikkarte, gesteuert.

Funktionsweise

Diese Karte bildet die Schnittstelle zwischen der auf Binärebene organisierten „Innenwelt“ des Computers und der auf Zeichen- und Bilderkennung basierenden „Außenwelt“. Der Bildschirm setzt dann nur noch das durch diese Schnittstelle elektronisch erzeugte und in ihrem „Bildspeicher“ oder „Bildwiederholspeicher“ enthaltene Bitmuster in ein optisch sichtbares Abbild um. Anders formuliert: Die Steuerelektronik der Grafikkarte erzeugt vom Prozessor des Computers gesteuert ein „Bild“ in einem speziellen Speicher, also als Bitmuster. Das Bitmuster wird aus dem Bildspeicher ständig ausgelesen und von der Elektronik des Bildschirms zu dessen Steuerung benutzt.
Um die Funktion einer Grafikkarte besser zu verstehen, muß man zunächst zwei grundlegend verschiedene Betriebsarten unterscheiden. Bei Personal Computern werden diese als Textmodus und als Grafikmodus bezeichnet. Diese Bezeichnung ist etwas irreführend. Früher sprach man auch von Blockgrafik und Vollgrafik, um die Unterschiede deutlich zu machen.
Betrachten wir zunächst einmal die Oberfläche eines aktiven Bildschirmes. Sie besteht aus vielen Einzelpunkten, die in Reihen und Spalten angeordnet sind. Jeder einzelne Punkt läßt sich also genau bezeichnen: Zeile 19, Punkt 123 ist der 123ste Punkt von links in der 19. Reihe von oben. Zur weiteren Verdeutlichung des Prinzips soll es sich um einen Schwarzweißbildschirm handeln, da die Farbdarstellung den Vorgang verkompliziert und so das Prinzip leicht verdecken kann. Das Bild auf der Oberfläche des Schirmes kann nun im Bildspeicher des Rechners vollständig enthalten sein. Bei 480 Zeilen mit 640 Punkten pro Zeile – ein heute noch üblicher Wert – sind das 307 200 Bildpunkte, mithin ebenso viele belegte Bildstellen im Bildspeicher bzw. 38 400 Byte.
Obwohl dies ein noch sehr einfacher Fall ist, denn meist wird nicht eine Schwarzweißdarstellung verwendet, sondern Graustufen oder gar Farben, leuchtet ein: Ein solches Bild komplett zu berechnen und zu verwalten kostet sehr viel Rechenzeit. Früher war aber die Speicherkapazität von Computern um ein vielfaches knapper und kostbarer als heute. Und in den meisten Fällen waren Textzeichen und einfache Grafiksymbole völlig ausreichend für die Anwendungen. Deshalb teilte man den Bildschirm in kleine Blöcke: aus 480 Zeilen wurden zum Beispiel 24 Reihen, die jede 20 Reihen hoch waren. Die 640 Punkte pro Reihe wur-

Bild oben:
In noch freie Erweiterungssteckplätze kann weitere Hardware angeschlossen werden.

Bild unten:
Die Grafikkarte bildet die Schnittstelle zwischen PC und Bildschirm.

den in 80 Stückchen zu je 8 Punkten unterteilt. Der Bildschirm – und damit sein elektronischer Spiegel im „Bildwiederholspeicher“ – bestand nun also aus 24 Reihen zu je 80 Zeichen. Jedes Zeichen war 8 Punkte breit und 20 Punkte hoch.
Jetzt wurden aus diesen Punkten Zeichen zusammengesetzt – natürlich vor allem die Buchstaben des Alphabets und die Zahlen. Aber auch eine Reihe anderer Zeichen wurde festgelegt, darunter auch Grafikzeichen, mit denen sich Rahmen zusammensetzen ließen. Diese Zeichen wurden der Grafikkarte in einem Festspeicher mitgegeben. Jetzt konnte die Grafikkarte viel einfacher und schneller arbeiten: Ihr Bildwiederholspeicher mußte ja nur noch 1920 Stellen umfassen (24 x 80). Da man 256 verschiedene Grafikzeichen festgelegt hatte, reichte ein Byte aus, um anzugeben, welches Grafikzeichen gemeint war (1 Byte = 8 Bit = 256 Kombinationsmöglichkeiten). Der Bildwiederholspeicher umfaßte also nur noch 1920 Byte statt 38 400. Der Bildaufbau war viel schneller als bei vollständiger Berechnung des Gesamtbildes. Da dieser Modus insbesondere bei der Textdarstellung Verwendung fand, nannte man ihn „Textmodus“.
Man muß nun zusätzlich noch bedenken: Um nur 16 Graustufen oder Farbtöne zu verwalten, sind schon pro Bildpunkt vier statt ein Bit erforderlich. Bei 256 Farbtönen gehört zu jedem Bildpunkt schon ein Byte Bildwiederholspeicher – jedenfalls, wenn nicht technische Maßnahmen getroffen werden, um diesen Speicherbedarf zu verringern. Es wird so sicher deutlich: Eine moderne Grafikkarte ist ein sehr komplexer Bauteil.

Technik

Entscheidend für die Qualität – und für den Preis – einer Grafikkarte sind folgende Punkte:
Das wichtigste Kriterium für die Qualität einer Grafikkarte ist der verfügbare Videospeicher. Von ihm ist abhängig, welche Auflösungen und wieviel Farben sich mit einer Grafikkarte darstellen lassen.
Es gibt zwei Arten von Videospeichern: VRAM (Video Random Access Memory) und DRAM (Direct Random Access Memory). Ein VRAM-Videospeicher besitzt getrennte Ein- und Ausgänge. Dadurch können Bilddaten bereits in den Speicher geschrieben werden, während noch die alten Daten abgefragt werden. DRAMs dagegen verfügen nur über einen Datenein- und -ausgang. Man kann also entweder Bildinformationen abrufen oder speichern – beides gleichzeitig geht nicht. Logisch schlußfolgert sich daraus, daß Grafikkarten mit einem VRAM-Videospeicher höhere Bildwiederholfrequenzen erzielen – was sich sofort im Preis bemerkbar macht. Außerdem wichtig: Beachten muß man beim Videospeicher noch, daß dieser mindestens ein, besser zwei MByte Speicher aufweisen kann.
Außerdem entscheidend für die Qualität einer Grafikkarte ist der sogenannte RAMDAC (Random Access Memory Digital Analog Converter). Dieser ist für die Umsetzung der digitalen Signale einer Grafikkarte in analoge RGB-Signale für den Bildschirm zuständig. Ein RAMDAC mit 16 Bit Farbtiefe (Real Color) und einer hohen Videofrequenz leistet und kostet natürlich mehr als einer mit 8 Bit Farbtiefe.
Bei einer Kaufentscheidung beachten Sie noch folgendes: Um die Leistungs-

fähigkeit seines Computers zu erhalten, sollte man eine Grafikkarte passend zum Prozessor und zum Bussystem auswählen. Grundsätzlich gilt: Je höher die Rechenleistung des Prozessors, desto schneller arbeitet auch die Grafikkarte. Eine leistungsschwache Grafikkarte kann aber auch der schnellste Prozessor nur begrenzt beschleunigen – dies macht sich im Bildaufbau entscheidend bemerkbar. Dies verhält sich entsprechend beim Bussystem: Eine schnelle Grafikkarte kann die Vorteile eines modernen Bussystems sehr gut in ein höheres Arbeitstempo umsetzen. Arbeitet Ihr Rechner also mit einem PCI-Bussystem, so kaufen Sie eine passende Grafikkarte.

Grafikstandards

Von 1985 bis etwa 1993 galt der sogenannte VGA-Standard für Grafikkarten. Dieser konnte eine Auflösung von 640 x 480 Bildpunkte bei 16 Farben darstellen. Seitdem jedoch Mitte der 90er Jahre grafische Benutzeroberflächen, anspruchsvolle Grafikprogramme und Multimediaprodukte Einzug in die Computerwelt hielten, reichte dieser Standard nicht mehr aus. So wurde die SVGA-Norm entwickelt, die eine Auflösung von 1024 x 768 und 256 Farben ermöglichte. Abhängig vom jeweiligen Videospeicher lassen sich auch bis zu 16 Mio. Farben darstellen. Moderne Bildschirme (s. S. 59) schaffen gar eine Auflösung von 1280 x 960, 1280 x 1024 oder 1200 x 1600 Bildpunkten. Bei der Auswahl einer Grafikkarte sollte man sich überlegen, welche Programme mit dem PC zum Einsatz kommen sollen. Für die reine Textverarbeitung reicht eine Standardauflösung mit 640 x 480 Pixeln noch immer. Tabellenkalkulationen dagegen sollte man schon mit 800 x 600 Bildpunkten darstellen können. Bei DTP- und CAD-Applikationen sowie bei Multimedia-Produkten und modernen Computerspielen gelten heute 1024 x 768 oder besser noch 1280 x 1024 Bildpunkte als Standard.

Soundkarte

Seitdem der Computermarkt vom Schlagwort „Multimedia" beherrscht wird, boomt der Markt für Soundkarten. Vor wenigen Jahren noch ein Nischenprodukt, ist die Soundkarte heute ein unverzichtbarer Bestandteil eines Personal Computers. Benötigte man ehedem die Soundkarte nur für Computerspiele, so machen Multimedia-Anwendungen heute erst richtig Spaß, wenn man die Sounds, die Musik und den gesprochenen Text hören kann. Bei Präsentationen spart die Soundkarte gar die Stereoanlage und das Mischpult, da die Musik direkt über den PC abgespielt werden kann. Mit Hilfe einer Soundkarte kann man aber darüber hinaus auch Töne und Sprache aufzeichnen bzw. abspielen oder in beliebige Windows-Anwendungsprogramme einbetten.

Mit der wachsenden Akzeptanz stieg das Angebot der Soundkarten-Produzenten, und die Preise purzelten in kürzester Zeit in den Keller. So kann man heute bereits ab 200 DM eine gute Soundkarte erwerben. Leider ist aber oftmals auch hier bei einem niedrigen Preis mit mangelhafter Qualität zu rechnen, so daß es in der Regel besser ist, nicht auf die Mark zu schauen.

Wie funktioniert nun eine Soundkarte? Alle Töne bestehen aus Schallwellen, die sich wiederum aus einer Reihe von analogen Schwingungen zusammensetzen. Da ein PC jedoch nur mit digitalen Werten arbeiten kann, werden die Töne bei der Aufnahme digitalisiert, d. h. zu Ziffern umgesetzt, während für eine Wiedergabe die Bits und Bytes in hörbare, analoge Schwingungen rückge-

Bild linke Seite:
Eine Hochleistungs-Grafikkarte ist für die Wiedergabe solcher Bilder nötig.

Bild rechte Seite:
Die Soundkarte gehört zu jedem Multimedia-PC.

wandelt werden müssen. Diese Aufgaben werden von einem sogenannten Analog-/Digitalwandler (A/D-Wandler) bzw. von einem Digital-/Analog-Wandler (D/A-Wandler) auf der Soundkarte übernommen.

Wichtige Begriffe in bezug auf Soundkarten sind die Samplingrate und die Samplingtiefe. Um Töne möglichst exakt aufzeichnen zu können, müssen die analogen Schwingungen abgetastet (englisch: sampling) und dann durch digitale Werte ersetzt werden. Die Samplingrate ist die Abtastfrequenz für analoge Signale. Sie bestimmt, wie oft diese innerhalb eines bestimmten Zeitraums abgetastet werden.

Die Samplingrate wird in Kilohertz (kHz), also in der Anzahl der tausend Schwingungen pro Sekunde gemessen. Wichtig beim Kauf einer Soundkarte ist deshalb, daß die Samplingrate möglichst hoch ist. Denn dadurch kann sichergestellt werden, daß die Klangstruktur genau erfaßt wird.

Der A/D-Wandler einer Soundkarte setzt die analogen Schwingungen in digitale Werte um. Um die Samplingwerte in Bytes umzusetzen, benötigt er Speicher. Bei Soundkarten spielen nur die Größen 8 und 16 Bit eine Rolle; diese werden auch als Samplingtiefe bezeichnet.

Während eine 8-Bit-Soundkarte ein Signal nur in 256 Werte umsetzen kann, bringt es eine 16-Bit-Soundkarte schon auf 65 536 Werte, was sich in einer wesentlich höheren Dynamik und mehr Qualität niederschlägt. Allerdings sind dann auch doppelt soviel Speicher notwendig.

Für Musiker ist es interessant, ob eine Soundkarte eine MIDI-Schnittstelle (MIDI, Musical Instruments Digital Interface) besitzt. An diese Schnittstelle läßt sich ein Keyboard anschließen, das mit spezieller Software den Synthesizer der Soundkarte im PC nutzen kann. Umgedreht können so auch MIDI-Dateien, die mit einem Keyboard erzeugt wurden, auf dem PC abgespielt und weiterverarbeitet werden. Das ist z. B. beim Komponieren sehr hilfreich. Bei vielen Soundkarten ist der MIDI-Anschluß mit dem Gameport (für einen Joystick) der Soundkarte kombiniert.

Beim Kauf einer Soundkarte sollte man neben der Samplingrate und -tiefe vor allem deren Kompatibilität und Standards im Auge behalten. Der älteste Standard ist der sogenannte Adlib-Standard. Er wurde nach einer Soundkarte des Herstellers Adlib benannt, die 11 Stimmen, jedoch keine Sampling-Funktion und nur Monowiedergabe besaß.

Zum Synonym für die Soundkarte ist inzwischen die Soundkarte mit dem Namen „Soundblaster“ der Firma Creative Labs geworden. Heute erzeugen alle Soundkarten auf dem Markt die Klänge nach dem gleichen Prinzip wie die Soundblaster von Creative Labs, haben Stereo-Wiedergabe und -Aufnahme sowie eine Samplingtiefe von 8 Bit.

Laufwerke

Neben dem Hauptspeicher benötigt ein Computer „externe“ (äußere) Speicher. Auf die dort gespeicherten Daten kann der Prozessor nicht unmittelbar (per Adressierung) zugreifen, sondern sie nehmen immer ihren Weg über den Hauptspeicher. Ein Text z. B. wird von der Festplatte in den Hauptspeicher übertragen, mit einem Textprogramm bearbeitet und dann wieder auf der Festplatte gespeichert.

Hierzu wird der flüchtige Schreib-Lese-Teil des Hauptspeichers, das RAM, benutzt. Daraus ergibt sich auch: Wird der Text nicht wieder gespeichert, bevor der Rechner ausgeschaltet wird (oder tritt eine Stromstörung auf), so ist der bearbeitete Text verloren. Der

Bild linke Seite:
Auf dem Keyboard erzeugte Musik kann vom PC aufgezeichnet werden.

Bild rechte Seite:
Die audiovisuelle Kommunikation mit dem PC spricht neue Zielgruppen an.

disc

ursprüngliche Text ist aber noch auf dem „externen" Speicher vorhanden. Denn dessen wesentliches Merkmal ist: Er verliert seinen Inhalt nicht beim Abschalten des Gerätes.
Die wichtigsten externen Speicher sind Disketten mit den zugehörigen Diskettenlaufwerken, Festplatten, Wechselfestplatten, Bandlaufwerke und optische Platten (Laser-Disk, CD-ROM).

Diskettenlaufwerke

Die wichtigsten Teile eines Diskettenlaufwerkes sind der Antriebsmotor, der Schrittmotor für die Kopfbewegung, der Kopfträger mit den Magnetköpfen, die Steuerelektronik und das Gehäuse. Vorne befindet sich ein Schlitz, durch den die Diskette eingeschoben wird (eventuell ist er durch eine Klappe geschützt). Bei 3,5-Zoll-Laufwerken, die sich als Standard etabliert haben, schnappt die Diskette beim Einschieben automatisch ein, durch Drücken des Auswurfknopfes vorne am Laufwerk wird die Verriegelung wieder geöffnet und die Diskette zur Entnahme etwas herausgeschoben.
Der Antriebsmotor ist ein kleiner Elektromotor mit sehr hoher Umdrehungsgenauigkeit. Die Umdrehungszahl muß beim Lesen und Schreiben immer gleich sein, sonst würde es „Datenkauderwelsch" geben.
Beim Schrittmotor gibt es mehrere Konstruktionsprinzipien, sie sollen hier nicht näher erläutert werden. Entscheidend ist: Der Schrittmotor macht – durch elektronische Impulse gesteuert – einen oder mehrere „Schritte" von stets genau gleicher Schrittweite. Mit dem Schrittmotor mechanisch verbunden ist der Kopfträger. Er enthält bei allen modernen Diskettenlaufwerken zwei Magnetköpfe: einen für die Oberseite und einen für die Unterseite der Diskette. Die beiden Seiten der Diskette können so zum Speichern von Daten benutzt werden.
Eine Diskette (engl.: floppy disc) besteht aus einer Kunststoffhülle als äußerem Schutz, einem Gleitvlies aus speziellem Kunststoff innen und einer flexiblen Kunststoffscheibe. Diese Kunststoffscheibe ist mit einer Beschichtung versehen, die Magnetpartikelchen enthält. Mit dem speziellen Magnetkopf des Diskettenlaufwerks kann die magnetische Polung dieser Partikelchen gezielt beeinflußt werden.
Es nützt natürlich nicht viel, wenn der Magnetkopf nur einen einzelnen Punkt auf der Diskettenoberfläche erreicht. Deshalb läßt der Antriebsmotor des Diskettenlaufwerks beim Betrieb die Kunststoffscheibe im Laufwerk rotieren. Der Magnetkopf greift durch das sogenannte Kopffenster direkt auf die Diskettenoberfläche (er liegt auf kleinen Filzstückchen auf der Oberfläche auf, damit das Metall des Kopfes nicht auf der Diskette schabt). Durch die Drehung bewegt sich die Diskettenoberfläche unter dem Magnetkopf hinweg, dieser kann so einen Kreis darauf erreichen.
Durch einen Schrittmotor wird nun der Magnetkopf innerhalb des Kopffensters nach innen beziehungsweise außen bewegt (er wird jeweils um eine kleine, genau definierte Strecke bewegt, deshalb Schrittmotor). Dadurch entstehen viele Kreise, die konzentrisch ineinander liegen. Diese Kreise wiederum werden in Segmente aufgeteilt, die sich grob gesehen mit Tortenstücken vergleichen lassen, wobei das Innerste der Torte kreisförmig ausgeschnitten ist. Durch diese Aufteilung lassen sich die Speichereinheiten auf der Diskettenoberfläche genau definieren. Es können jetzt also magnetische Informationen gezielt auf der Oberfläche der Diskette eingeschrieben werden: Durch einen starken magnetischen Impuls werden die Partikelchen in eine bestimmte Lage gebracht. Das bedeutet dann: Bit gesetzt.
Wenn eine bereits „beschriebene" Diskette „gelesen" werden soll, wird ein sehr viel schwächeres Magnetfeld konstant an den Magnetkopf gelegt und überwacht. Dieses Magnetfeld wird durch das Feld der magnetisch ausgerichteten Stelle geringfügig gestört. Die Störung wird von einer empfindlichen Elektronik festgestellt und erzeugt in der Steuerelektronik die Information „Bit gesetzt". Dabei werden nicht einzelne Bit gelesen und geschrieben, sondern ganze Byte-Folgen werden über den Datenbus an die Steuerung des Laufwerks transportiert.
Soweit das Funktionsprinzip. Damit eine Diskette in der Praxis genutzt werden kann, muß sie jedoch zuerst vorbereitet werden. Man nennt die Vorbereitung „Formatierung". Dabei werden in jeden Sektor jeder Spur magnetische Informationen in der oben beschriebenen Weise eingeschrieben. Diese Formatierungsinformationen sind nicht mit den eigentlichen Daten zu verwechseln: Sie enthalten zunächst etliche Byte, die sich wiederholen und so ein typisches Bitmuster ergeben, das der Synchronisation der Steuerelektronik dient. Außerdem sind in je-

Einzelne Bestandteile des PCs sind auch nachträglich veränder- oder austauschbar.

Tandon
Tandon
TO PREVENT DAMAGE, TURN OFF POWER SWITCH BEFORE INSTALLING MODULE.
MODULE CAN BE DAMAGED BY STATIC DISCHARGE. GROUND YOURSELF BEFORE HANDLING.
SERIAL NO.XXXXXX
ST-157A
INPUT VOLTAGE/AMPS
+5V / 1.4 A
+12V / 2.0 A
-1

Bild linke Seite:
Schreib-/Leseköpfe gleiten auf sogenannten Flugkörpern über die Festplatte.

Bild rechte Seite unten:
Festplatten besitzen heute bei verminderter Größe immer mehr Speicherkapazität.

Bild rechte Seite oben:
Magnetbänder werden vor allem als externe Speichermedien bei Großrechnern verwendet.

dem Sektor die Spurnummer und die Sektornummer, die Sektorlänge und Prüfbyte in einem Identifikationsfeld enthalten. Dann folgen nochmals eine definierte Anzahl Synchronisationsbyte und dann der Raum für die eigentlichen Daten. Und danach folgen wiederum Prüfbit.
Die formatierte Diskette kann nun mit Daten beschrieben werden. Die Steuerelektronik des Laufwerks wird dazu vom Betriebssystem veranlaßt. Dieses behandelt dabei Datenblöcke mit einer definierten Länge als Einheit. Sie bilden beim Betriebssystem MS-DOS einen Sektor auf der Diskette, werden also in einem physikalisch auf der Diskettenoberfläche vorhandenen Sektor gemeinsam untergebracht. Alles weitere bezüglich der Funktion ist nun Sache der Steuersoftware, also des Betriebssystems (nähere Informationen finden Sie ab S. 91).

Festplattenlaufwerke

Festplattenlaufwerke (engl.: hard disc) werden ebenso wie Disketten eingesetzt, um Anwendungsprogramme und Daten bereitzuhalten. Die Vorteile von Festplatten gegenüber Disketten sind eine kürzere Zugriffszeit, größere Speicherkapazität und höhere Datensicherheit. Ihr Nachteil ist der umständliche Datentransfer: Daten, die von einer Festplatte auf einen anderen Rechner transportiert werden sollen, müssen auf einem mobilen Datenträger gespeichert und von dort in das Empfängersystem geladen werden.
Der Datenträger besteht aus mindestens einer, zumeist aber aus mehreren Aluminiumplatten. Diese sind mit einer magnetisierbaren Schicht bedampft und starr montiert. Beim Betrieb rotieren sie mit 3600 Umdrehungen pro Sekunde. In der Regel bringt man zwei, vier oder mehr Platten übereinander und luftdicht abgeschlossen in einem Gehäuse, dem Festplattenlaufwerk, unter. Aus dieser staubsicheren Unterbringung erklärt sich die hohe Datensicherheit der Festplatten.
Der Kopfträger mit den Magnetköpfen besitzt eine kammähnliche Form, weshalb man ihn auch den „Kamm“ nennt. Ein Schrittmotor steuert den Kamm über die einzelnen Spuren. Die Magnetköpfe haben im Gegensatz zu den Schreib-/Leseköpfen in einem Diskettenlaufwerk keinen mechanischen Kontakt zu den Plattenoberflächen. Sie schweben auf einem winzigen Luftpolster von ca. 1 µm (ein Mikrometer!) Dicke. Natürlich erfordert die präzise Steuerung sehr exakte mechanische Komponenten, die extrem leicht gebaut sein müssen und daher empfindlich gegen Erschütterungen sind.
Von diesen Unterschieden abgesehen, erfolgt das Schreiben auf und das Lesen von den Scheiben nach den schon bei den Disketten beschriebenen Vorgängen.
Wichtiger Bestandteil ist der Festplatten-Controller. Er steuert und kontrolliert das Laufwerk bzw. die Datenspeicherung. Zudem ist er für die Datenübertragung zwischen Festplatte und Hauptspeicher verantwortlich.

Entscheidend beim Kauf eines Festplattenlaufwerkes ist die Festplattenschnittstelle. Heute haben folgende drei Bedeutung: SCSI, IDE und Enhanced-IDE.

- Die meisten Personal Computer besitzen heute noch AT-Bus-Controller und -Festplatten, also eine IDE-Schnittstelle (Abkürzung für: Integrated Device Equipment). Sie erlaubt den Anschluß von zwei Festplatten. Im Vergleich zu einer SCSI-Festplatte besitzt eine IDE nur einen Datendurchsatz von rund 5 MByte.
- Bei SCSI (Abkürzung für: Small Computer System Interface) muß der Controller (korrekte Bezeichnung: SCSI-Host-Adapter) nur die elektrischen Verbindungen herstellen. Denn die gesamte Steuerelektronik ist im Laufwerk untergebracht, weshalb diese Form einer Festplatte auch teurer als eine IDE-Festplatte ist. Eine SCSI-Festplatte erreicht eine Datentransferrate (sog. Datendurchsatz) bis zu 10 MByte.
- Die derzeit schnellste Festplattenschnittstelle ist die Enhanced-IDE. In Kombination mit einem schnellen Bussystem wie PCI kann Enhanced-IDE eine Datentransferrate von über 13 MByte erreichen. Aus diesem Grund ist eine Enhanced-IDE-Festplattenschnittstelle sicherlich die der Zukunft.

Magnetbandlaufwerke

Magnetbänder wurden bis vor wenigen Jahren als wichtigste externe Speicher bei Großrechnern verwendet; auch heute sind sie in diesem Bereich noch sehr verbreitet. Bei Personal Computern und anderen kleineren Computersystemen werden sie dagegen nicht eingesetzt.

Die Datenaufzeichnung erfolgt oft auf mehreren parallelen Spuren, die Daten werden dabei hintereinander auf die magnetisch beschichtete Oberfläche der Bandspule geschrieben. Zum Lesezugriff muß das Band an die entsprechende Stelle laufen. Das kostet Zeit. Deshalb werden Bandlaufwerke meist zur Archivierung großer Datenbestände eingesetzt.

Etwas handlicher als die großen Magnetbandspulen der Großrechner sind die Magnetbandkassetten. Sie ähneln äußerlich den bekannten Audiokassetten und enthalten wie diese ein aufgewickeltes Magnetband. Allerdings ist dieses Band dünner und reißfester als das der Audiokassetten, und auch der innere Aufbau der Kassette ist etwas anders. Die speziellen Bandlaufwerke für diese Kassetten werden als „Streamer“ bezeichnet. Auf einer Kassette können Daten bis über 1 GByte abgespeichert werden.

Streamer dienen der Datensicherung. Im Prinzip arbeitet ein Streamer wie beispielsweise ein Kassettenrecorder. Der Motor bewegt ein Magnetband mit hoher Geschwindigkeit an einem Schreib-/Lesekopf vorbei. Der Kopf ist allerdings nicht starr montiert, sondern kann mehrere Spuren (Tracks) nebeneinander mit den seriell aufgetragenen Daten beschreiben. Dabei werden erhebliche Geschwindigkeiten erzielt.

Die Datensicherung geht mit mitgelieferter Software automatisch vonstatten; wenn ein anderes Magnetband benötigt wird, wird der Benutzer durch ein Programm davon benachrichtigt.

CD-ROM-Laufwerke

Ein Trend ist bei Personal Computern unübersehbar: Bald werden fast alle PCs außer mit einem 3,5-Zoll-Laufwerk auch mit einem CD-ROM-Laufwerk ausgestattet sein. Denn nicht nur im Zusammenhang mit Multimedia ist die CD-ROM unerläßlich als Speichermedium: Immer mehr Hersteller liefern ihre Anwendungsprogramme bedingt durch deren Größe auf CD-ROMs aus. Die Installation der Software kann also vollständig in einem Zug erfolgen, ein ständiges „Disk-Jocking“ ist nicht mehr notwendig.

Ein CD-ROM-Laufwerk ist vom Grundprinzip her ähnlich wie ein magnetisches Laufwerk aufgebaut. Es besteht aus einem Motor, der die CD in Rotation versetzt, einem weiteren Motor für die Bewegungen des Lasers, der durch eine Führung geleitet wird, und einem dritten Motor zum Einlegen und Auswerfen der Disk.

Darüber hinaus besitzt ein CD-ROM-Laufwerk ein System von Linsen und

TECRA 700CT
TOSHIBA

Spiegeln, das den Laserstrahl, der von einer Laserkanone ausgeschickt wird, zielgenau lenkt. Die CD im Laufwerk wird immer von unten gelesen. Der Schreib-/Lesekopf befindet sich in einem Abstand von etwa 1 Millimeter von der CD entfernt. Aufgrund der Zielgenauigkeit des Lichtstrahls können die Spuren auf einer CD sehr eng angelegt werden. Hierdurch wird die enorme Speicherkapazität einer CD erst möglich: Im Vergleich zu einer Festplatte, die nur mehrere hundert Spuren besitzt, weist eine CD fast 16 000 Spuren pro Zoll auf.
Es wurden zwei verschiedene Techniken entwickelt, um eine CD-ROM in ein entsprechendes Laufwerk einzulegen. Zunächst gibt es die Laufwerke mit einer Schublade. Diese wird per Knopfdruck geöffnet, die CD-ROM eingelegt und dann wieder durch Betätigung des Knopfes geschlossen. Andere CD-ROM-Laufwerke arbeiten mit sogenannten Caddys. Dies sind Kunststoffhüllen (im Prinzip mit einer Diskettenhülle vergleichbar), in die man die CD-ROM legt und dann zusammen in das Laufwerk einführt. Caddys haben den Vorteil, daß die CD-ROM von Umwelteinflüssen wie Fingerabdrücken, Staub oder Zigarettenrauch verschont wird. Die Schubladentechnik dagegen ist schneller.
CD-ROM-Laufwerke werden wie eine Festplatte an einen Controller angeschlossen. Ähnlich wie bei der Festplatte unterscheiden sich die Laufwerke in der Schnittstelle und damit im Preis. Die Schnittstellen der IDE-Controller von CD-ROM-Laufwerken sind leider nicht fest definiert, was zu einem gewissen Wildwuchs bei den Anschlüssen führte – von 14- bis 40poligen Anschlüssen ist alles möglich. Einige der CD-ROM-Laufwerke können auch an Soundkarten betrieben werden, vorausgesetzt, die Karte verfügt über die entsprechende Schnittstelle. Um diesem Durcheinander zu entkommen, sollte man sich für ein SCSI-Laufwerk entscheiden. Dort ist nicht nur die Schnittstelle klar definiert, auch die zum Betrieb eines Laufwerks notwendigen Treiber sind genormt. Diese „Freiheit" muß allerdings mit einem erheblich höheren Preis erkauft werden.
Sehr wichtig für die Schnelligkeit von CD-ROM-Laufwerken ist deren Datenübertragungsrate. Während die Laufwerke der ersten Generation (sogenannte „Single-Speed-Laufwerke") Übertragungsraten von ca. 150 KByte pro Sekunde und eine mittlere Zugriffszeit von 375 – 500 Millisekunden (ms) schafften, erreichten Double-Speed-Laufwerke bereits doppelte Werte (= 300 KByte Datenübertragung pro Sekunde und eine Zugriffszeit von ca. 300 Millisekunden). Dadurch konnte

Bild linke Seite:
CD-ROMs funktionieren wie Musik-CDs: Sie sind lesbar, aber nicht beschreibbar.

Bild rechte Seite:
Mit 460 g Gewicht ist dieser mobile CD-ROM-Player die ideale Ergänzung zum Notebook.

der nachteilige Effekt von Single-Speed-Laufwerken – Aussetzer bei der Wiedergabe von Animationen oder Musik und Sprache – weitestgehend beseitigt werden.
Aber da die Computerbranche stets nach immer mehr Geschwindigkeit und Komfort strebte, folgten in kürzester Zeit sogenannte Triple-Speed, Quadspeed- und nunmehr 10fach-Speed-Laufwerke. Triple-Speed-Laufwerke besitzen eine Datenübertragungsrate von 450 KByte pro Sekunde und eine Zugriffszeit von 250 ms, während Quadspeed-Laufwerke ein Verhältnis von 600 KByte und unter 250 ms aufweisen. Bei der Anschaffung eines CD-ROM-Laufwerkes sollte man außerdem darauf achten, daß es multisessionfähig ist. Nur diese Laufwerke sind in der Lage, Foto-CDs zu lesen. Denn meist werden die Fotos in mehreren „Sessions" (Beschreibvorgängen) abgespeichert, da die CD beim ersten Beschreibvorgang noch nicht voll war. Singlesession-Laufwerke können nur jeweils die erste Session lesen, später aufgespielte Fotos werden nicht erkannt.
Übrigens: Mit fast allen CD-ROM-Laufwerken können auch herkömmliche Musik-CDs abgespielt werden. Hierzu benötigt man einerseits eine Soundkarte und andererseits braucht man eine spezielle Software, die den CD-Player simuliert.

Eingabegeräte

Über Eingabegeräte werden die Abläufe der Arbeit mit Computern gelenkt. Deshalb bezeichnet man alle Geräte als Eingabeeinheiten, wenn diese analoge Informationen in digitale, sprich computerlesbare umwandeln können. Die wichtigsten Eingabegeräte sind Tastatur und Maus. Darüber hinaus gibt es andere, die jedoch oftmals speziellen Anwendungen vorbehalten sind. Joysticks zum Beispiel verwendet man in erster Linie zum Steuern von speziellen Computerspielen, Grafiktableaus finden ihren Einsatz für komplexe grafische Anwendungen. Mit Hilfe eines Scanners kann man Texte und Bilder digitalisieren, während man mit einer digitalen Kamera Fotos erstellt und direkt in den Computer überträgt. Außerdem gibt es noch Eingabegeräte (Mikrofon, Video- und Camcorder), die der Bild- und Spracheingabe dienen.

Tastatur

Die Tastatur ist nach wie vor das wichtigste Hilfsmittel für die Kommunikation mit einem Computer. Mit ihrer Hilfe werden Befehle und Daten eingegeben sowie Programme bedient.
Äußerlich betrachtet ist die Tastatur ein flaches, breites Gehäuse, aus dem eine Vielzahl von Tasten herausragt. Unter diesen Tasten sitzt jeweils ein Schaltkontakt, dessen Qualität mitentscheidend für die Benutzerfreundlichkeit und Lebensdauer einer Tastatur ist.
Durch Drücken einer Taste wird der zugehörige Kontakt geschlossen. Die Kontakte sind in einer Matrix angeordnet, die von einem Mikroprozessor ständig abgefragt wird. Der Tastaturprozessor erfährt so, welche Taste(n) gedrückt ist (sind), und sendet ein entsprechend kodiertes Signal an die Tastaturschnittstelle des Computers. Dort wird das Signal zwischengespeichert und über eine Meldeleitung des Steuerbusses dem Prozessor mitgeteilt, daß in der Tastaturschnittstelle ein Zeichen „abholbereit" ist. Bei der nächsten Gelegenheit spricht der Prozessor diese Schnittstelle an, holt das Zeichen und wertet es aus.
Alle im Handel befindlichen Computertastaturen sind heute genormt, weshalb man sie problemlos an unterschiedliche PCs anschließen kann. Am meisten wird die sogenannte MF-II-Tastatur verwendet, eine Multifunktionstastatur. Sie besitzt einen großen Tastenblock, der einer Schreibmaschine nachempfunden ist, sowie rechts einen alphanumerischen Tastenblock. Dieser kann entweder zur Eingabe von Zahlen oder – indem man zuvor die Num-Taste

Bild linke Seite:
Moderne Tastaturen besitzen eine Auflagematte für die Handballen.

Bild rechte Seite:
Ergonomische Tastaturen können exakt der bequemen Handstellung angepaßt werden.

betätigt – zur Bewegung des Cursors eingesetzt werden.
Direkt über den Schreibmaschinentasten ist eine Reihe mit Sondertasten angeordnet, die sogenannten Funktionstasten (F1 – F12). Zu diesen werden auch die Escape-(Esc)-Taste (links oben) sowie die Alternate-(Alt)- und die Steuerungs-(Strg)- bzw. Control-(Ctrl)-Taste (unten, rechts und links von der Leertaste) gezählt. Diese Tasten sind programmtechnisch mit Funktionen belegt und haben je nach Programm eine andere Bedeutung.
Zwischen den Schreibmaschinentasten und dem alphanumerischen Block befindet sich ein weiterer Block mit Bewegungstasten, auch als Cursortasten bezeichnet. Mit diesen kann der Cursor am Bildschirm bewegt werden.
Neben dem Funktionsumfang ist die Benutzerfreundlichkeit einer Tastatur wichtig. Die Unterseite der Tastatur sollte durch Gummiauflagen gegen Verrutschen gesichert sein. Außerdem sollte die Tastatur sehr flach sein.
Leicht nach unten gewölbte Tasten sowie ein spürbarer Druckpunkt als Bestätigung der Tastenauslösung sind weitere Kriterien der Ergonomie. Bei gut gestalteten Tastaturen sind auch die Tasten entsprechend ihrer Funktion farblich voneinander abgegrenzt.

Mäuse und Verwandte

Die Maus ist ein Gerät zur Steuerung eines Positionszeigers auf dem Bildschirm. Durch Drücken einer der Maustasten werden Funktionen ausgelöst beziehungsweise Menüpunkte von Programmen aktiviert. Das Arbeiten mit der Maus wird im allgemeinen gegenüber der Befehlseingabe mittels Tastatur als angenehmer empfunden.
Der sichtbare Teil einer Maus besteht aus einem kleinen, handgerechten Gehäuse, auf dessen Oberfläche zwei oder drei Tasten angebracht sind. Die Formgebung des Gehäuses und die Anordnung der Tasten bestimmen wesentlich, ob der Anwender über einen längeren Zeitraum ermüdungsfrei mit ihr arbeiten kann.
Eine Maus ist in der Regel durch ein Kabel über eine Schnittstelle mit dem Computer verbunden. Eine Ausnahme bilden Funkmäuse, die mittels Infrarotstrahlen mit dem Computer in Verbindung stehen.

Mechanische und optische Mäuse

Es können zwei Konstruktionen unterschieden werden: die mechanische und die optische Maus. Bei der mechanischen Maus erfolgt die Umsetzung der Mausbewegungen auf einer glatten Unterlage (dem „Mousepad") über eine Gummikugel, deren Drehbewegung von Sensoren abgetastet und auf den Bildschirm übertragen wird. Dort erscheint ein sogenannter Mauszeiger als Pfeil (oder als ein anderes, wählbares Zeichen), der die Bewegungen der Maus entsprechend auf dem Bildschirm wiedergibt. Eine mechanische Maus ist wesentlich preisgünstiger als die optische Maus, unterliegt aber einem höheren Verschleiß. Im Laufe der Zeit leidet darunter ihre Genauigkeit.

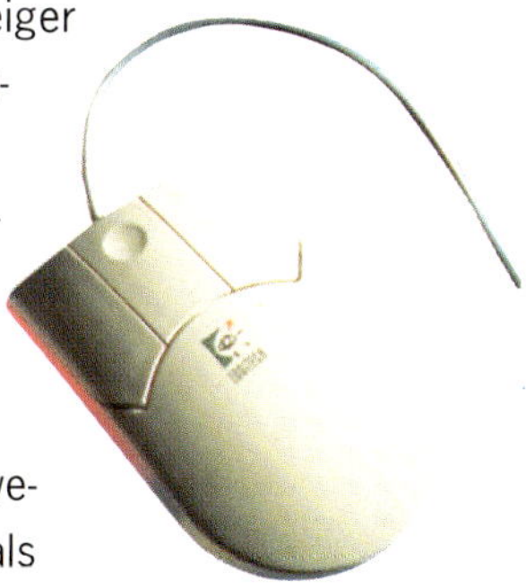

Bild linke Seite oben:
Einige Vertreter der Maus-Familie.

Bilder links unten und rechts:
Alternative zur Maus: der Trackball für Tragbare (unten) und für Desktop-PCs (rechts).

Die optische Maus arbeitet nach einem anderen Prinzip. Sie benötigt eine spezielle Unterlage, die zum einen reflektierend und zum anderen mit feinen horizontalen und vertikalen Rillen strukturiert sein muß. Bewegungen der optischen Maus werden nun mittels zweier Leuchtdioden auf diesem Mousepad abgetastet und interpretiert. Die Impulse werden an den Computer weitergegeben und dort umgesetzt.
Optische Mäuse besitzen keine beweglichen Teile, und die notwendigen Öffnungen im Gehäuse sind so gering, daß kaum Schmutz eindringen kann. Problematisch ist jedoch, daß man sie nicht ohne das reflektierende Mousepad verwenden kann.
Die Empfindlichkeit einer Maus, also der Grad an Sensibilität, mit dem sie auf Bewegungen reagiert, wird in dpi (englisch: dots per inch, unterscheidbare Punkte pro Inch) gemessen. Die möglichen Werte reichen hier von 200 bis zu 430 dpi. Die Effizienz einer Maus erhöht sich durch eine dynamische Steuerung. Darunter ist die programmgesteuerte kurzfristige Beschleunigung der Cursorgeschwindigkeit auf dem Bildschirm zu verstehen, die der Geschwindigkeit angepaßt wird, mit der ein Anwender die Maus bewegt.

Trackball

Unbestreitbar hat sich die Maus nach der Tastatur als das wichtigste Eingabegerät für einen Personal Computer durchgesetzt. Doch ihr Einsatz ist nur dann praktisch, solange eine ebene Fläche vorhanden ist, auf der man sie bewegen kann. Diese ist jedoch nicht gegeben, wenn man einen tragbaren Computer einsetzt – und der hat seinen Standort oftmals auf den Knien des Anwenders, die bekanntlich nicht sehr eben sind.
Für alle Tragbaren hat sich deshalb ein Verwandter der Maus durchgesetzt: der Trackball. Dieser ist fest an Laptop oder Notebook befestigt und benötigt kaum Platz. Moderne Notebooks haben einen Trackball meist in der Mitte des Gerätes eingebaut.
Ein Trackball funktioniert nach dem gleichen Prinzip wie eine mechanische Maus. Der Unterschied liegt darin, daß hier nicht das Gerät über eine Fläche, sondern vielmehr die auf dem Gehäuse angebrachte Kugel mit den Fingern bewegt wird. Neben der Kugel sind rechts und links die Tasten angebracht, die die gleichen Funktionen ausführen wie eine Maus.
Insgesamt kann man verschiedene Trackball-Arten unterscheiden: Einige sind unterhalb oder oberhalb der Tastatur integriert, andere Modelle können nachträglich an das Gehäuse des tragbaren Computers angebracht werden.

Druckempfindlicher Button

Der Computerhersteller IBM setzt für seine tragbaren Computer nicht einen Trackball, sondern einen sogenannten

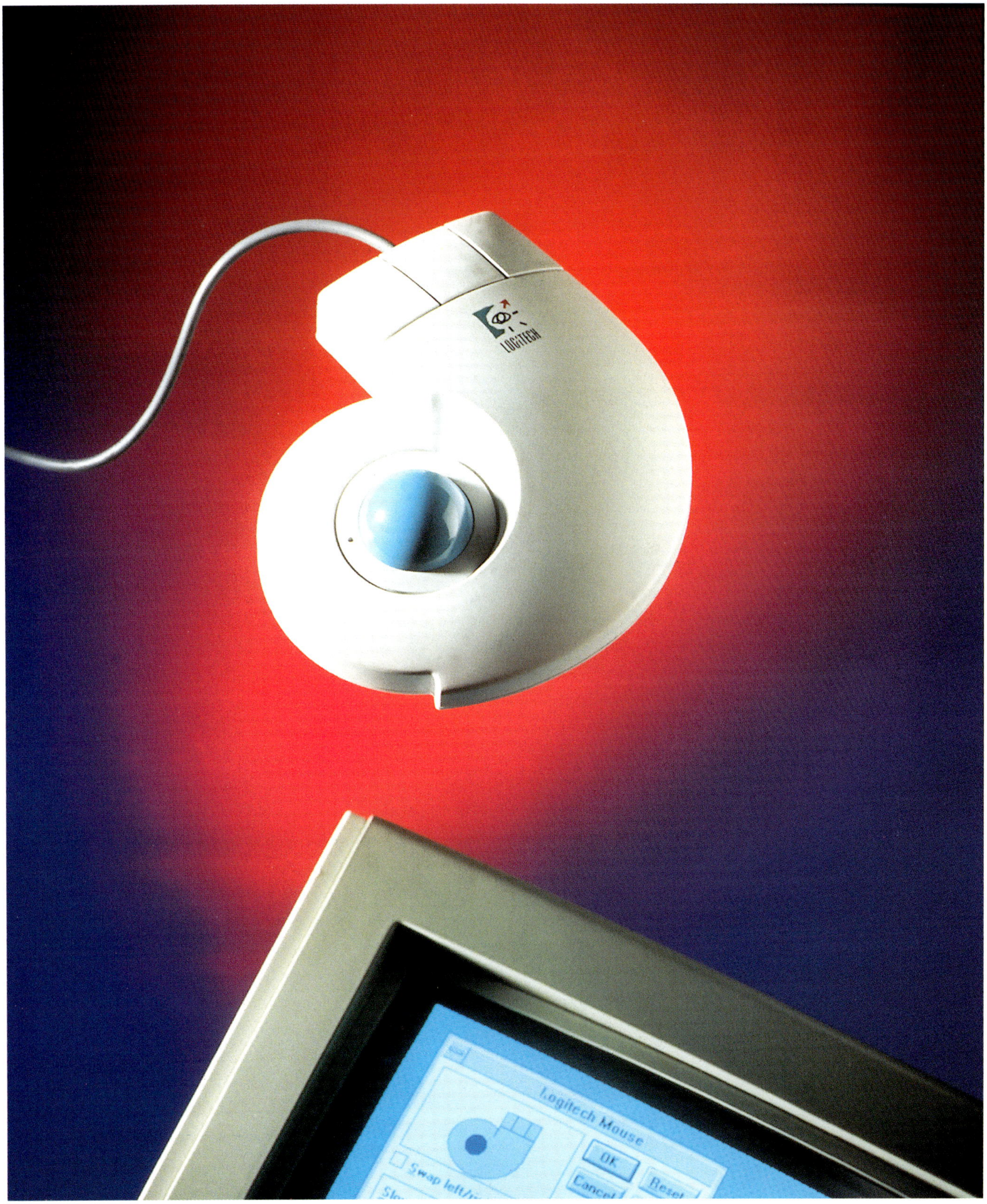
LOGITECH
Logitech Mouse
OK
Cancel
Reset

Bild linke Seite:
Ein Notebook mit druckempfindlichem Button.

Bild rechte Seite:
Joysticks werden meist zur Bedienung von Computerspielen eingesetzt.

druckempfindlichen Button ein. Dieser kleine Knopf befindet sich in der Mitte der Tastatur und ist druckempfindlich. Wenn man den Button in die gewünschte Richtung drückt kann man am Bildschirm verfolgen, wie sich der Zeiger darauf bewegt. Diese Mausart ist zunächst gewöhnungsbedürftig und verlangt Fingerfertigkeit. Aber bald wird man den druckempfindlichen Button als recht praktisch empfinden.

Joystick

Um den oftmals notwendigen Geschwindigkeiten von Computerspielen gerecht zu werden, hat man speziell hierfür ein eigenes Steuergerät entwickelt, den sogenannten Joystick. Dieses wie ein Steuerknüppel aussehende Gerät besteht aus einem Griff und aus ein bis drei Tasten auf einem Gehäuse. Der Bedienungshebel ist in einer Achse schwenkbar. Betätigt man den Hebel, werden elektronische Impulse mit unterschiedlichen Spannungen erzeugt. Der Joystick ist mit einem sogenannten Gameport (einer Steckkarte mit einem 15poligen Joystick-Anschluß) oder mit der Soundkarte verbunden, worüber die Impulse in den PC geleitet werden. Der Computer kann diese auswerten und als Bewegungen des Cursors auf dem Bildschirm umsetzen. Durch Drücken der Knöpfe dagegen werden vordefinierte Funktionen auf dem Monitor ausgeführt.

Es gibt verschiedene Sorten von Joysticks. Neben dem herkömmlichen Steuerknüppel gibt es z. B. Lenkräder oder Flugzeugsteuerknüppel für Flug- oder Fahrsimulationsspiele, während GamePads in erster Linie für Videospiele verwendet werden. Um auch mit einem tragbaren Computer so richtig schön spielen zu können, hat man speziell für diese Zwecke einen eigenen Joystick, den sogenannten Icontroller, entwickelt. Er sieht wie eine Miniaturausfertigung des großen Jocksticks aus, paßt bequem in eine Hand und wird mit den Fingerspitzen bedient.

Grafiktableau

Ein Grafiktableau oder auch Digitalisiertablett ist ein Eingabegerät für grafische Anwendungen. Das typische Einsatzgebiet von Grafiktableaus ist das computerunterstützte Konstruieren (CAD).
In der Funktionsweise und Bedienung ist das Grafiktableau mit der optischen Maus vergleichbar. Auch hier wird ein Abtastgerät (eine spezielle Maus oder ein Lichtgriffel) über eine spezielle Unterlage geführt, die von feinen elektrischen Leitungen oder magnetischen Feldern durchzogen ist. Durch eingefügte Sensoren kann ein angeschlossener Computer die Position des Abtastgerätes identifizieren.

Die Unterlage kann auch dazu benutzt werden, den Cursor über den Bildschirm zu bewegen. Außerdem lassen sich Grafiken nachzeichnen, indem man sie auf das Brett legt und mit dem Abtastgerät die Linien nachfährt. Sehr

CHOICES
ANALOG JOYSTICK
Advanced
GRAVIS
For IBM® and
Compatible
Computers
GRAVIS MOUSESTICK
Optical Controller for
Amiga/Atari ST
Advanced
GRAVIS
GRAVIS PC GAMEPAD
Control Pad &
Joystick
For IBM PC and
Compatible
Computers
GRAVIS
•Turbo-fire
•Adjustable Handle Tension
•Padded Grip Handle
•Clear Case with Light
Emitting Diodes
•Slow Motion Button
MICROCHANNEL

hilfreich ist hierbei ein meist am Kopf der Maus angebrachtes Fadenkreuz, das eine genaue Linienführung erlaubt. Das Grafiktableau ist mit einer Schnittstellenkarte verbunden, die sich in einem Steckplatz des PCs befindet. Die spezielle Maus oder der Lichtgriffel sind durch ein Kabel mit dem Brett verknüpft.

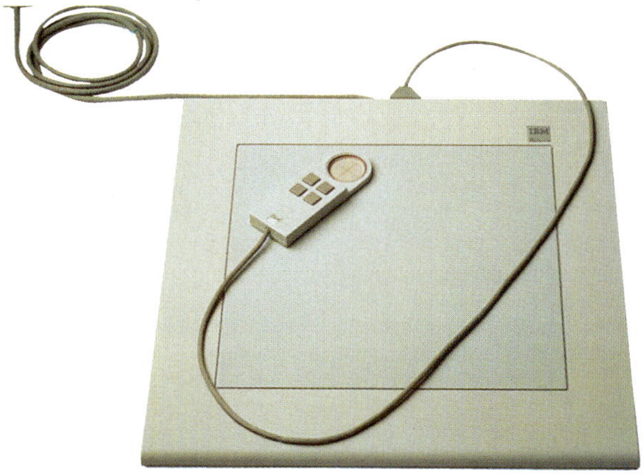

Lightpen

Ein Lightpen, Lichtgriffel oder auch Lichtstift ist ein kugelschreiberähnliches Gerät, das zum Beispiel zum „Schreiben“ direkt auf dem Bildschirm benutzt wird. Das lichtempfindliche Element an der Spitze des Lichtstiftes gibt immer dann einen Impuls ab, wenn der Elektronenstrahl der Bildschirmröhre diese Stelle passiert. Da die Grafikkarte zu jedem Zeitpunkt darüber informiert ist, an welcher Stelle sich der schreibende Elektronenstrahl befindet, kann der Punkt des Bildschirms identifiziert werden, auf den der Lichtstift deutet.

Ein Lightpen kann jedoch auch auf einem Grafiktableau „schreiben“. Hier übernimmt er in etwa die Funktion einer Maus. Der mit dem Tablett verbundene Stift ist in dem Fall mit einem Elektromagneten ausgerüstet. Berührt man nun mit dem Lightpen das Grafiktableau, so beeinflußt das vom Elektromagneten erzeugte Magnetfeld den Strom, der durch die Leitungen im Grafiktableau fließt. Die genaue Position des Stiftes wird dadurch bestimmt, indem gemessen wird, an welcher Stelle der Leitungen der Strom beeinflußt wird.

Die Spitze des Lightpens ist mit einem Schalter verbunden. Drückt man den Stift auf das Tableau, so wird ein Signal ausgelöst, was in etwa mit dem Drücken eines Mausknopfes verglichen werden kann. Bei einigen Stiften hat man den Schalter durch einen Widerstand ersetzt. Dadurch kann der Druck gemessen werden, um beispielsweise die Linienbreite beim Zeichnen mit dem Stift proportional verändern zu können.

Touchscreen

Ein Touchscreen ist ein berührungsempfindlicher Monitor. Auf den Bildschirm wurde ein Koordinatennetz von Infrarotsensoren oder eine durchsichtige Folientastatur gebracht. Beim Antippen des Bildschirms mit dem Finger oder einem Gegenstand werden die Berührungskoordinaten weitergeleitet und Anweisungen zugeordnet.

Bild linke Seite oben:
Grafiktableau: Eingabegerät für komplexe grafische Anwendungen.

Bild linke Seite unten:
Lightpens werden auch als Eingabegeräte für Pentops verwendet.

Bild rechte Seite oben:
Infrarotsensoren des Touchscreens registrieren Berührungen.

Bild rechte Seite unten:
Mit Universalscannern können Texte und Bilder eingelesen werden.

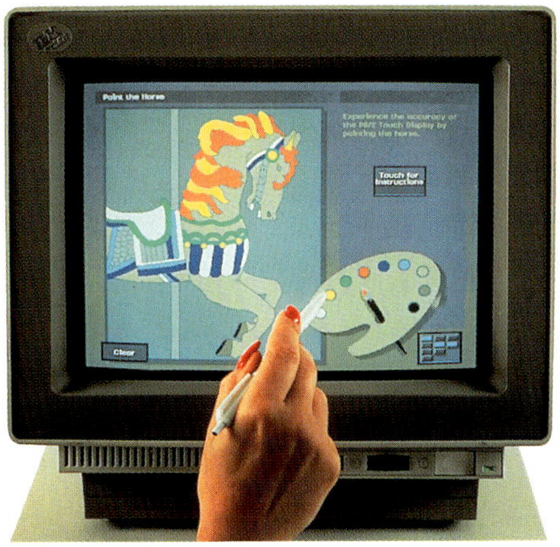

Touchscreens finden vor allem dort Anwendung, wo ein relativ geringer Funktionsumfang zur Datenverarbeitung genügt. Dies ist z. B. bei Geldautomaten von Banken oder bei Informationsschirmen (Info Counter) auf Bahnhöfen oder Flughäfen der Fall. Denn der Aufbau eines Touchscreens kann nur ein relativ grobes Raster von Funktionen anbieten, da Fingerkuppen nun einmal eine relativ große Fläche des Bildschirms beanspruchen.

Scanner

Scanner (frei übersetzt: Abtaster) sind Eingabegeräte, mit denen Balkencodes, Fotos, Bilder oder technische Zeichnungen in den Computer gelesen, das heißt in computerlesbare, digitale Werte umgesetzt und dann von ihm weiterverarbeitet werden können. Wie bei einem Fotokopierer werden die Vorlagen Punkt für Punkt abgetastet. Dabei sind zwei grundlegend unterschiedliche Typen im Einsatz: zum einen auf die Erkennung verschlüsselter Informationen spezialisierte Scanner, zum anderen Universalscanner. Spezialisierte Scanner erfassen z. B. an Warenhauskassen Preise und auch Daten für automatisierte Warenwirtschaftssysteme. Diese Scanner (Barcode-Leser) sind mit Kassencomputern verbunden, die wiederum an einen Zentralrechner angeschlossen sind.

Universalscanner finden heute im PC-Bereich immer größere Verbreitung: Sie tasten Vorlagen ab und setzen sie in binäre Informationen um, die als Pixeldatei (Bildpunktdatei) gespeichert werden. Mit geeigneten Programmen kann diese Datei dann weiterverarbeitet werden. Die Art der Vorlage ist dem Scanner gleichgültig: Es kann sich um eine Textvorlage handeln, um ein Bild oder eine Mischung aus beidem. Der Scanner tastet die Hell-Dunkel-Information (oder die Farbinformation) ab und wandelt alle Zwischeninformationen wie Grauwerte in die nächstliegenden binären Werte um. Der Rest ist dann Sache der Software.

Es gibt heute sehr leistungsstarke Programme, sogenannte OCR-Software (Optical Character Recognition, optische Typenerkennung), mit denen aus der Pixeldatei selbst einer relativ schlechten oder schwierigen Textvorlage der Text mit einer Trefferquote von mehr als 99 % erkannt wird (von 100 Buchstaben wird also höchstens einer nicht „verstanden"). Voraussetzung ist allerdings ein hochwertiger Scanner (mit Handscannern, s. S. 57, ist eine Vorlage in der Regel nicht exakt genug einlesbar).

Bildbearbeitungsprogramme wandeln die Pixeldateien in die Formate gängiger Grafikprogramme um, oft kann dies heutzutage auch schon durch die Steuersoftware des Scanners beim Einlesen erfolgen. Mit den Grafikprogrammen können die Bilddateien dann bearbeitet und danach einer neuen Verwendung zugeführt werden.

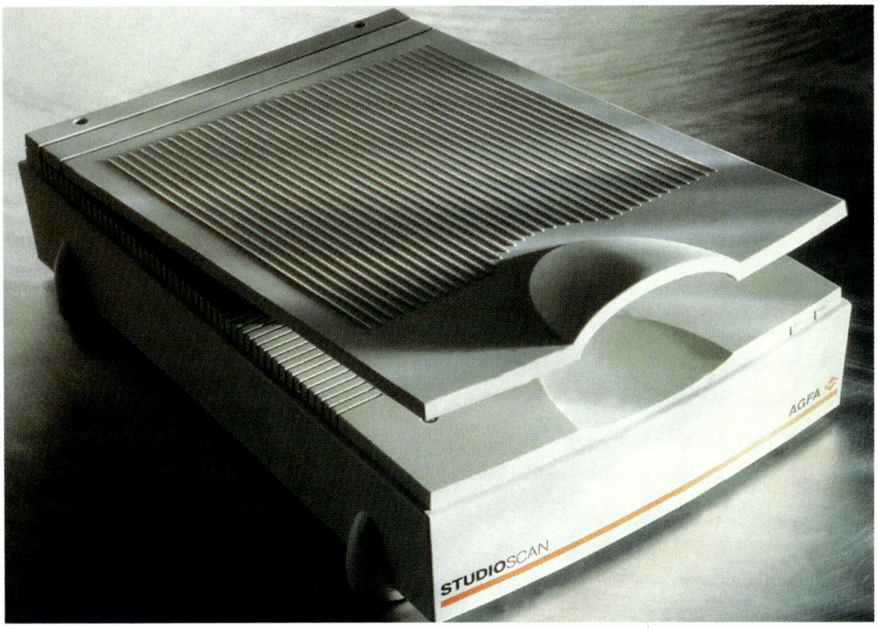

Flachbettscanner

Weit verbreitete Universalscanner sind heute Flachbettscanner, die im Aussehen an Fotokopierer erinnern. Man legt eine Vorlage auf eine Glasscheibe, durch die das Original beleuchtet wird. Die Vorlagen können in der Regel maximal ein DIN-A4-Format besitzen. Flachbettscanner ermöglichen Vergrößerungen bis 200 % und Verkleinerungen bis 10 % der Vorlage. Ihr Auflösungsvermögen liegt zwischen 200 und 400 dpi (dots per inch, Punkte pro Inch). Dabei gilt: Je größer die Zahl, desto zeichengenauer der Scanner. Möchte man auch Durchlicht-Vorlagen einscannen, so kann man für die meisten Flachbettscanner sogenannte Dia-Scanner erwerben. Sind Sie an dieser Möglichkeit interessiert, so fragen Sie beim Kauf eines Flachbettscanners, ob für dieses Modell zusätzlich eine Dia-Scan-Vorrichtung angeboten wird. Flachbettscanner gibt es auch als Farbscanner. In deren Gehäuse befinden sich drei Halogen-Fluoreszenzlampen (rot, grün und blau), die die Vorlagen beleuchten. Ein Sensor mischt dann aus der reflektierten Lichtmenge die entsprechende Farbe in digitalisierter Form.

Handscanner

Diese Form paßt in eine Hand – daher auch der Name. Ein Handscanner besteht aus einem auf Rollen beweglichen Gehäuse, das über die Vorlage geführt wird. Indem man einen Schalter betätigt, wird der Anfang und das Ende eines Scanvorgangs bestimmt.
Mit einem Handscanner kann man auch Vorlagen bis DIN A3 einlesen. Dabei wird die Vorlage in drei bzw. vier Streifen eingescannt. Mit Hilfe einer speziellen Technik werden die Teile dann nachträglich im Computer wieder zusammengefügt. Dabei werden die Überschneidungen erkannt und so verbunden, daß ein exaktes Bild entsteht. Da Handscanner viel günstiger als Flachbettscanner sind, finden sie vor allem im Privatbereich ihren Einsatz. Hinsichtlich der Qualität der eingelesenen Bilder gibt es kaum einen Unterschied. Nur die Tatsache, daß man eine Vorlage in mehreren Streifen einlesen muß und man dadurch mehr Zeit benötigt, ist ein Nachteil zum Flachbettscanner.

Trommelscanner

Trommelscanner werden vor allem im professionellen Bereich eingesetzt. Mit ihrer Hilfe kann man nicht nur Auflicht-

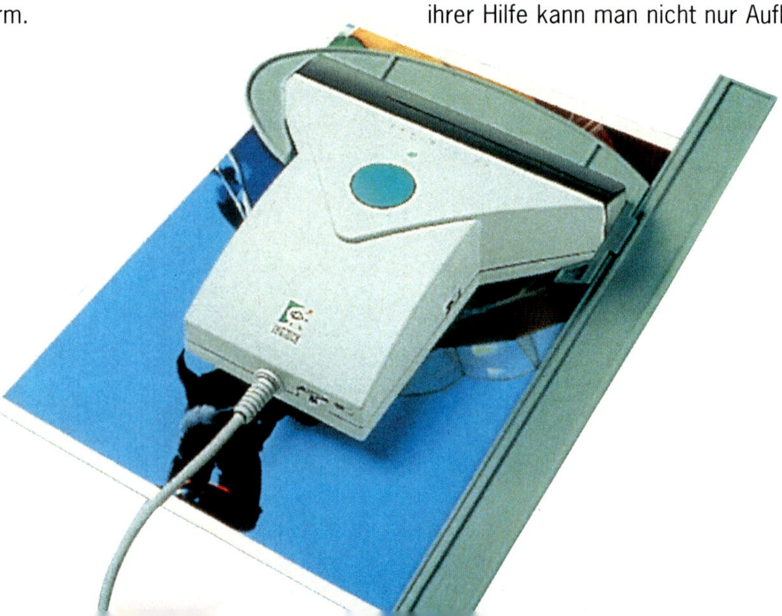

Bild linke Seite oben:
Flachbettscanner sind heute im Bürobereich die meistgenutzten Scanner.

Bilder linke Seite unten und rechte Seite:
Mit Handscannern können Vorlagen bis DIN-A3 eingelesen werden.

vorlagen erfassen, sondern darüber hinaus auch Dia- und Negativvorlagen einlesen.
Bei einem Trommelscanner wird die Vorlage auf eine durchsichtige Trommel gespannt, die sich um ihre Längsachse dreht. Die eigentliche Scanvorrichtung befindet sich im Innern der Walze.
Mit Trommelscannern kann man eine Auflösung von mehreren tausend dpi erreichen. Diese hohe Qualität ist schmerzlich im Preis spürbar: Von 10 000 bis 100 000 DM reicht die Spanne.

Strichcodeleser

Diese Eingabegeräte werden vor allem zum Einlesen von OCR-Schrift (sogenannten Strichcodes) eingesetzt. Diese von einer internationalen Vereinigung genormte Schrift besteht aus einer Abfolge von weißen und schwarzen Strichen unterschiedlicher Breite. Strichcodes befinden sich heute auf allen Waren und verbergen meist Preis- und Produktinformationen. An vielen Warenkassen wird deshalb mit Strichcodelesern gearbeitet, um schnell Preise zu erfassen.
Strichcodeleser haben die Form eines Stiftes, der über ein Kabel mit einer Interface-Karte verbunden ist. In der Spitze des Stiftes ist ein Sensor angebracht, der einen roten Lichtstrahl produziert. Dieser wird von der Oberfläche reflektiert und trifft dann auf einen lichtempfindlichen Sensor. Führt man den Stift über den Strichcode, so absorbieren die schwarzen Striche das Licht, während die weißen es reflektieren. Dadurch wird ein Stromfluß im lichtempfindlichen Sensor erzeugt.

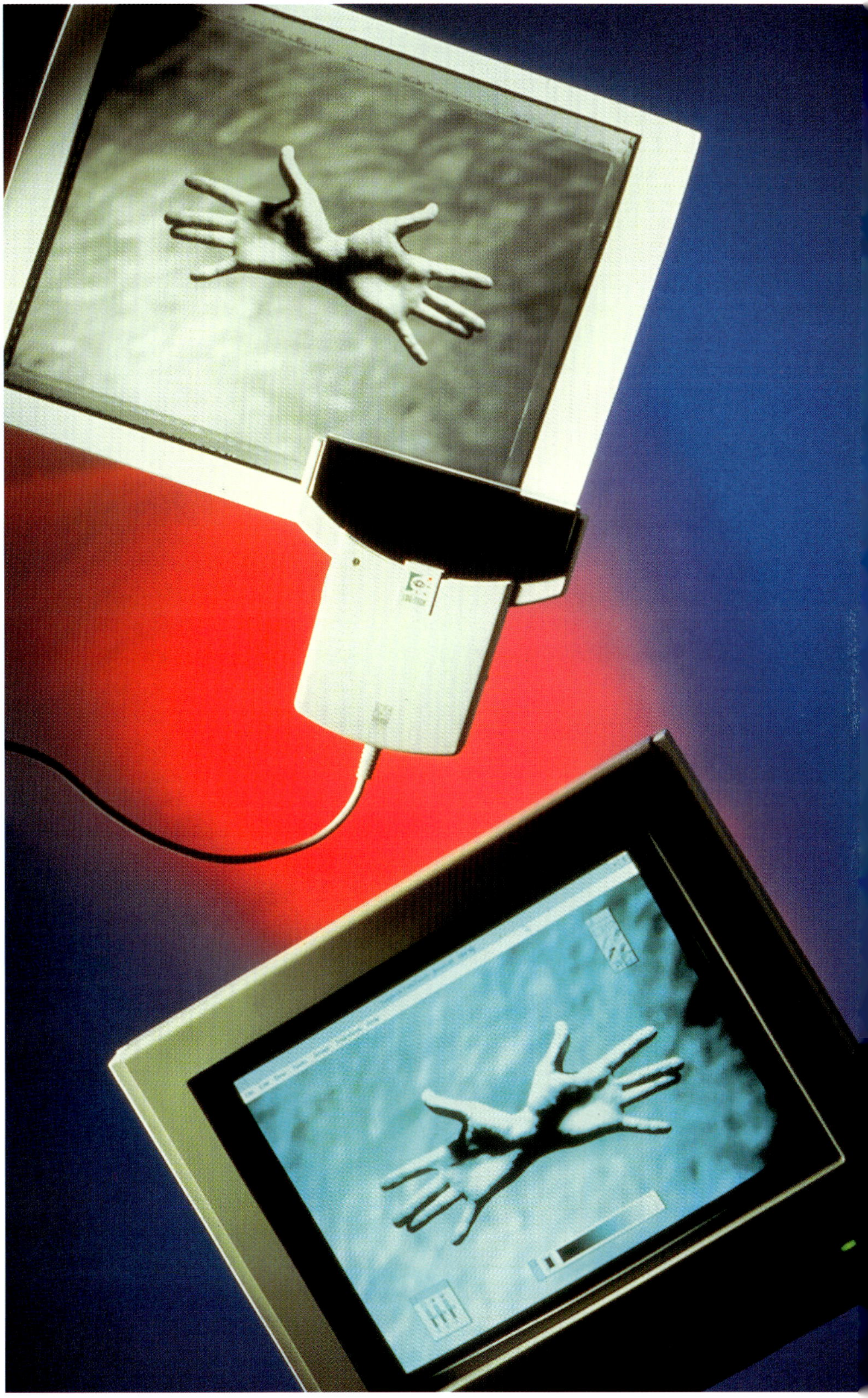

Die Dauer und die Anzahl der Unterbrechungen des Lichtstrahls werden vom Interface dann in einen Zahlencode umgewandelt. Inzwischen werden insbesondere in Supermärkten zunehmend Scanner eingesetzt, die in der Warentheke integriert sind.

Digitaler Fotoapparat

Ein digitaler Fotoapparat ermöglicht es, digitale Fotos ohne Verwendung von Papierabzügen und eines Scanners zu erstellen. Ein solches Gerät ist im Prinzip wie ein normaler Fotoapparat aufgebaut, nur daß man eben kein lichtempfindliches Fotomaterial benötigt. Bilder werden vielmehr direkt digitalisiert und in die Kamera gespeichert. Anschließend muß man sie dann nur noch über einen Adapter (eine Digitizer-Karte) in den PC übertragen.
Die Bilder werden üblicherweise in Schwarzweiß und mit bis zu 32 Graustufen dargestellt. Moderne digitale Fotoapparate sind heute auch in der Lage, digitale Farbfotos zu „schießen“. Mit Hilfe eines eingebauten Blitzes kann außerdem eine ausreichende Ausleuchtung der Objekte erreicht werden.

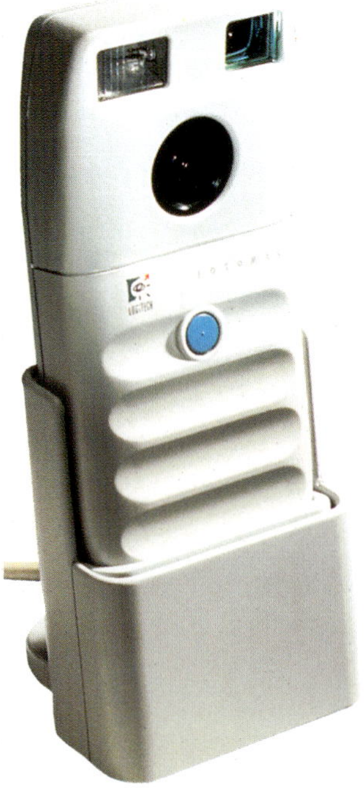

Ein digitaler Fotoapparat ist praktisch, liefert jedoch nicht die Qualität einer normalen Kamera. Die Fotos sind in etwa so scharf wie Abbildungen in einer Zeitung. Trotzdem kann dieses Eingabegerät für spezielle Zwecke (z. B. zum Erstellen von Protokollen, indem man Flipchart-Ergebnisse ablichtet) sinnvoll eingesetzt werden. Nutzbar ist die digitale Fotografie auch in Bereichen wie Wissenschaft und Medizin, Präsentation und Dokumentation.

Framegrabber

Framegrabber sind Videokarten, mit deren Hilfe man einzelne Bilder aus Videosequenzen herausgreifen und digitalisieren kann. Dabei wird das gesamte Bild digitalisiert und nicht nur einzelne Bildpunkte. Da Framegrabber analoge Daten in digitale umsetzen müssen, ist ein Qualitätsverlust gegeben. Die mit diesen Videokarten eingescannten Bilder lassen sich in entsprechende Programme einbinden und nachbearbeiten. Framegrabber werden aufgrund der geringen Qualität mehr und mehr von Multimedia-Karten verdrängt.

Multimedia-Karten

Seitdem das Thema Multimedia immer aktueller wurde, spielen diese Karten eine wichtige Rolle. Sie ermöglichen die Wiedergabe von bewegten Bildern als eigene Anwendung oder in frei vergrößerbaren Fenstern.
Eine Multimedia-Karte muß eingebaut werden, um Videos mit Hilfe eines PCs verarbeiten zu können. Sie wandelt Bilder in digitale Werte um. Die so eingelesenen Bilder können in verschiedenen Auflösungen und Farbwerten dargestellt werden – und dies unabhängig von der Grafikkarte des Bildschirms. Bewegte Bilder können von einem Videorecorder, einem Camcorder, einer U-Matik und einem Laserdisk-Player übernommen werden. Die Fernsehnorm spielt dabei keine Rolle. Die meisten Multimedia-Karten stellen sich automatisch auf die entsprechende Norm ein. Diese und andere Aufgaben übernehmen spezielle Programme, die mit den Videokarten geliefert werden. Unter anderem komprimieren sie die Bilddaten, da gerade bei der Bildbearbeitung gewaltige Speichermengen notwendig werden.

Spracheingabe

Bei der Spracheingabe benutzt man kein Eingabegerät wie die Tastatur, um Befehle an den Computer zu übermitteln, sondern die menschliche Stimme. Dabei werden die analogen Signale der Sprache in digitale Werte umgewandelt. Diese untersucht der Computer auf bekannte Sequenzen hin, vergleicht die Werte mit einem gespeicherten Muster und führt bei Erkennen den entsprechenden Prozeß aus. Hierbei zeigt

sich aber auch das Problem der Spracheingabe: Da das Sprachmuster (die Zusammensetzung aus Schwingungen und Frequenzen) bei jeder Person verschieden ist, muß dem Computer jeweils ein Grundstock von Wörtern und Begriffen vorgesprochen werden, damit er signifikante Eigenschaften der Sprache als Schablone anlegen kann.

Die Spracheingabe erfolgt über ein Mikrofon. Dieses übersetzt Töne in einen elektrischen Strom und gibt sie an den Computer weiter. Diese Technik ist heute noch immer nicht voll ausgereift. Mit Hilfe der Spracheingabe werden nicht nur Befehle an den Computer übermittelt. Man kann auch Musik, Geräusche oder Texte festhalten.

Ausgabegeräte

Wenn Sie mit Eingabegeräten Informationen an den Computer weitergeben, wollen Sie sicherlich auch überprüfen, ob diese korrekt empfangen und interpretiert wurden. Diese Aufgaben übernehmen sogenannte Ausgabegeräte. Zu den bekanntesten zählen Bildschirme und Drucker. Darüber hinaus gibt es im Zeitalter von „Multimedia“ spezielle weitere, wie z. B. Lautsprecher.

Nachfolgend werden deshalb die wichtigsten Techniken, Begriffe und Unterschiede beschrieben.

Funktionsweise

Herkömmliche Bildschirme arbeiten wie das Fernsehgerät nach dem Prinzip der Braunschen Röhre. Bei dieser handelt es sich um einen trichterförmigen Röhrenkolben aus Glas, der völlig luftleer ist. An dem dünneren Ende befindet sich eine Hochspannungskathode (das ist eine mit dem negativen Pol einer Stromquelle verbundene Elektrode; eine Elektrode wiederum ist ein elektrisch leitender, zumeist metallischer Teil). Die Hochspannungskathode wird durch den Strom derartig erhitzt, daß sie einen Elektronenstrahl aussendet (Elektronen sind negativ geladene elek-

Bildschirm

Der Bildschirm oder Monitor ist das wichtigste Ausgabemedium eines PCs. Bei der Vielzahl der angebotenen Modelle mit unterschiedlichen Techniken, Größen und Qualitäten fällt es schwer, sich einen Überblick zu verschaffen.

Bilder linke Seite:
Digitale Kameras kommen ohne lichtempfindliches Fotomaterial aus.

Bild rechte Seite oben:
Die Technik der Spracheingabe ist noch nicht voll ausgereift.

Bild rechte Seite unten:
Die Technik herkömmlicher Bildschirme gleicht der von Fernsehern.

trische Elementarteilchen). Dieser Strahl wird mittels zweier paariger Spulen, welche ein Magnetfeld erzeugen, in vertikaler und horizontaler Richtung gesteuert. Eine am breiteren Vorderende befindliche Rasterfläche, welche auch als Schlitzmaske bezeichnet wird, dient als anderer Pol. Die Vorderfläche des Kolbens ist mit einer fluoreszierenden Substanz beschichtet. Diese leuchtet auf, wenn der Elektronenstrahl durch die Schlitzmaske auf die Vorderfläche trifft.

Prinzipiell hat sich dieser Aufbau für die am meisten verbreiteten Kathodenstrahlbildschirme kaum verändert, ob bei monochromen (einfarbigen) oder Farbmonitoren. Bei monochromen Bildschirmen setzt sich ein Bildpunkt aus einer die Monitorfarbe bestimmenden Fluoreszenzsubstanz zusammen, und es wird nur ein Elektronenstrahl verwendet. Bei farbigen Monitoren finden drei Elektronenstrahlen und drei Farben, nämlich Rot, Grün und Blau (RGB-Signale) Verwendung. Die übrigen Farbtöne ergeben sich aus der Mischung der drei Grundfarben.

Damit aus vielen einzelnen Punkten ein für das Auge wahrnehmbares Bild entsteht, wird der Elektronenstrahl mittels der Magnetspulen über den in mehrere hundert Zeilen aufgeteilten Bildschirm gesteuert. Von der linken oberen Bildschirmecke aus bewegt sich der Elektronenstrahl in die rechte obere Ecke und schaltet sich zur Rückkehr zum linken Rand kurz aus (Austastlücke).

Dann wiederholt sich der Vorgang in jeder Zeile, bis der Elektronenstrahl in der rechten unteren Ecke angelangt ist. Das menschliche Auge wird durch die ständige, schnelle Wiederholung getäuscht und nimmt ein Bild wahr, das als solches gar nicht existiert, sondern nur simuliert wird.

Für die Schärfe des Bildes ist die Feinheit der das Bild zusammensetzenden Punkte entscheidend, ebenso die Rate der Bilder pro Sekunde. Die Feinheit der Punkte, auch Punktmatrixmuster genannt, wird durch die Schlitz- oder Lochrastermaske gewährleistet. Die Bildwiederholfrequenz, also die Anzahl der Bildwiederholungen pro Sekunde, bestimmt, ob das Bild flimmerfrei erscheint. Gute Bildschirme erreichen heute bei einer Auflösung von 1024 x 768 Bildpunkten eine Bildwiederholfrequenz von über 100 Hertz.

Auflösungsstandards

Ein weiteres Leistungsmerkmal für einen Monitor besteht in der maximal möglichen Auflösung. Das ist die Anzahl der Punkte, mit denen ein Bild oder ein Zeichen aufgebaut wird. Sie errechnet sich beim Bildschirm aus der Multiplikation der horizontalen Linien mit den vertikalen Punkten oder Bildspalten.

Die Auflösung ist nicht nur vom Monitor abhängig, sondern auch von der unterstützenden Grafikkarte (s. S. 37).

Gängige Standardauflösungen sind 480 Zeilen mit 640 Punkten („640 x 480“) und 768 Zeilen mit 1024 Punkten („1024 x 768“). Bei bestimmten Anwendungen (zum Beipiel Multimedia-Produkten) sind auch Auflösungen von 1248 x 1024 oder gar 1664 x 1248 üblich, und insgesamt geht die Tendenz zu immer höheren Auflösungen.

Die Größe eines Monitors wird mit der Bildschirmdiagonalen in Zoll angegeben. Für Anwendungen mit Schwerpunkt Textverarbeitung sind heute 15-Zoll-Monitore üblich. Jedoch setzen sich immer mehr größere und damit augenfreundlichere Bildschirmdiagonalen (und höhere Auflösungen) wie 17 Zoll und 20 Zoll durch.

Häufig wird bei Monitoren ein als Zeilensprungverfahren oder Interlace (verflechten, verschachteln) bezeichnetes Verfahren benutzt, das den Bildschirmaufbau beschleunigt. Beim Aufbau des Bildes wird immer nur jede zweite Zeile

angesteuert und die dazwischenliegende Zeile übersprungen. Durch die Zerlegung von 25 Vollbildern in 50 Halbbilder wird eine Bildfrequenz von 50 Hertz vorgetäuscht. Im Non-interlaced-Modus eines Monitors wird das Bild dagegen tatsächlich 50mal pro Sekunde aufgebaut.

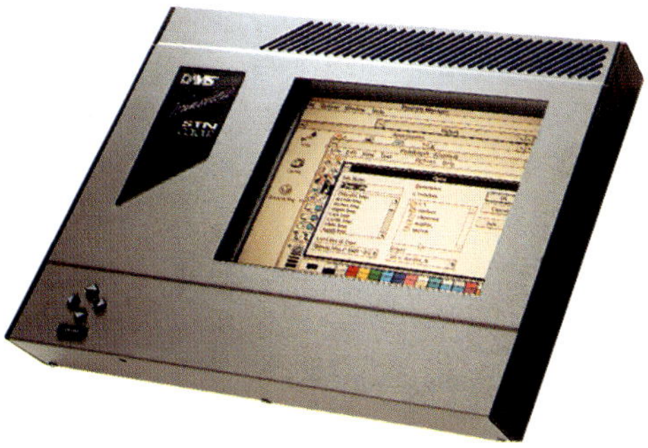

Bild linke Seite:
Sogenannte Ganzseitenbildschirme bilden eine komplette DIN-A4-Seite ab.

Bild rechte Seite oben:
LCD-Displays zeichnen sich durch ihre Strahlungsarmut aus.

Bild rechte Seite unten:
Gute Bildschirme haben eine hohe Auflösung.

LCD- und Plasmatechnik

Die beiden Alternativen zur Kathodenstrahlröhre sind der Flüssigkristall- und der Plasmaschirm. Beide bieten eine Reihe von Vorteilen, sowohl aus technischer als auch aus ergonomischer Sicht. Sie sind jedoch produktionstechnisch teurer als die Kathodenröhre und werden deshalb meist nur in Laptops eingesetzt.

Beim Flüssigkristallschirm (LCD, englisch: Liquid Chrystal Display, Flüssigkristallanzeige) wird eine Schicht sehr feiner, lichtreflektierender Kristalle in einer vergleichsweise trägen Lösungsflüssigkeit zum Bildaufbau benutzt. Die Flüssigkeit selber befindet sich zwischen zwei plan geschliffenen, parallelen Glasflächen. In die Glasflächen ist ein Muster aus parallel dicht verlaufenden Drähten eingelassen. Bei der einen Scheibe horizontal, bei der anderen vertikal. Wird nun eine Spannung an je einen der Drähte angelegt, so erzeugt der fließende Strom ein elektromagnetisches Feld, wodurch die Kristalle zwischen 90 und 270 Grad gedreht werden. Dabei können sie – je nach Position – das Licht ihrer Umgebung reflektieren oder es ungehindert passieren lassen. Sobald die Spannung auf den anderen der beiden Leiter gelegt wird, kehrt sich das elektrische Feld um, und die Kristalle drehen sich zurück. Vorteil dieser Technologie ist neben dem geringen Energieverbrauch auch die grundsätzliche Strahlungsarmut. Beim Plasmaschirm ist der technische Aufbau sehr ähnlich. Hier befindet sich jedoch ein Gas zwischen den beiden Glasplatten, welches durch eine zusätzliche Elektrodenschicht fast leitfähig gemacht wird. Das Bild wird durch in Matrixform angeordnete Leuchtpunkte, welche durch Gasentladungen entstehen, erzeugt.

Ergonomie bei Bildschirmen

Ein wichtiges Entscheidungskriterium beim Kauf eines Bildschirms sollte dessen Strahlungsarmut sein. Alle elektrischen Geräte bauen in ihrer Umgebung elektromagnetische Felder auf – so auch Monitore. Durch den zeilenweisen Bildaufbau entstehen hochfrequente Wechselfelder. Diese greifen auf die Umgebung des Betrachters über. Durch die Netzspannung und die Bildwiederholfrequenz werden niederfrequente Felder erzeugt. Diesen werden Einflüsse auf biologische Prozesse nachgesagt. So sollen u. a. verschiedene Krebsformen, Hautbeschwerden und auch Schwangerschaftsstörungen durch diese Magnetfelder entstehen. Aufgrund der festgestellten Strahlen und deren – nicht vollständig – nachgewiesenen Folgen entstanden Empfehlungen für strahlungsarme Bildschirme. Vor allem die schwedischen MPR-Normen finden heute bei Monitoren Verwendung. Die derzeit gültige MPR-II-Norm legt die Grenzwerte von magnetischen Wechselfeldern fest. Neuere Bildschirme müssen gar die TCO-Richtlinie einhalten. Bei dieser wurde die MPR-II-Norm noch verschärft. Hochwertige, meist etwas teurere Monitore erfüllen bereits die TCO-092-Richtlinie, die zusätzlich eine Stromsparvorrichtung verlangt, die auch als Power-Management bezeichnet wird.

Beim Kauf eines Bildschirms sollten Sie also darauf achten, daß dieser die MPR-II-Norm erfüllt oder sogar den TCO-Richtlinien entspricht.

Drucker

Die Aufgabe eines Druckers ist die Ausgabe von verarbeiteten Daten auf Papier, Folie, Aufklebern oder einem anderen bedruckbaren Material. Die Art der Daten, die über einen Drucker ausgegeben werden sollen, bestimmt in der Regel, über welche Leistungsmerkmale der Drucker verfügen soll. Grundsätzlich unterscheidet man nach Art des praktizierten Zeichenaufbaus Ganzzeichen- und Matrixdrucker voneinander. Zur ersten Gruppe gehören Typenrad-, Kugelkopf-, Zeilen- und Typenkorbdrucker. Tintenstrahl-, Thermo-, Nadel- und Laserdrucker sind die bekanntesten Matrixdrucker.

Alle modernen Drucker für Personal Computer verfügen über ein Gehäuse mit Bedienungselementen, einen Mikrocomputer zur Druckersteuerung, der über einen Arbeitsspeicher und eine Schnittstelle zur Datenübertragung verfügt, ein Netzgerät zur Stromversorgung und über einen oder mehrere Motoren.

Über die Bedienungselemente kann der Drucker gesteuert werden. Die wählbaren Funktionen sind in der Regel: ein Selbsttest des Drucksystems, ein aufrufbarer Zeilenvorschub (englisch: line feed), ein Papiervorschub (englisch: form feed), die Wahl der Schriftqualität, der Schriftgröße und der Schriftart aus einem fest integrierten Zeichensatz. Darunter faßt man auch die unterschiedlichen Schriftformen, Schriftweiten, Schriftstärken und Schriftneigungen. Des weiteren kann man einen Drucker auch abmelden, dann signalisiert er dem Rechner, daß er nicht druckbereit ist. Das entsprechende Kommando heißt „on/offline“ und kann über Tastendruck ausgelöst werden.

Der Mikrocomputer des Druckers steuert dessen Kommunikation mit dem PC. Zudem verfügt er über einen eigenen Speicher zur Zwischenlagerung noch nicht gedruckter Daten. Diesen Speicher nennt man Puffer. Außerdem übernimmt die Zentraleinheit des Druckers die Motorsteuerung, die bei-

spielsweise dafür sorgt, daß Papier über Walzen transportiert wird.
Als Schnittstellen zur Datenübertragung zwischen Computer und Drucker stehen meist die (parallele) Centronics-Schnittstelle und die serielle RS-232-C-Schnittstelle zur Verfügung.
Bei der Kaufentscheidung sind Druckgeschwindigkeit, Schriftbild, Zeichensatz und Druckauflösung sowie die Geräuschentwicklung beim Drucken maßgebend. Gebrauchskosten sowie Anschaffungskosten sind natürlich ebenfalls zu berücksichtigen. Aber auch die bedruckbaren Papierformate sind bei der Entscheidung für einen Drucker wichtig. Weitere Fragen lauten: Erfolgt der Blatteinzug automatisch oder manuell? Können Endloslisten ausgegeben, Durchschläge angefertigt und auch dicke Briefkuverts verarbeitet werden?

Nadeldrucker

Die Nadeldrucker zählen zur Kategorie der Matrixdrucker, das heißt, die einzelnen Zeichen werden aus einer Vielzahl von Punkten zusammengesetzt. Je mehr Punkte für die Bildung eines Zeichens zur Verfügung stehen, um so besser ist die Qualität der Zeichendarstellung. Dies ist abhängig von der Anzahl der Nadeln, mit denen der Druckkopf ausgestattet ist.
Der Druckkopf besteht aus einer Trommel mit dem Durchmesser eines Fünfmarkstückes. Darin befindet sich für jede Nadel eine Magnetspule. Die Nadeln liegen in einem Schaft und sind mehrfach abgestützt. Wird nun einer Magnetspule Strom zugeführt, schleudert sie die entsprechende Nadel gegen das Farbband und druckt so einen Punkt.

Die Druckgeschwindigkeit hängt von mehreren Faktoren ab. Dazu zählt die Kraft, mit der die Spule die Nadel gegen das Papier schleudert, und die Geschwindigkeit, mit der die Rückholfedern die Nadel zurückziehen. Aber auch die Länge des Weges, den der Druckkopf über das Papier nehmen muß, beeinflußt die Druckgeschwindigkeit. Dabei sind Druckgeschwindigkeiten zwischen 50 und 800 Zeichen pro Sekunde möglich, 180 Zeichen pro Sekunde bilden einen guten Durchschnittswert.
Die maximale Auflösung oder Dichte der einzelnen Druckpunkte, die ein 24-Nadeldrucker im Grafikmodus erreicht, kann über 360 dpi (englisch: dots per inch, Punkte pro Inch) betragen.
Die Stärken von Nadeldruckern zeigen sich beim Drucken auf Klebeetiketten, dem schnellen Endlospapierdruck, oder wenn Durchschläge beziehungsweise das Bedrucken von dickem Papier gefordert sind. Ein gravierender Nachteil des Nadeldruckers ist allerdings der Lärm beim Drucken.

Bild linke Seite:
Tintenstrahldrucker sind preisgünstig und haben ein gutes Schriftbild.

Bild rechte Seite:
Nadeldrucker sind wegen der geringen Betriebskosten sehr beliebt.

Tintenstrahldrucker

Die Tintenstrahldrucker erzeugen Zeichen mittels feiner Tintentröpfchen, die sie auf das Papier spritzen. Dies geschieht sehr schnell und nahezu geräuschlos. Es gibt dabei mehrere Techniken:
Beim Piezo-Verfahren sind die Tintendüsen wie die Drähte im Druckkopf eines Nadeldruckers angeordnet. Durch Steuerimpulse wird bei Bedarf ein Tröpfchen erzeugt (drop-on-demand-Methode, Tropfen bei Bedarf): Ein piezoelektrisches Bauteil verändert unter Spannungseinwirkung seine Form; es verengt oder verkürzt sich. Durch diesen Impuls erhöht sich der Druck im Druckkanal kurzzeitig so, daß eine winzige Portion Tinte ausgestoßen wird.

Der Durchmesser eines solchen Tintentröpfchens beträgt etwa 0,025 mm und seine Fluggeschwindigkeit ca. 700 km/h. Auf dem Papier hinterläßt es einen Fleck von rund 0,16 mm Durchmesser.

Die Erzeugung der Tröpfchen kann auch durch Wärmeeinfluß gesteuert werden. Diese Technik nennt man auch Bubble-Jet-Drucktechnik und wurde von der Firma Canon erfunden. Hierbei befindet sich unter der Austrittsöffnung ein Widerstand, der sich kurzzeitig unter Spannung erwärmt, wobei sich die Tinte ausdehnt und ein Tröpfchen aus der Öffnung gedrückt wird. Diese Lösung kommt ohne Druckkanal und Düsen aus. Der Druckkopf besteht lediglich aus einem flachen Kunststoffstreifen, der direkt auf den Tintenbehälter montiert ist. Als Einwegpatrone verwendet, werden Tintenbehälter und Austrittsöffnungen gemeinsam ausgewechselt.

Bei einer anderen Tintenstrahltechnik wird nur mit einer Düse gearbeitet, die einen anhaltenden Tintenstrahl ausstößt. Durch die hohe Geschwindigkeit, mit der sich der Druckkopf bewegt, wird der Strahl in kleine Tröpfchen zerrissen. Die Zerstäubung kann aber auch durch Ultraschall bewirkt werden. Durch elektrische Impulse aufgeladen, verändert sich die Oberflächenspannung der Tröpfchen, und alle nehmen einen gleichen Durchmesser an. Diese elektrisch geladenen, winzigen Tropfen können außerdem durch Spannungsfelder abgelenkt und so auf die gewünschte Stelle des Papiers gebracht werden.

Laserdrucker

Laserdrucker haben sich im Bürobereich längst durchgesetzt. Bedingt durch ihren kontinuierlich gesunkenen Preis sind sie nun im privaten Bereich ebenfalls nicht mehr aufzuhalten. Laserdrucker arbeiten nach einem ähnlichen Prinzip wie die meisten Kopierer,

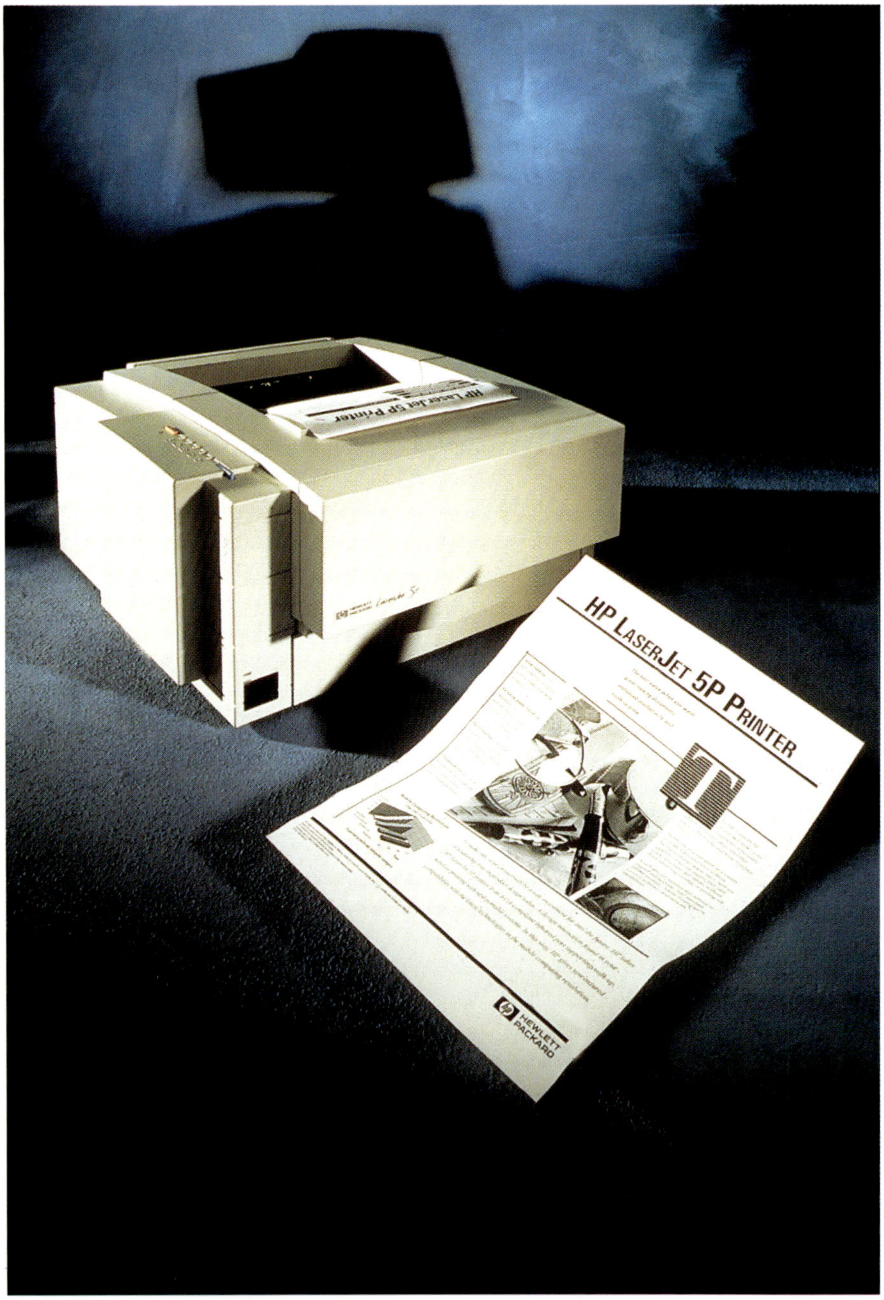

Bild linke Seite:
Laserdrucker liefern heute die besten Druckergebnisse.

Bild rechte Seite:
Thermotransferdrucker sind im Betrieb sehr leise.

nur daß die zu druckende Vorlage mittels eines Lichtstrahls im Drucker erzeugt wird. Ein aus einem Neon-Helium-Laser austretender Lichtstrahl wird auf eine Fotoleitertrommel gelenkt. Dabei wird der Laserstrahl sehr schnell eingeschaltet, um einen Punkt im späteren Ausdruck zu erzeugen, und ausgeschaltet, wenn kein Punkt erscheinen soll. Das Kernstück des Laserdruckers, die Fotoleitertrommel, ist auf der gesamten Oberfläche elektrostatisch positiv geladen und dreht sich gleichmäßig mit einer hohen Geschwindigkeit. Trifft nun das Licht des Lasers auf die Oberfläche der Trommel, werden die getroffenen Punkte entladen. So entsteht ein Bild, das nur aus entladenen Punkten besteht.

Es wird in der Entwicklerstation sichtbar gemacht, wo ein feiner, elektrisch positiv geladener, schwarzer Staub (Toner) auf die Fotoleitertrommel aufgebracht wird. Da sich gleiche Ladungen abstoßen, bleibt der Toner nur auf den vom Laserstrahl belichteten Punkten haften. In der Umdruckstation wird das Druckbild von der Trommel auf das Papier übertragen; in der Fixierstation schließlich dokumentenecht festgelegt. Danach durchläuft die Trommeloberfläche eine Reinigungsstation: Sie wird elektrisch geladen, die letzten Staubpartikel werden abgewischt. Ein neuer Druckvorgang kann beginnen.

Allerdings bedarf diese Darstellung einer Ergänzung: Es gibt auch Laserdrucker mit etwas abgeändertem Funktionsablauf, bei dem die gerade genannten Polaritäten genau andersherum sind. Das Grundprinzip ist aber gleich.

Die gängigsten Laserdrucker sind Tischlaserdrucker. Sie können etwa 6 bis 10 Seiten pro Minute bedrucken. Zum anderen gibt es Hochleistungslaserdrucker, welche unter Einsatz von mehreren Lasern bis zu 200 Seiten pro Minute beschriften können.

Die Auflösung eines Laserdruckers wird in dpi (englisch: dots per inch, Punkte pro Zoll) gemessen. Ein 300-dpi-Drucker ist ein Drucker, der pro DIN-A4-Seite etwa 2400 Punkte in der Breite und 3500 Punkte in der Länge drucken kann; dies entspricht immerhin 8,4 Mio. Bildpunkten. Ein Laserdrucker mit einer Auflösung von 600 dpi benötigt für insgesamt 33,6 Mio. Bildpunkte mindestens 4 MByte an eigenem Druckspeicher.

Die Druckgeschwindigkeit eines Laserdruckers gibt man in Seiten pro Minute an. Preisgünstige Geräte für den Privatgebrauch geben in der Regel 4 Seiten, Laserdrucker für Office-Anwendungen 8 Seiten und Netzwerkdrucker 10, 12, 16 und mehr Seiten pro Minute aus. Diese von den Herstellern angegebenen Seitenzahlen gelten aber immer erst nach der Ausgabe der ersten Seite. Deshalb werden sie oft nur dann erreicht, wenn die Folgeseiten Mehrfachkopien der ersten Seite sind.

Seit einiger Zeit gibt es preisgünstige GDI-Laserdrucker (GDI, Graphical Device Interface) auf dem Markt. Diese Drucker weisen ein sehr gutes Druckbild bei hoher Geschwindigkeit auf. Ihr im Vergleich zu herkömmlichen Laserdruckern geringer Preis wurde durch Sparmaßnahmen bei der Elektronik erreicht: GDI-Laserdrucker besitzen keinen eigenen Prozessor und Druckspeicher, sondern kommunizieren direkt mit dem PC. Fast alle bekannten Druckerhersteller haben heute GDI-Laserdrucker im Angebot.

Thermodrucker

Anstelle von Nadeln oder Düsen verfügen Thermodrucker über einen Druckkopf, der mit einer Reihe von elektrischen Widerständen auf einem Siliziumchip versehen ist. Werden diese Widerstände mit Strom durchflossen, erhitzen sie sich und schmelzen die hauchdünne Wachsschicht eines Spezialpapiers. Dabei kommt die darunterliegende Farbe zum Vorschein. Die Schmelztemperatur liegt zwischen 70 und 125 Grad Celsius. Da sich die Widerstände nach jedem Erhitzen wieder abkühlen müssen, sind der Ausdruckgeschwindigkeit von Thermodruckern Grenzen gesetzt.

Die neueren Thermotransferdrucker benötigen kein Spezialpapier mehr. Sie arbeiten in Verbindung mit einer Farbbandkassette, deren Material auf normales Papier eingeschmolzen wird. Da die Heizelemente sehr fein sind, wird eine ähnlich hohe Auflösung wie bei Laserdruckern erreicht, gepaart mit einer hohen Druckgeschwindigkeit, welche im Schönschreibmodus bei nahezu 160 Zeichen pro Sekunde liegt. Die Thermotransferdrucker werden wegen ihrer guten Druckqualität und des leisen Arbeitsgeräusches häufig in Büros eingesetzt.

Imagedrucker

Imagedrucker werden für die Herstellung von professionellen Publikationen benutzt und sind in der Anschaffung sehr teuer.
Diese Drucker sind in der Lage, auf Filmen, wie bei normalen Fotoapparaten, farbige Bilder zu produzieren; hierfür wird eine kleine Kathodenröhre verwendet. Die Diffusion der Lichtstrahlen bewirkt, daß das Bild nicht aus Einzelpunkten zusammengesetzt wird. Es handelt sich also um ein Bild mit fließenden Übergängen, wie bei einer Fotografie.

Belichter

Belichter (anderer Name: Photokomposer) werden genau wie Imagedrucker im professionellen Bereich verwendet. Fast alle Anwendungsprogramme sind in der Lage, Dateien über einen Belichter auf Fotomaterial auszugeben. Mit Hilfe dieser Filme können dann Druckvorlagen in einer achtmal besseren Qualität erstellt werden, als dies über einen Laserdrucker der Fall wäre. Die Auflösung mancher Belichter beträgt mehr als 3000 Punkt pro Zoll.
Photokomposer arbeiten nach dem gleichen Funktionsprinzip wie Laserdrucker. Der einzige Unterschied liegt darin, daß nicht Papier bedruckt, sondern ein lichtempfindlicher Film bestrahlt wird. Dieser ist mit Bromsilberelementen beschichtet. Bei der Bestrahlung werden die Bromsilbermoleküle in ihre Brom- und Silberelemente aufgespaltet. Der Film muß in einen Entwickler gelegt werden, wo die Bromelemente aufgelöst und von der Flüssigkeit aufgenommen werden. Diese Stellen sind dann auf dem Film weiß, während die Silberelemente schwarz erscheinen. Bereiche mit Bromsilbermolekülen werden grau. Abschließend muß man Fixiermittel auftragen, wodurch die Elemente dauerhaft gebunden und Bromreste entfernt werden. Nun wird der Film gewässert und das Fixiernatron gelöscht.
Ein Normalanwender kann sich einen Belichter nicht leisten. Trotzdem muß man nicht auf dessen Qualität verzichten: Man kann seine Datei auf Diskette einem Belichtungsunternehmen geben, das für etwa 30 DM pro Seite einen Film belichtet.

Plotter

Plotter sind speziell für die grafische Datenausgabe entwickelt worden. Ihr wesentliches Einsatzgebiet ist der Bereich des computerunterstützten Konstruierens (CAD). Mit Plottern können auch großformatige Pläne, etwa im DIN-A0-Format, ausgegeben werden. Gezeichnet wird wahlweise mit Tusche oder Filzschreibern.

Beim Flachbett- oder X-Y-Plotter wird – wie beim Reißbrett – ein Blatt Papier auf einer (meist waagerechten) Ebene befestigt. Der Zeichenkopf ist an einem Gestänge befestigt, auf dem er auf- und abwärts (Y-Richtung) gefahren werden kann. Das Gestänge selber kann nach rechts und links (X-Richtung) bewegt und so die im Kopf eingespannte Zeichenfeder zu jeder Stelle des Blattes geführt werden. Zeichenkopf und Wagen werden durch Motoren bewegt, die mit hoher Präzision kleinste Bewegungen ausführen können.
Der größte Nachteil des Flachbettplotters ist die große Stellfläche, die er insbesondere bei großen Formaten benötigt. Abhilfe schafft hier der Trommelplotter, bei dem sich der Zeichenkopf in X-Richtung (rechts-links) bewegt, während die Y-Richtung durch Transport des Papiers umgesetzt wird. Das Papier liegt auf einer Trommel, über deren Grat sich der Zeichenkopf bewegt. Während das Papier vor- und zurückgefahren wird, hängt es vorne und hinten am Plotter frei herab.

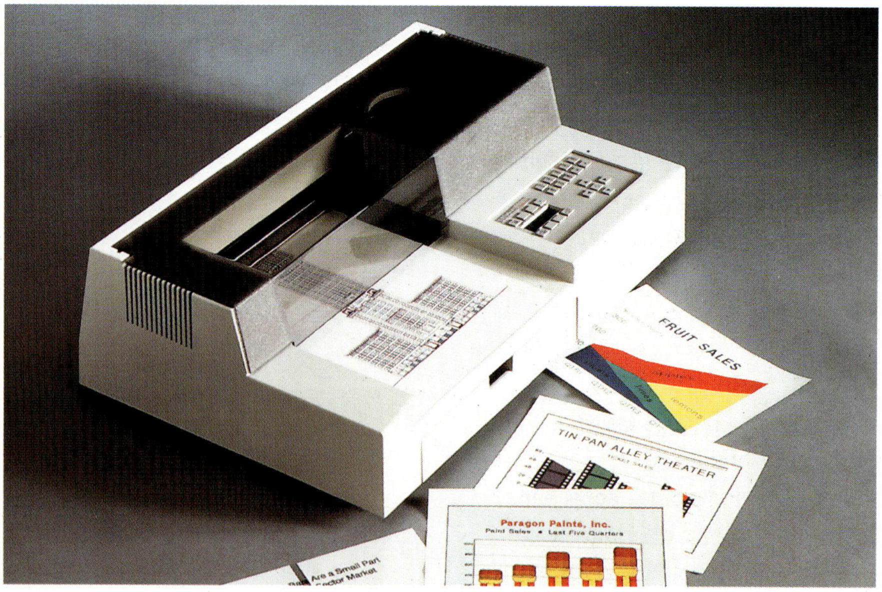

Abgesehen von äußeren Merkmalen wie Papierformat und Anzahl der Farben wird die Qualität eines Plotters durch drei Merkmale bestimmt: Zeichengenauigkeit, Schrittweite und Geschwindigkeit. Die Schrittweite des Plotters bezeichnet die minimale Größe der Einheit, um die der Zeichenstift axial – beziehungsweise bei Trommelplottern in Y-Richtung die Trommel – bewegt werden kann. Er wird von sogenannten Schrittmotoren angetrieben, die bei jedem Impuls eine Bewegung bestimmter Größe ausführen. Daraus ergibt sich die Konsequenz, daß nicht jeder beliebige Punkt der Zeichenfläche angesteuert werden kann, sondern nur jene vom Stift erreicht werden, die auf einem Gitternetz liegen, dessen Netzweite der Schrittweite des Plotters entspricht.

Speichermedien

Für den Personal Computer gibt es Speichermedien verschiedenster Bauart. Gemeinsam ist jedoch allen der Zweck: Sie sollen Daten dauerhaft aufbewahren.

Lange Zeit war das wichtigste Speichermedium die Diskette, eine magnetische Scheibe, die in einer Plastikhülle steckt und auf die nur durch eine Schreib-/Leseöffnung zugegriffen werden konnte. Da Disketten nur einen begrenzten Speicherplatz besaßen, ging man dazu über, ein Speichermedium in den PC einzubauen: die Festplatte. Heute ist ein PC ohne Festplatte gar nicht mehr vorstellbar.

In den letzten Jahren haben sich vermehrt optische Speichermedien durchgesetzt. Vor allem die CD-ROM ist im Zeitalter von Multimedia nicht mehr wegzudenken. Sie hat ein großes Fassungsvermögen, arbeitet mit enormer Geschwindigkeit und besitzt durch ihre Dominanz als Tonträger eine hohe Akzeptanz beim Anwender. CD-ROMs haben allerdings einen großen Nachteil: Sie können nur einmal beschrieben werden.

Ein anderes Mitglied der optischen Speichermedien ist die Magneto-optische Disk. Sie ist wiederbeschreibbar wie ein magnetischer Speicher, besitzt aber gleichzeitig die Speicherkapazität eines optischen Speichers.

Für die Datensicherung gibt es noch weitere Speichermedien, die alle aus dem Großrechnerbereich stammen: Magnetbänder und Magnetbandkassetten. Sie eignen sich für die Speicherung großer Mengen, wobei ihre Speichertechnik auch als Nachteil gesehen werden kann: Alle Daten werden hintereinander abgelegt (sequentiell gespeichert), wodurch die Suche nach speziellen Daten äußerst zeitaufwendig werden kann.

Disketten

Die Diskette (engl.: floppy disc) ist ein externes Speichermedium. Bis vor wenigen Jahren waren zwei unterschiedliche Diskettengrößen (mit zugehörigen Laufwerken) im Handel: die 5,25-Zoll-Disketten (Fläche = 13,3 cm^2) und die 3,5-Zoll-Disketten (Fläche = 8,9 cm^2). Die Größenangabe bezieht sich dabei auf den Durchmesser des eigentlichen Datenträgers (der Kunststoffscheibe im Innern), die in Zoll angegeben wird.

5,25-Zoll-Disketten werden heute kaum noch verwendet. Alle Personal Computer, die im Handel sind, haben höchstens ein 3,5-Zoll-Laufwerk, meist zusätzlich noch ein CD-ROM-Laufwerk.

3,5-Zoll-Disketten sind folgendermaßen aufgebaut:

Eine Plastikscheibe ist mit einer magnetischen Schicht überzogen. Ihre äußere Hülle ist ein stabiles, flaches Kunststoffgehäuse, das die eigentliche Diskette vor Staub, Stößen und anderen äußeren Einflüssen schützt.

Bild linke Seite:
Flachbettplotter sind ideal für die Ausgaben von Grafiken in DIN-A4-Größe.

Bild rechte Seite:
3,5-Zoll-Disketten haben sich durchgesetzt.

Ein Kopffenster ermöglicht, daß die Schreib-/Leseköpfe des Diskettenlaufwerks auf die Magnetoberfläche zugreifen können. Es wird von einem Metallschieber verdeckt, der beim Einschieben der Diskette in das Laufwerk automatisch zur Seite geschoben wird. Eine Rückführungsfeder bringt die Klappe wieder an ihren Platz, wenn die Diskette ausgeworfen wird.

Auf der Unterseite der Diskette befindet sich eine Metallscheibe, die mit der Kunststoffscheibe des eigentlichen Datenträgers verbunden ist. In eine kleine, fast quadratische Öffnung genau in der Mitte und eine etwas größere, längliche Öffnung fast außen in der Metallscheibe greifen zwei Stößel des Drehtellers im Innern des Laufwerks. Durch die äußere Öffnung ergibt sich eine genau definierte Lage der Diskette im Bezug zum Drehteller.
Indexloch und Indexfenster – wie noch bei der 5,25-Zoll-Diskette vorhanden – gibt es bei den 3,5-Zoll-Disketten nicht mehr. Statt dessen enthält der Drehteller einen kleinen Melder, der diese Funktion übernimmt. Meist ist dies ein winziger Magnet am Drehteller und ein Magnetsensor im Laufwerksinneren. Die Funktion ist wie beim Indexloch: Die Lage des Sektors 1 wird definiert. Um Disketten vor ungewolltem Überschreiben zu schützen, gibt es den „Schreibschutz“. Bei 3,5-Zoll-Laufwerken übernimmt ein kleiner Schieber im Kunststoffgehäuse diese Funktion. Ist der Schieber also geöffnet, so ist der Schreibschutz aktiviert und die Diskette kann nur gelesen werden. Der Zustand dieses Melders wird im Laufwerk durch eine kleine Lichtschranke abgefragt.
3,5-Zoll-Disketten gibt es in zwei Formaten: als sogenannte Double-Density (DD) oder als High-Density (HD). Diese Einteilung bezieht sich auf die Speicherkapazität der einzelnen Bauformen. DD-Disketten können insgesamt 720 KByte aufnehmen, während der Speicherplatz von HD-Disketten mit 1,44 MByte doppelt so groß ist.

Festplatten

Die Festplatte (englisch: hard disc) ist das stationäre Speichermedium eines Personal Computers. Nahezu jeder PC ist heute mit mindestens einer Festplatte ausgestattet.
Computer müssen während des Betriebs große Datenmengen verarbeiten, die nicht dauerhaft im Hauptspeicher abgelegt werden können. Denn der Inhalt des Hauptspeichers geht verloren, sobald man den Computer ausschaltet. Außerdem ist dieser Speichertyp sehr teuer und für große Datenhaltung nicht zweckmäßig.
Deshalb legt man Daten und Programme auf Speichermedien mit großer Kapazität ab: auf den sogenannten Massenspeichern, in diesem Falle den Festplatten. Daten, die bearbeitet und Programme, die ausgeführt werden sollen, werden nach Bedarf von der Festplatte in den Hauptspeicher übertragen. Geänderte oder neu erstellte Daten werden anschließend zwecks dauerhafter Speicherung auf den Massenspeicher zurückgeschrieben. Dort verbleiben sie, bis man sie erneut benötigt oder bis man sie von der Festplatte löscht.
Festplatten gibt es mit einem Format von 2 Zoll (= 5 cm) bis 5,25 Zoll (= 13,3 cm). Ihre Speicherkapazität reicht heute von 40 MByte bis rund 2 GByte – wobei nach oben anscheinend noch keine Grenze erreicht ist. Derzeit sind etwa 540 MByte Standard, wobei der Preisunterschied zu einer GByte-Festplatte so gering ist, daß man zunehmend gleich diese einbaut.
Neben der Speicherkapazität spielt bei der Beurteilung einer Festplatte auch noch die Zugriffszeit, die der PC benötigt, um Daten lesen und speichern zu können, eine wichtige Rolle. Bei den heute verwendeten Festplatten liegt die Zugriffszeit zwischen 10 und 20 Millisekunden.

Aufbau und Funktionsweise einer Festplatte

Eine Festplatte besteht aus einer Reihe von übereinandergestapelten Aluminiumscheiben, die mit einer magnetisierbaren Schicht bedampft sind. Um vor äußeren Einwirkungen geschützt zu sein, sind sie in einem luft- und staubdichten Gehäuse untergebracht.
Die Funktionsweise einer Festplatte unterscheidet sich nicht grundlegend von einer Diskette: Ähnlich wie im Diskettenlaufwerk die Diskette, wird im Fest-

plattenlaufwerk jede Plattenseite beim Formatiervorgang in Spuren und Sektoren unterteilt. Die auf allen Plattenseiten übereinander liegenden Spuren bilden jeweils die geometrische Figur von Zylindern (nähere Informationen im Abschnitt „Laufwerke“, S. 40).

Das Formatieren der Festplatten geschieht in mehreren Schritten: In einem ersten Arbeitsschritt werden gemäß dem Laufwerkstyp Spur- und Sektormarkierungen auf die Platten geschrieben. Dies geschieht unabhängig davon, welches Betriebssystem später eingesetzt wird. Jeder Sektor erhält zu seiner Identifizierung eine Adreßmarke, die Spur-, Kopf- und Sektornummer beinhaltet. Die Sektoren wiederum bieten jeweils Platz für eine bestimmte Anzahl Byte, zum Beispiel 512 Byte. Dabei werden Bereiche – die sogenannten Partitionen – festgelegt. Aus einer davon, der Startpartition, wird nach dem Einschalten des Rechners das Betriebssystem geladen.

Abschließend können Festplatten wie Disketten zum Beispiel mit einem Betriebssystem formatiert werden. Dabei faßt dieses ein oder mehrere Sektoren zu einem Cluster als kleinste anzusprechende Speichereinheit zusammen.

In der Regel kommt der Endanwender mit der Formatierung einer Festplatte meist gar nicht in Berührung, da die Computer fertig formatierte und eingerichtete Festplatten enthalten. Eine Formatierung wird zum Beispiel nur dann notwendig, wenn Teile durch einen Systemabsturz zerstört wurden. Oder aber es wurden über einen längeren Zeitraum sehr viele Daten und Programme auf die Festplatte aufgespielt und gelöscht. Dadurch sind die Informationen wild verteilt auf der Festplatte abgelegt. Dann ist manchmal eine Neuformatierung notwendig, um die ursprüngliche Geschwindigkeit der Festplatte zurückzuerlangen.

Optische Speicher

In den letzten Jahren haben optische Speichermedien förmlich den PC-Markt überrollt. Zwar waren sie längst in der Musikwelt ein Begriff, doch benötigten sie eine sehr lange Anlaufzeit, bis sie als Speichermedium für Personal Computer akzeptiert waren.

Dabei besitzen optische Speicher im Vergleich zu magnetischen Speichern erhebliche Vorteile:

- Sie sind unempfindlich gegen Hitze, magnetische Einflüsse, Fingerabdrücke und Abnutzung.
- Bedingt durch ihr Aufzeichnungsverfahren haben optische Speicher gegenüber magnetischen Speichern einen erheblichen Kapazitätsvorteil.
- Sie können enorme Datenvolumen aufnehmen, wodurch sie hervorragend für die Arbeit mit umfangreichen Verzeichnissen oder Bilddaten geeignet sind.

Compact Discs

Es hat nur wenige Jahre gedauert, bis die Audio-CD die klassische Langspielplatte vom Markt verdrängt hatte.

Denn sie kann die Musik mit weniger Qualitätsverlust wiedergeben, einzelne Musikstücke können schnell ausgewählt werden, und der Tonträger ist keinem Verschleiß unterzogen. Kein Wunder, daß dieses Medium bald auch für den Computer interessant wurde. Dort verwendet man heute ebenfalls die Compact Disc, die zwar optisch der Musik-CD gleicht, jedoch durch ein anderes Aufzeichnungsformat zu einer Daten-CD umgewandelt wurde. Diese „CD-ROM“ (diese Abkürzung steht für: Compact Disc-Read Only Memory)

Die Festplatte bzw. hard disc ist das stationäre Speichermedium des PCs und bietet die Möglichkeit, Daten aus dem flüchtigen Arbeitsspeicher in magnetischer Form abzuspeichern.

besitzen eine Speicherkapazität von etwa 650 MByte, was etwa 280 000 Schreibmaschinenseiten entspricht. (An noch mehr Aufnahmefähigkeit wird derzeit von verschiedenen Herstellern gearbeitet.) Eine CD-ROM ist eine Disc mit einer reflektierenden Aluminiumschicht, die wie ein Sandwich zwischen zwei transparenten Plastikschichten eingebettet liegt.
Bei der Speicherung erhitzt ein Laserstrahl bestimmte Plattenbereiche, wodurch winzige Vertiefungen (pits) darin eingeprägt werden. Die Pits können ca. 0,6 Mikrometer groß sein. Die Stellen ohne Prägung (die Zwischenräume) nennt man „lands". Beim Lesen einer CD-ROM tastet ein schwächerer Laserstrahl die Oberfläche ab. Dort, wo keine Prägung vorliegt, wird er reflektiert. Zum Lesen von CD-ROMs muß der Personal Computer mit einem speziellen optischen Laufwerk ausgestattet sein. Prinzipiell ist es genau wie ein magnetisches Laufwerk aufgebaut, besitzt jedoch darüber hinaus ein System von Linsen und Spiegeln, das den Laserstrahl exakt lenken kann (nähere Informationen hierzu im Abschnitt „Laufwerke", S. 40).
Die CD-ROM hat sich im Zusammenhang mit Multimedia sehr schnell zum Standard entwickelt. Der Siegeszug dieses Speichermediums wurde durch eine weitere Tatsache vorangetrieben: Moderne Anwendungsprogramme haben eine derartige Größe erreicht, daß sie nur noch auf Unmengen von Disketten passen. Deshalb ist es heute üblich, daß die meisten Hersteller ihre Anwendungsprogramme auf CD-ROM liefern – manche sogar nur noch ausschließlich auf diesem optischen Speichermedium.

CD-Arten

Es sind heute verschiedene CD-Arten auf dem Markt. Die wichtigsten sollen nachfolgend kurz erläutert werden:
Die gebräuchlichste CD für Computer ist die bereits oben beschriebene CD-ROM. Der Hersteller Philips hat außerdem ein eigenes CD-Format entwickelt, die sogenannte CD-I (das „I" steht hierbei für „Interaktiv"). Eine CD-I kann man in der Regel nur mit einem speziellen Laufwerk lesen. Heute gibt es aber auch schon CD-ROM-Laufwerke, die beide Formate akzeptieren.
Speziell für die Archivierung von Fotos hat Kodak die Foto-CD entwickelt. Bis zu 100 Fotos können in hoher Qualität dauerhaft gespeichert werden. Um eine Foto-CD lesen zu können, benötigt man entweder ein CD-ROM-Laufwerk oder ein spezielles Abspielgerät. Letzteres kann auch an einen Fernseher angeschlossen werden.
Darüber hinaus gibt es noch weitere CD-Arten, die u.a. auch eine mehrfache Neubespielung erlauben. Hierzu benötigt man allerdings ein spezielles Gerät, einen sogenannten CD-Brenner. Mit seiner Hilfe kann man seine persönlichen Daten und Programme auf eine eigene CD aufspielen.

WORM

Die Abkürzung für WORM steht für „Write Only – Read Many“, auf Deutsch: Einmal-Schreib-Vielfach-Lese-(Speicher). Damit ist folgendes gemeint:
Eine WORM-Platte kann genau wie die CD-ROM prinzipiell einmal beschrieben und beliebig oft gelesen werden. Jedoch kann sie – im Unterschied zur CD-ROM – vom Anwender selbst mit dem gleichen Laufwerk beschrieben werden, mit dem die Daten auch gelesen werden. Dabei muß eine Platte aber nicht mit einemmal vollgeschrieben werden. Vielmehr kann der Anwender bestimmte Daten für ungültig erklären und dafür neue aufnehmen, bis die Platte vollständig beschrieben ist. Ein typisches Beispiel hierfür ist ein Katalog: Ist einmal der Grunddatenbestand gespeichert, können bestimmte Katalogartikel (= Daten) für ungültig erklärt, andere dagegen neu aufgenommen werden. Werden die Preise von der Software als getrennte Liste verwaltet, können auch diese sooft wie nötig aktualisiert werden.
Bei Kapazitäten bis zu 6 GByte reicht eine einzelne WORM-Platte auch für sehr umfangreiche Kataloge und langfristige Aktualisierung. Hinzu kommt jedoch, daß die Platten wie Disketten ausgetauscht werden können. Ein gängiger Typ sieht aus wie eine Mikrodiskette (im stabilen Plastikgehäuse) in der Größe einer Minidiskette.

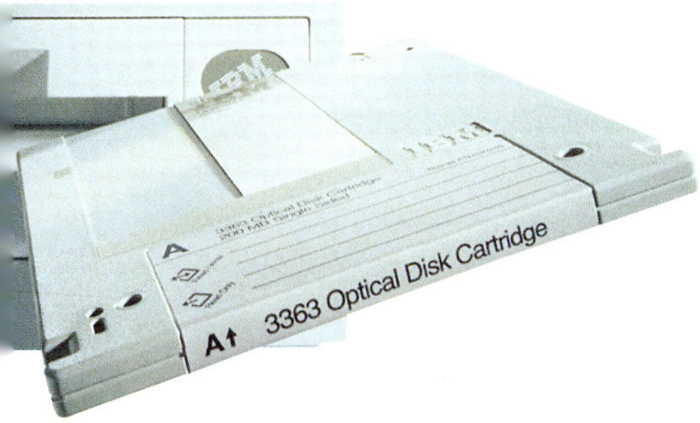

Bilder linke Seite:
Eine CD-ROM ist in der Lage, Informationen in der Größenordnung von mehr als 650 MByte zu speichern.

Bild rechte Seite links:
Diese optische Platte („WORM“) faßt zirka 800 MByte Daten.

Bild rechte Seite rechts:
Magneto-optische Platten sind im Gegensatz zu CD-ROMs und WORMs wiederbeschreibbar.

Sonstige Massenspeicher

Magneto-optische Disks

Magneto-optische Discs (manchmal auch als Rewritables oder Flopticals bezeichnet) vereinen die Vorzüge magnetischer Speicher mit denen optischer Speicher: Sie erlauben eine ständige Wiederbeschreibbarkeit und besitzen eine hohe Speicherkapazität.
Auch die Funktionsweise ist ein Mischverfahren: Ein Laserstrahl erhitzt die Oberfläche einer Disc, die mit einer kristallinen Metallschicht überzogen wurde. Dies geschieht so lange, bis die Kristalle frei sind oder durch ein Magnetfeld umorientiert werden können. Dies übernimmt ein Schreib-/Lesekopf, der mit dem einer Festplatte verglichen werden kann: Er schreibt die Daten durch Umorientierung der Kristalle auf die Disc, wodurch sich der magnetisierte Bereich nur auf die durch den Laser erhitzten Stellen beschränkt. Zum Lesen wird ein Laserstrahl mit geringer Intensität auf die Oberfläche der Disc projiziert. Die verschiedenen magnetisierten Bereiche verändern die physikalischen Eigenschaften des Laserlichts, das sie durchdringt (Farraday/Kerr-Effekt).
Magneto-optische Discs werden aufgrund ihrer ernormen Speicherkapazität zur Archivierung von großen Datenmengen und zur Datensicherung eingesetzt. Letzteres ist jedoch nicht sinnvoll. Denn diese Speichermedien sind relativ teuer und können immer nur von einer Seite gelesen werden. Will man also die zweite Seite verwenden, so muß man die Disc umdrehen. Das heißt, bei der Datensicherung müßte immer jemand die Disc umdrehen, wenn die eine Seite voll ist.

Magnetbänder

Magnetbänder waren bis vor wenigen Jahren die wichtigsten externen Speicher bei Großrechnern; auch heute sind sie in diesem Bereich noch sehr verbreitet. Bei Personal Computern und anderen kleineren Computersystemen werden sie dagegen nicht eingesetzt: Sie sind zu langsam.
Die Datenaufzeichnung bei Magnetbändern erfolgt oft auf mehreren parallelen Spuren. Die Daten werden dabei hintereinander auf die magnetisch beschichtete Oberfläche der Bandspule geschrieben. Zum Lesezugriff muß das Band an die entsprechende Stelle laufen. Das kostet Zeit. Deshalb werden Bandlaufwerke meist nur zur Sicherung großer Datenbestände eingesetzt.
Etwas handlicher als die großen Magnetbandspulen der Großrechner sind die Magnetbandkassetten, die auch als „Streamerkassetten" bezeichnet werden. Sie ähneln äußerlich den bekannten Audio-Kompakt-Kassetten und enthalten wie diese ein aufgewickeltes Magnetband. Allerdings ist dieses Band dünner und reißfester als das der Audio-Kassetten, und auch der innere Aufbau der Kassette ist etwas anders.
Die speziellen Bandlaufwerke für diese Kassetten werden als „Streamer" bezeichnet. Auf einer Kassette können meist zwischen 20 und 500 MByte abgespeichert werden. Auch Streamer dienen in erster Linie der Datensicherung, sie werden heute teilweise durch Wechselfestplatten und magneto-optische Discs ersetzt.
Im Prinzip arbeitet ein Streamer wie beispielsweise ein Kassettenrecorder. Der Motor bewegt ein Magnetband an einem Schreib-/Lesekopf vorbei. Der Kopf ist allerdings nicht starr montiert, sondern kann mehrere Spuren (Tracks) nebeneinander beschreiben. Dabei werden erhebliche Geschwindigkeiten erzielt. Für die Sicherung einer 10-MByte-Festplatte benötigt man z. B. nur 15 Minuten. Die Datensicherung geht mit mitgelieferter Software automatisch vonstatten; wenn ein anderes Magnetband benötigt wird, wird der Benutzer durch ein Programm benachrichtigt.

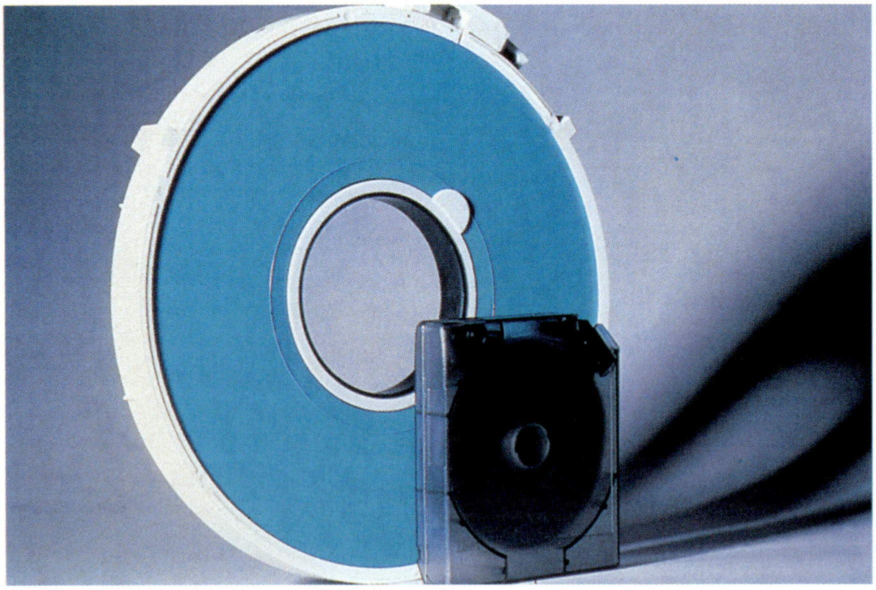

Wechselfestplatten

Eine Sonderbauform der Festplatten sind die Wechselfestplatten oder kurz Wechselplatten. Bei ihnen kann der Datenträger (analog zum Diskettenlaufwerk) gewechselt werden. Dabei werden sie entweder in einen speziellen Schacht des PCs geschoben (front loading) oder vertikal auf dem Festplattenlaufwerk montiert (top loading).
Eine Wechselfestplatte befindet sich in einem stabilen, luftdicht verschlossenen Gehäuse. Dieses wird erst nach dem Einschieben in das spezielle Laufwerk geöffnet, damit der Kopfträger mit den Magnetköpfen ins Innere gelangen kann (dann ist das Laufwerk äußerlich bereits wieder geschlossen).

Syquest-Wechselplatten

Diese Speichermedien kann man als eine Art Riesendiskette bezeichnen. Sie besitzen ebenfalls die Formate 5,25 und 3,5 Zoll. In einem stabilen Gehäuse steckt ein Datenträger wie in einer herkömmlichen Festplatte. Die Laufwerksmechanik sowie die Schreib-/Leseköpfe befinden sich in einem speziellen Syquest-Laufwerk.
Syquest-Wechselplatten verwendet man überall dort, wo große Datenmengen übertragen werden müssen (z. B. in Werbestudios oder beim Desktop Publishing [DTP]). Sie können derzeit bis zu 270 MByte Daten aufnehmen.

Bild linke Seite:
Die Magnetbandkassette wird erst nach dem Einlegen maschinell geöffnet.

Bild rechte Seite:
Wenn mehrere Anwender sich einen PC teilen, sind Wechselplatten nützlich.

Microsoft Excel
File Edit Gallery Chart Format Macro Window Help
Example 1: Product mix problem with diminishing profit margin
BREND.XLC
Thermonuclear Absorbative Rati
Millirads per Quantized Sample
Tandon
Tandon Personal DataPac 100
Tandon Personal DataPac 100
1.44M

Kommunikation

Die Kommunikation zwischen Computern ist ein weites Feld. In der einfachsten Form werden zwei Computer über ein Kabel miteinander verbunden, um Daten von dem einen zum anderen zu übertragen. Meist bedient man sich dabei der seriellen Schnittstellen des Computers und spezieller Programme für den Datenaustausch.

Erheblich aufwendiger wird der Datenaustausch, wenn weit voneinander entfernte Computer – möglicherweise ganz unterschiedlicher Bauart – miteinander in Verbindung treten sollen oder wenn viele relativ dicht beieinander stehende Geräte zu einem „lokalen Netz" zusammengeschaltet werden. Den Datenaustausch zwischen räumlich getrennten Computersystemen bezeichnet man als Datenfernübertragung (DFÜ). Da hierbei bestehende Telekommunikationsnetze benutzt werden, muß man die Datenfernübertragung nicht nur als eine bestimmte Computeranwendung betrachten, sondern auch als einen Teilbereich der Telekommunikation.

Datenfernübertragung

Es vergeht eigentlich kein Tag mehr, an dem nicht in irgendwelchen Medien über Datenfernübertragung berichtet wird. Heute fallen dabei meist die Begriffe „Datenautobahn" oder „Information Highway" und in diesem Zusammenhang die Namen „CompuServe", „Internet" sowie manchmal „T-Online". Was hinter diesen Begriffen wirklich steckt, wissen viele Menschen nicht genau. Doch sicher ist: Auch diejenigen, die bisher vor dem Computer zurückschreckten, spielen nun mit dem Gedanken an einen eigenen PC.
DFÜ ist eigentlich nichts Neues. Schon seit Jahren werden Daten von Computer zu Computer – und dies weltweit – verschickt. Ob E-Mails (elektronische Post) oder Faxe – der Datenübermittlung sind keine Grenzen gesetzt. Was jedoch den Boom auf DFÜ bewirkt, ist die weltweite Kommunikation über Computernetze. Die beiden großen Online-Dienste CompuServe und Internet bieten eine unglaubliche Fülle an Möglichkeiten. Man kann z. B.:

- Mit Menschen aus aller Welt vom Schreibtisch aus diskutieren
- Auskünfte über Produkte und Firmen einholen
- Zeitungen lesen und Nachrichtendienste anzapfen
- Produkte jeglicher Art bestellen
- Reisen buchen
- seine Bankgeschäfte von zu Hause aus betreiben (Homebanking)
- Rat und Tat zu den verschiedensten Problemen einholen
- elektronische Post in die ganze Welt verschicken

Eine wichtige Funktion der Datenübertragung ist seit langem schon das Faxen. Hat man bisher noch ein separates Gerät benötigt, so kann man heute mit Hilfe eines Modems Faxe übermitteln. Der Empfänger des Faxes kann

ein Computer mit Modem oder auch ein herkömmliches Faxgerät sein.
Um Faxe verschicken zu können, benötigt man ein sogenanntes Faxmodem, das der V.27ter- oder der V.29-Norm entsprechen muß. Des weiteren ist hierfür eine Faxsoftware notwendig. Ansonsten ist das Faxen nichts anderes als Datenübertragung und funktioniert entsprechend genauso (nähere Informationen s. nächster Abschnitt).
Bevor die einzelnen Kommunikationsdienste vorgestellt werden, soll jedoch die Frage beantwortet werden: Welche Hardware und Software benötigt man für die Datenfernübertragung?

Technische Voraussetzung

Modem

Damit ein Computersystem seine binär codierten und somit digitalen Informationen über das analoge Telefonnetz oder andere Analognetze senden kann, müssen diese zuerst umgewandelt werden. Dies besorgt ein Modem (Abkürzung für MOdulator/DEModulator).
Modems transformieren die digitalen 0- und 1-Informationen in eine Folge von zwei – oder bei komplexeren Übertragungstechniken auch mehr – „Signaltypen", die über das analoge Netz gesendet und vom Empfangsgerät wieder zurückübersetzt werden können.

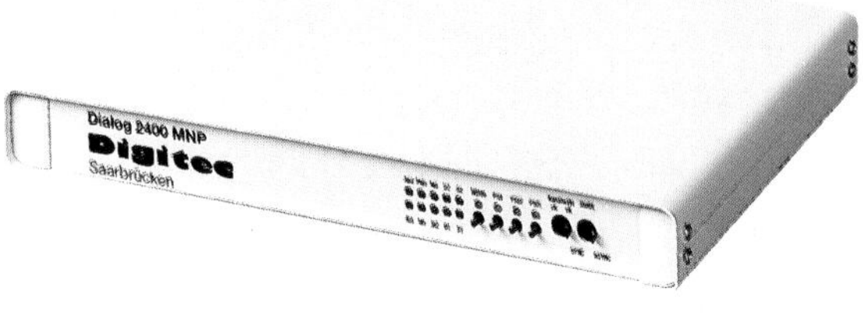

Modem-Arten

Es gibt verschiedene Arten von Modems, die man je nach Bedarf einsetzen kann:
① Akustikkoppler
② externes oder Tischmodem
③ internes Modem
④ Pocket- und PCMCIA-Modem

① Zur Datenfernübertragung mit einem Akustikkoppler wird ein Telefon benötigt. Der Telefonhörer wird in die Gummimuffen des Kopplers gedrückt. Der Anschluß des Kopplers an den PC erfolgt über die serielle Schnittstelle. Er wandelt die Schnittstellensignale in Töne um. Akustikkoppler sind billiger als die anderen Modems, aber störanfälliger. Vorteile sind Transportabilität und Batteriebetrieb. Diese beiden Faktoren erlauben es beispielsweise, von einer Telefonzelle aus mit einem tragbaren Computer (Notebook) Daten zu übertragen.
Heute werden allerdings kaum noch Akustikkoppler eingesetzt. Auch bei Notebooks verwendet man heute ausschließlich Modems.
Im Gegensatz zum Akustikkoppler wird ein Modem direkt an die Telefonleitung angeschlossen, was eine geringe Störanfälligkeit garantiert. Auch läßt es sich bequem handhaben: Ein Kommunikationspartner kann direkt über die Tastatur des PCs angewählt werden, besetzte Nummern wählt das Modem wiederholt an. Man kann die Datenpakete auch tagsüber zusammenstellen und zum günstigen Nachttarif versenden.
② Ein externes Modem bzw. ein Tischmodem ist in einem separaten Gehäuse untergebracht. Es kann an jeden Rechner angeschlossen werden, der über eine serielle Schnittstelle verfügt. Leuchtdioden signalisieren, ob gesendet oder empfangen wird.
③ Interne Modems (oder Modem-Karten und Faxmodem-Karten) hingegen werden als Steckkarten direkt in den PC eingebaut. Das eingesetzte Modem verfügt über einen eigenen seriellen Anschluß (Port) und belegt somit keine der verfügbaren Schnittstellen. Interne Modems sind meist günstiger als externe, können allerdings auch nur für den jeweiligen PC genutzt werden.
④ Speziell für Notebooks werden besonders kleine Modems, sogenannte Pocket-Modems, eingesetzt. Ein Pocket-Modem benötigt wie ein externes Modem ein Netzteil. Ihr Einsatz ist nicht auf Notebooks beschränkt: Man kann sie auch für einen normalen Tischrechner verwenden.
Ebenfalls für Notebooks wurden Scheckkarten-Modems nach der PCMCIA-Norm entwickelt. Diese Abkürzung steht für „Personal Computer Memory Card Interface Association", das Gremium, das diese Erweiterungskarten standardisiert hat. Um ein PCMCIA-Modem verwenden zu können, muß Ihr Notebook allerdings einen entsprechenden Schacht besitzen, in den das scheckkartengroße Modem eingesteckt wird.

Auswahlkriterien

Wichtigstes Kriterium für die Leistungsfähigkeit eines Modems ist die Übertragungsgeschwindigkeit. Diese wird in der Einheit Bit pro Sekunde (bps) angegeben. Weit verbreitet ist der Glaube, daß die Einheiten Bit pro Sekunde und Baud (Signale pro Sekunde) dasselbe bedeuten. Das ist jedoch nicht korrekt, denn Baud beschreibt die Anzahl der Signale, die pro Sekunde durch die Te-

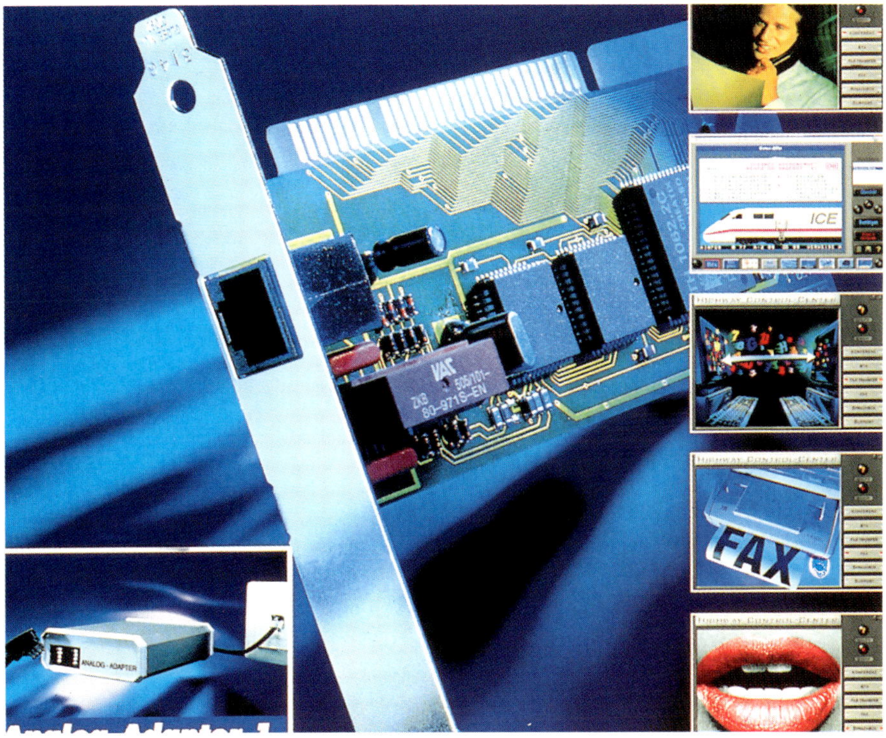

Bild linke Seite:
Ein Modem wandelt digitale Daten in elektrische Tonsignale.

Bild rechte Seite:
Anstelle des externen Modems kann eine Modemkarte in den PC eingebaut werden.

lefonleitung geschickt werden; Baud ist also der tatsächliche Datendurchsatz. Bit pro Sekunde ist dagegen die Einheit für die effektive Datenübertragungsrate. Ein Beispiel macht den Unterschied klar: Ein 2400-bps-Modem bringt es nur auf 600 Signale pro Sekunde (Baud), ein 14 400-bps-Modem dagegen auf 2400 Baud.
Waren die ersten Modems mit 300 bps noch sehr langsam, so erreichen sogenannte Highspeed-Modems heute Geschwindigkeiten bis zu 28 800 bps. Im Handel erhältlich sind Modems mit den Übertragungsgeschwindigkeiten 300, 600, 1200, 2400, 4800, 9600, 14 400, 19 200 und 28 800 bps. Vor dem Kauf eines Modems sollten Sie sich überlegen, wofür Sie es benötigen. Denn wenn Sie nur den T-Online-Dienst der Telekom z. B. für Homebanking nutzen wollen, so genügt ein Modem mit 14 400 bps.

Es hängt jedoch nicht alleine von Ihrem Modem ab, wie schnell Sie Daten übertragen können. Entscheidend ist außerdem das Leitungsnetz, das Sie benutzen. Das herkömmliche Telefonnetz z. B. kann nur maximal 3000 Baud übertragen. Anders dagegen das ISDN-Netz: Es schafft ein vielfaches mehr. Das Problem: ISDN ist noch immer nicht flächendeckend nutzbar. Und auch wenn Sie mit einem schnellen Leitungsnetz und einem leistungsstarken Modem arbeiten, werden Sie gebremst, wenn am anderen Ende der Datenübertragung ein langsames Modem hängt: Sie werden automatisch an den Empfänger angepaßt.
Die Geschwindigkeiten und die Art der Datenübertragung von Modems wurden in den sogenannten V.-Normen oder CCITT-Normen festgelegt. Beide sind Standards eines internationalen Normengremiums, die die Art regeln, wie Daten von Modems über die Telefonleitung übertragen werden. Gängige Normen sind V.22 bis (2400 bps), V.32 (9600 bps), V.32 bis (14 400 bps), V.34 (28 800 bps) und V.42 bis (Fehlerkontrolle und Kompression).
Mit den CCITT-Normen hat man die Übertragungsgeschwindigkeiten sowie die Datenkompressions- und Fehlerkorrekturverfahren beschrieben, ohne die eine reibungslose Datenübertragung überhaupt nicht möglich wäre. Denn nur Modems, die die gleichen Standards unterstützen, können miteinander kommunizieren, also Daten austauschen. Nimmt ein Modem zum anderen Kontakt auf, so einigen sie sich untereinander (ohne daß der Anwender etwas tun muß) auf die gemeinsam unterstützte Geschwindigkeit. Das schnellere paßt sich dabei stets dem langsameren an.
Damit es an das Telekom-Netz angeschlossen werden darf, muß ein Modem in Deutschland eine sogenannte BZT-Zulassung besitzen. Ob Ihr Modem diese hat, erkennen Sie an dem Aufkleber mit dem amtlichen Prüfsiegel der Telekom. Es ist dringend abzuraten, ein Modem ohne Zulassung zu benutzen. Ein Preisunterschied, früher oft ein Grund für den Einsatz von unerlaubten Modems, besteht kaum noch. Kommt die Telekom dahinter, daß Sie doch ein nicht zugelassenes Modem verwenden, wird es teuer, und ihr Modem wird sofort eingezogen.

Anschluß eines Modems

Für die Verständigung von Computer und Modem muß ein Protokoll für den Datenaustausch festgelegt werden. Dies erfolgt über die Schnittstelle, an der das Modem am PC angeschlossen wird.

Hängt das Modem an einer seriellen Schnittstelle, so werden die Daten Bit für Bit übertragen. Bei der Menge, die versendet wird, könnte schon der Verlust nur eines Bit schlimme Folgen haben. Denn dadurch werden alle danach eintreffenden Bit um eine Position verschoben, was das Ergebnis völlig verändern würde. Und da bei einer Datenübertragung via Telefonleitung immer mit Ausfällen zu rechnen ist, hat man ein sogenanntes Datenübertragungsprotokoll eingeführt.

Bild linke Seite:
Die Möglichkeiten von DFÜ sind in vielen Berufen nützlich.

Bild rechte Seite:
Der Mobilfunk gilt als wachstumsstarker Markt der Telekommunikation.

Diese „Paritätsprüfung" funktioniert folgendermaßen: Sender und Empfänger bilden eine Art Quersumme der übertragenen Bit. Dabei wird nur überprüft, ob die Prüfsumme gerade oder ungerade ist. Nur wenn beide auf das gleiche Ergebnis kommen, ist die Übertragung fehlerfrei erfolgt. Die Paritätsprüfung übernimmt übrigens die Schnittstellenkarte im Computer.

Das geeignete serielle Verbindungskabel wird meist einem neuen Modem beigepackt. Für ein externes Modem muß es ein 1:1 belegtes 9poliges serielles Verbindungskabel sein.

Es genügt aber nicht, das Modem an den Computer anzuschließen. Außerdem muß natürlich auch eine Verbindung zur Telefonleitung bestehen. Zum Lieferumfang eines Modems gehört deshalb in der Regel ein Telefonanschlußkabel. Dieses muß mit einer sogenannten TAE-Buchse kompatibel sein. Vorsicht: Importmodelle legen oft ein amerikanisches Kabel bei, das ohne Adapter nicht an das deutsche System angeschlossen werden kann.

Im Normalfall sind heute alle Haushalte mit einer Dreier-TAE-Buchse ausgestattet. Es können in diese bis zu drei Geräte (Telefon, Anrufbeantworter, Fax oder Modem) angeschlossen werden. Falls Sie noch einen alten Telefonanschluß haben, informieren Sie die Telekom (Tel. bundesweit 0 11 71). Diese wird Ihnen dann die alte Buchse austauschen.

Zu guter Letzt benötigt man noch ein geeignetes DFÜ-Programm, um überhaupt Daten übertragen zu können. Als Windows-3.x-Benutzer kann man das Programm „Terminal" verwenden. In Windows 95 befindet sich ein leistungsstarkes DFÜ-Programm mit Namen „Exchange". Darüber lassen sich auch Faxe und E-Mails versenden. Oftmals wird auch eine Software dem Modem beigelegt. Zu den bekanntesten zählt übrigens BitFax – ein leistungsstarkes Programm, das für einen guten Preis zu kaufen ist.

Datenleitungen

Um Datenfernübertragung nutzen zu können, benötigt man natürlich nicht nur die Geräte wie PC und Modem. Ohne die entsprechenden Datenleitungen geht überhaupt nichts. Diese werden in Deutschland (wegen des Monopols) nur von der Deutschen Telekom gegen entsprechende Bezahlung zur Verfügung gestellt.

Die wichtigsten Telekommunikationsdienste der Telekom sind:

- Telefonnetz
- Telex (Fernschreiben)
- Teletex (elektronische Korrespondenz)
- Telefax (Fernkopieren)
- Bildschirmtext (T-Online)
- Datexnetz (Datex-L und Datex-P)
- Datex-Dienste
- Direktrufnetz
- Digitales Fernmeldenetz (ISDN)

Nachfolgend werden nur die für die Datenfernübertragung wichtigen Dienste vorgestellt. Außerdem ist für das Thema dieses Buches die Unterscheidung zwischen offenen und geschlossenen Netzen bedeutsam. Geschlossene Netze sind einem bestimmten Benutzerkreis vorbehalten, zum Beispiel den Angehörigen eines Großraumbüros oder den Mitarbeitern sämtlicher Filialen eines Unternehmens. Sie können an öffentliche Netze angeschlossen sein,

wobei unbefugte Dritte das Netz nicht oder nur illegal benutzen können. Öffentliche Netze sind für jedermann zugänglich, der über einen entsprechend ausgerüsteten Computer und eine Zugangsberechtigung verfügt. Sie ermöglichen den weltweiten Zugriff auf Datenbanken, zum Beispiel auf Informationen über chemische Produkte, Entscheidungen von Gerichten oder den Bücherbestand von Bibliotheken.

Datexnetz

Das Datexnetz (Abkürzung für: data exchange, Datenaustausch) wurde von der Deutschen Bundespost speziell für die Datenfernübertragung geschaffen. Ziel war die Verringerung von Wartezeiten und die Erhöhung der Übertragungsgeschwindigkeiten. Die meisten Länder sind mit solchen Netzen ausgestattet und miteinander verbunden, so daß damit auch international die Grundlagen für eine intensive Datenkommunikation geschaffen wurden und genutzt werden.
Man unterscheidet die Leitungsvermittlung (Datex-L) und die Paketvermittlung (Datex-P). Bei der Leitungsvermittlung wird, wie bei einem Telefongespräch, eine Verbindung zwischen zwei Teilnehmern hergestellt, also eine Leitung reserviert.
Bei der Paketvermittlung dagegen nimmt der Sender mit einem Knotenrechner (PAD) der Post Verbindung auf und schickt diesem seine Daten sowie die Empfängeradresse über eine relativ langsame örtliche Leitung (beispielsweise die Telefonleitung). Der Knotenrechner formatiert die Daten zu Datenpaketen, die mit Adreßinformationen versehen werden. Diese Datenpakete werden anschließend über ein sehr schnelles Netz an den Knotenrechner weitergeleitet, der dem Empfänger am nächsten liegt. Dieser Rechner gibt die Sendung über eine langsame Leitung an den Empfänger weiter. Da auf diese Weise eine optimale Netzauslastung erreicht wird, sind die reinen Übertragungskosten bei Datex-P gering.

ISDN

ISDN (Abkürzung für: Integrated Services Digital Network) ist ein digitales Netz, über das alle bisher existierenden Dienste (Telex, Telefax, Btx und so weiter) abgewickelt werden können. Es handelt sich um eine Entwicklung der Deutschen Bundespost und der Industrie, die in den internationalen Normungsgremien – insbesondere bei der ISO (International Standard Organisation) – weitestgehend Akzeptanz fand.
Bis auf den Telex-Dienst bietet ISDN alle Dienste für Sprache und Daten, die sich auch herkömmlich analog abwickeln lassen. Mit ISDN kann man also telefonieren, telefaxen, T-Online nutzen, Daten austauschen usw. Der Vorteil ist jedoch im Vergleich zum herkömmlichen, analogen Verfahren, daß alle Dienste im Kommunikationsbereich erheblich schneller und dadurch attraktiver werden. Dies macht sich vor allem bei der Datenübertragung und bei der Nutzung von T-Online bemerkbar. So steht mit ISDN nun eine Übertragungsrate von 64 KBit/s bis maximal 2 MBit/s zur Verfügung. Im Vergleich dazu: Die schnellsten Modems erreichen nur 28,8 KBit/s.
Einen weiteren Vorteil bietet ISDN für die Unternehmens-EDV. Auch Fernwartung (der Support eines Computers, der nicht am gleichen Ort steht) wird ein vielfaches schneller, der Bildschirmaufbau deutlich beschleunigt.
Faktisch können an jede ISDN-Buchse eine oder mehrere Einzeldienstgeräte (Telefon, Telefax etc.) angeschlossen werden. Die Post ist nur für den Anschluß zuständig, während die Geräte nach Bedarf von den Teleteilnehmern gekauft, unterhalten und gewartet werden. Die Post behält sich jedoch vor, Geräte für die Datenfernübertragung zuzulassen (BZT-Nummer). In der ersten Einführungsphase ersetzt ISDN die bisherigen Telekommunikationsdienste nicht, sondern baut sie aus.

Folgende Leistungssteigerungen können bisher realisiert werden:

- Man erreicht eine höhere Datenübertragungsrate von 64 Kbit/s bis maximal 2 MBit/s.
- Faxvorgänge werden optimiert (1 MByte Informationen können in einem Zeitraum von etwa zwei Minuten gesendet werden). Bei der Verschickung von Datenpaketen steigt die Übertragungssicherheit.
- Telefongespräche können in einer verbesserten Qualität durchgeführt werden
- Elektronisches „Anklopfen" erlaubt die Identifizierung eines Anrufers, dessen Nummer auf dem Display des Telefons erscheint.
- Da alle Endgeräte an lediglich einem genormten Steckanschluß hängen, spart man Einzelanschlüsse für FAX, Telefon usw. ein.
- Verschiedene DFÜ-Dienste können gleichzeitig in Anspruch genommen werden (z. B. können Sie ein Telefax empfangen, während Sie ein Telefongespräch führen).
- Das Umlegen von Anrufen auf beliebige Nebenstellen oder in eine Warteschleife übertrifft die Möglichkeiten herkömmlicher firmeninterner Fernsprechanlagen.
- In einem Einzelgebührennachweis werden die Uhrzeiten, Dauer und Teilnehmernummern aller Gespräche exakt aufgeführt.

Parallel ist bereits ein Breitband-ISDN in Planung. Bei diesem Netz kommt mit Hilfe des sog. Glasfaserkabels eine neue Übertragungsmethode zum Einsatz, die eine Übertragungsgeschwindigkeit von bis zu 155 Mbit/s ermöglichen soll. Damit eignet sich das Breitband-ISDN weltweit zur Verbindung von lokalen Netzwerken, Datenbanken und Rechenzentren. Außerdem ermöglicht es Echtzeitbildübertragung in Fernsehqualität.

Wenn Sie also vor der Entscheidung stehen: Lassen Sie sich einen ISDN-Anschluß legen. Zum einen wird dies von der Telekom zur Zeit noch gesponsert, zum anderen liegt die Zukunft der Telekommunikation eindeutig bei ISDN.

Bild linke Seite:
Eine Glasfaser kann bis zu 30 000 Telefongespräche gleichzeitig vermitteln.

Bild rechte Seite:
T-Online bietet unter anderem Zugang zu Zeitungen.

Datenautobahnen

T-Online

T-Online, bis 1995 unter dem Namen Bildschirmtext (BTX) und kurzzeitig unter Datex J bekannt, ist der größte Online-Dienst Deutschlands (ca. 1 Mio. Teilnehmer). T-Online bietet Informationen und Daten unterschiedlichster Art an. Über einen Computer, der mit T-Online gekoppelt ist, kann man elektronische Post versenden und empfangen, vom Bildschirm aus einkaufen, Flüge und Züge buchen, die Last-minute-Angebote der Reiseveranstalter ansehen, in Datenbanken von Nachrichtenagenturen herumsuchen, aktuelle Zeitungen und Zeitschriften lesen usw.

Mehr als 5000 deutschsprachige Angebote von den unterschiedlichsten Unternehmen befinden sich in T-Online – und das Spektrum wächst weiter. Mit etwa 1000 Banken ist außerdem Homebanking möglich, d. h., man kann seine Überweisungen direkt vornehmen, den Kontostand einsehen und vieles mehr. Mit Hilfe von BTX plus erhält man aktuelle Börsenkurse und -nachrichten, kann schon Zeitungen lesen, bevor sie in den Handel kommen, usw.

Was T-Online jedoch besonders interessant macht, ist der direkte Zugang zu Internet, dem weltweit größten Online-Dienst (derzeit rund 30 Mio. Teilnehmer). Dort können Sie mit Menschen aus der ganzen Welt z. B. über aktuelle Ereignisse diskutieren, Bestellungen vornehmen, Informationen abfragen (Näheres weiter unten).

Des weiteren gehört heute zu T-Online die Möglichkeit, E-Mails zu versenden. Als Adressaten stehen alle T-Online- und Internet-User bereit. Natürlich ist auch die eigene T-Online-Adresse allen anderen offen, d. h., auch Sie sind zu jeder Tages- und Nachtzeit empfangsbereit. Mit „eMail" (so der Name in T-Online) können Mitteilungen in Sekundenschnelle in die ganze Welt verschickt werden. Jedes Dokument läßt sich vom Empfänger weiterbearbeiten, z. B. mit Hilfe einer Textverarbeitung oder einem Grafikprogramm. Man spart dadurch den langen Postweg und somit sehr viel Zeit.

Das zu versendende Mail wird zunächst offline erstellt (außerhalb von T-Online) und erst dann verschickt – was natürlich um ein vielfaches kostengünstiger ist. Der Inhalt des „Briefes" kann aus Text und Grafiken, aber auch aus Sprache, Fotos und Videosequenzen bestehen. Die für den Versand benötigte Adresse wird in einem Adressenregister gespeichert und kann von dort direkt ausgewählt werden.

T-Online wurde in den letzten Jahren erheblich verbessert und liegt jetzt auch im Windows-Outfit vor. Was als BTX noch unvorstellbar war, ist heute möglich: Übersichtliche Schnellwahltasten ermöglichen eine einfache Bedienung. Grafiken, Bilder und Sound können integriert und abgerufen werden.

Ursprünglich übertrug Btx Daten mit einer Geschwindigkeit von 1200/75 bps (Bit pro Sekunde), das heißt: Informationen konnten mit 75 bps eingespielt und mit 1200 bps empfangen werden. Inzwischen sind schon Datenübertragungsraten von bis zu 14 400 bps in Deutschland möglich, bzw. ab Ende 1996 soll diese Übertragungsgeschwindigkeit bundesweit Standard sein. Zugang über ISDN ist bereits flächendeckend verfügbar.

Voraussetzungen für die Nutzung von T-Online sind allgemein:

- PC mit freier serieller Schnittstelle
- Modem mit TAE-Anschlußkabel
- TAE-Buchse
- T-Online-Decoder
- Zugangskennung von der Telekom

Kosten und Informationen (Stand 1996):

- Anschlußgebühr: 50 DM
- Grundentgelt pro Monat: 8 DM
- Gebühr pro Minute:
  täglich von 18.00–8.00: 0,02 DM
  täglich von 8.00–18.00: 0,06 DM
  der Zugang erfolgt bundesweit zum Ortstarif (z. Zt. 0,12 DM)
- Internet:
  zzgl. zur T-Online-Gebühr 0,05 DM pro Minute
- Infos über T-Online erhält man z. B. über die Firma 1&1
  (Tel. 01 30 / 80 86 06).

Internet

Internet ist mit mehr als 30 Mio. Nutzern das größte globale Netzwerk. Es stammt aus den USA und steht heute auf der ganzen Welt zur Verfügung. Internet besteht aus einem Netzwerk von zigtausend Groß- und Kleinrechnern, die locker miteinander verbunden sind. Es gibt keine Vorschrift, wann ein Rechner ein- oder ausgeschaltet wird – also gibt es auch keine festgelegten Benutzerzeiten. Internet ist darüber hinaus mit anderen Netzwerken auf der ganzen Welt verbunden.

Bild linke Seite:
Die Titelseite der Deutschen Telekom im Internet.

Bild rechte Seite:
Microsoft Network: Inhaltsverzeichnis.

Um Internet zu verstehen, muß man wissen: Internet gehört niemandem! Während alle anderen Online-Dienste von irgendeiner Firma angeboten werden, ist Internet im „Besitz“ aller Benutzer. Es gibt auch niemanden, der die Regeln für die Benutzung festlegt. Sie entstehen von ganz alleine, aus dem Bedürfnis nach einem minimalen elektronischen Grundkonsens heraus, ohne den man nicht miteinander kommunizieren kann.
Entstanden ist Internet unter dem Namen ARPA-NET als militärisches Projekt. Während der Zeit des kalten Krieges überlegte man, daß im Falle eines Kriegsausbruches die wichtigsten Entscheidungsträger nicht mehr erreichbar sein könnten, weil bestimmte Verbindungen nicht mehr funktionierten. Deshalb hat man sich Gedanken gemacht, wie man Verbindungen über neue Transportkanäle schaffen kann. Richtig genutzt wurde Internet schließlich als ein Netzwerk, über dem Wissenschaftszentren und Universitäten einen regen Informationsaustausch pflegten. Heute steht es jedermann zur Verfügung. So kann man viele große amerikanische Tageszeitungen und Zeitschriften, inzwischen auch etliche deutsche Zeitungen, dort als elektronische Ausgabe lesen. Viele Unternehmen stellen im Internet ihre Angebote vor und erlauben das Einsehen von Handbüchern. Des weiteren findet man dort auch Wetterdienste und alle Fluggesellschaften. Sogar Börsenmakler bieten ihre Dienste über das große globale Netzwerk an.
Für den Benutzer ergeben sich unzählige Zugriffsmöglichkeiten über Online-Dienste, wie zum Beispiel CompuServe, America Online usw. Die Kosten sind vom Anbieter abhängig. Es gibt sehr viele verschiedene Angebote für Anbieter und Teilnehmer. Möchte man nur Internet nutzen, so sollte man sich sehr genau die Angebote und Preise anschauen.

CompuServe

CompuServe, ein amerikanisches Unternehmen mit Sitz in Columbus/Ohio, zählt zu den größten Online-Diensten der Welt – rund 4 Mio. Menschen wählen ihn regelmäßig an. Angefangen hat das Ganze 1979 mit der Idee, eine Mailbox auf kommerzieller Basis (im Gegensatz zu Internet) aufzubauen.
CompuServe stellt die Rechner und Datenwege zur Verfügung, der Kunde zahlt für diese Leistungen.
CompuServe bietet vier Basisdienste an: E-Mail, Dateiversand, Kommunikation in Interessengruppen und CB-Funk von Tastatur zu Tastatur. Man findet in CompuServe eine riesige Auswahl an Informationen: Nachrichtendienste, Online-Ausgaben und -Archive von bekannten Publikationen, Datenbanken mit Wirtschafts- und Finanzdaten usw. Vor allem EDV-Fans schätzen CompuServe: Alle großen DV-Hersteller sind dort präsent. Man kann nicht nur Informationen zu den Produkten erhalten, sondern sich auch aktuelle Treiber für z. B. CD-ROM-Laufwerke herunterkopieren. Dies spart Zeit und Nerven, denn ansonsten muß man sich diese Software mühselig über Händler oder den Hersteller besorgen.
CompuServe ist einfach zu bedienen. Die hierfür notwendige Software „CompuServe Information Manager" (CIM) kann man sich kostenlos bei CompuServe besorgen. Es gibt sie für DOS, für Windows und für den Mac.
Einen kleinen Nachteil hat CompuServe jedoch: Der Zugang zu Internet ist schwieriger als bei den Konkurrenten. Er wurde nicht wie z. B. bei AOL direkt integriert.
Die Übertragungsgeschwindigkeit für den Online-Dienst CompuServe beträgt teilweise 14 400 und 28 800 bps. Nur in München ist derzeit ISDN möglich.
Kosten und Informationen (Stand 1996):

- einmalige Anschlußgebühr: keine
- Grundentgelt pro Monat:
  Normal-Account: 9,95 US$
  inkl. 5 freie Online-Stunden
  Super Value: 29,95 US$
  inkl. 20 Online-Stunden
- jede weitere Stunde:
  Normal-Account: 2,95 US$
  Super Value: 1,95 US$
- Der Zugang erfolgt über 26 lokale Knoten im Bundesgebiet
- Die zur Benutzung notwendige Software kann kostenlos (inkl. 1 Monat und 10 Freistunden zum Test) angefordert werden.
  Infos über Tel. 01 30 / 37 32.

Microsoft Network (MSN)

Zusammen mit der Einführung von Windows 95 stellte Microsoft seinen eigenen Online-Dienst „Microsoft Network" vor. MSN brachte es in den wenigen Monaten seines Bestehens auf stolze 600 000 Teilnehmer.
Dies bedingt sich allerdings durch die Tatsache, daß die Bedienungssoftware für MSN in Windows 95 integriert ist. Ein Doppelklick auf dieses Button und ein paar Informationen eingegeben – und schon ist man im Microsoft Network angemeldet. MSN wird in 35 Ländern angeboten.
Das Ziel ist, einmal einen weltweiten Zugriff zu ermöglichen.
Microsoft Network bietet dem Benutzer verschiedene Dienste an:

- Bulletin-Boards: Diskussionsforen, in denen man mit anderen Usern oder Unternehmen kommunizieren kann.
- Foren, in denen der Benutzer an Online-Diskussionen mit bekannten Persönlichkeiten oder an Sonderveranstaltungen teilnehmen kann. Im Microsoft-Forum beantworten Mitarbeiter der Hotline Fragen.

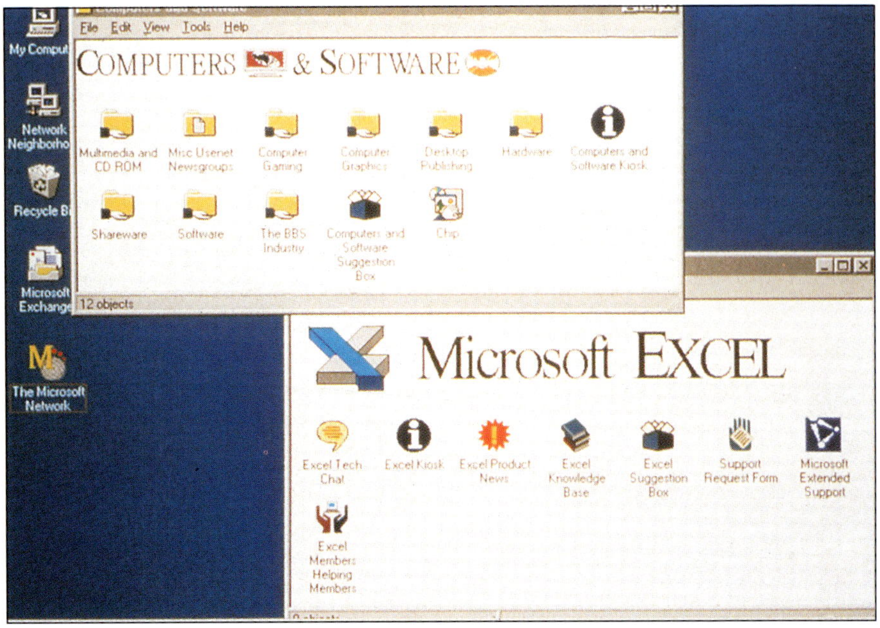

- Dateibibliotheken: Zugriff auf Grafiken, Zusatztools, Utilities und Programme, die der Benutzer auf seinen PC laden kann.
- Internet-Zugang über E-Mail und Bulletin-Boards. Die Darstellung erfolgt im vertrauten Windows-Format.
- International tätige Reisebüros (bis jetzt noch auf amerikanische Anbieter beschränkt) bieten Reisemöglichkeiten mit Zusatzinformationen über die Reiseziele an.
- E-Mail: Man kann elektronische Post mit anderen Netzmitgliedern oder Internet-Usern austauschen.

Microsoft Network ist wie gesagt ein junger Online-Dienst. Entsprechend dünn ist auch noch das Angebot. In erster Linie kann man derzeit Dienste von Microsoft selbst nutzen. Ein Highlight von MSN: Nur dort ist online die Zeitschrift „USA Today" zu lesen.
Weitere Nachteile sind zur Zeit noch die langsamen und dauerbesetzten Zugänge zu MSN, lange Wartezeiten, bis die Angebote verfügbar sind, und die eingeschränkten Suchfunktionen. Man kann jedoch davon ausgehen, daß Microsoft Network sich in kurzer Zeit kontinuierlich verbessern wird.
MSN kann mit einer Geschwindigkeit zwischen 2400 und 14 400 bps genutzt werden.
Kosten und Informationen (Stand 1996):

- Grundentgelt pro Monat: 14 DM inkl. 2 freie Online-Benutzerstunden
- jede weitere Stunde: 7,50 DM (ein Tarif für Vielbenutzer ist in Vorbereitung)
- Der Zugang erfolgt über 25 lokale Knoten im Bundesgebiet
- Die zur Benutzung notwendige Software ist in Windows 95 enthalten.

American Online (AOL)

1996 ging in Deutschland offiziell American Online unter dem Namen AOL Bertelsmann Online in Betrieb. AOL ist mit derzeit rund 4,5 Mio. Abonnenten der größte kommerzielle Online-Dienst der Welt. Man hat Zugriff auf alle nationalen und internationalen Angebote des AOL-Netzes, kann E-Mails versenden und empfangen und verfügt über einen Zugriff auf Internet.
AOL besitzt eine logisch aufgebaute und leicht zu bedienende Oberfläche. Man benötigt wenige EDV-Kenntnisse, um damit umgehen zu können.
Die Hauptzielgruppe von AOL sind Familien. Entsprechend ist auch das Angebot: Viel Unterhaltung und Informationen zu den unterschiedlichsten Themen. Exklusiv kann man in AOL aktuell die „New York Times" lesen.
Noch ist das Angebot an deutschsprachigen Diensten gering. Dies soll sich jedoch in den nächsten Jahren schnell ändern. Angekündigt sind bereits deutsche Tageszeitungen wie die „FAZ" und Magazine wie der „Stern". Heute kann man nur auf die amerikanischen Angebote zurückgreifen. Diese lassen sich jedoch sehen: Man findet eigentlich alles, was mit Unterhaltung und Yellow-Press zu tun hat. Die besten amerikanischen Anbieter sind: MTV-Online, Science-fiction-Foren, Börsenforen, Time Magazine usw.
AOL kann mit einer Geschwindigkeit von 28 800 bps genutzt werden. ISDN ist seit Mitte 1996 möglich.
Kosten und Informationen (Stand 1996):

- Grundentgelt pro Monat: 9,90 DM inkl. 2 freie Online-Benutzerstunden
- jede weitere Minute: 0,10 DM
- Der Zugang erfolgt über 60 lokale Knoten im Bundesgebiet
- Die zur Benutzung notwendige Software kann kostenlos (inkl. 10 Freistunden zum Test) angefordert werden. Infos über Tel. 01 80/5 52 20.

Netzwerke

In der Computersprache versteht man generell unter einem Netzwerk verschiedene miteinander verbundene Computersysteme. Nach der Art der Teilnehmer wird hierbei zwischen öffentlichen und geschlossenen Netzwerken unterschieden. Außerdem kann man Netze nach ihrer räumlichen Ausdehnung klassifizieren.
Vom Grundprinzip sind alle Netzwerke gleich: Mehrere PCs oder Workstations werden miteinander vernetzt oder an einem bzw. mehreren Servern angeschlossen. Diese stellen allen Geräten Netzressourcen (Speicherplatz, Daten usw.) zur Verfügung.

Lokale Netze

Im innerbetrieblichen Bereich konnten sich seit einem guten Jahrzehnt die lokalen Netzwerke, kurz LANs genannt (englisch: Local Area Network), etablieren. Ein lokales Netzwerk ist ein Netz für die bitserielle Übertragung (Bit für Bit) von Informationen zwischen untereinander verbundenen und unabhängigen Geräten. Dies können sowohl Computer als auch die mit ihnen verbundenen Peripheriegeräte sein, aber auch sogenannte Gateways. Dies sind speziell programmierte Rechner, die zwei Netzwerke miteinander verbinden.

Alle Geräte, die in ein Netzwerk einbezogen werden sollen, werden miteinander verkabelt. Das Kabel selber kann zum Beispiel mit einem Netzwerkadapter verbunden werden. Er enthält alle elektronischen Bauteile, die für die Kommunikation zwischen den PCs benötigt werden, und wird in Form einer Erweiterungskarte in den PC integriert.

Bild linke Seite:
Microsoft Network: Software-Angebote.

Bild rechte Seite rechts:
Netzwerke: Kommunikation ohne Ländergrenzen.

Bild rechte Seite links:
Der Netzwerkadapter wird als Erweiterungskarte in den PC eingebaut.

Netzwerkarchitekturen

Die meisten Netzwerke verfügen über ein zentrales Computersystem, das „Server" genannt wird. Häufig handelt es sich um einen leistungsstarken Personal Computer mit großer Speicherkapazität. Ob ein oder gar mehrere Server in ein Netzwerk zu integrieren sind, hängt – neben der verwendeten Hard- und Software – auch von der Architektur des Netzwerkes ab, das heißt von der Art, wie die PCs und Peripheriegeräte miteinander verkabelt sind.

Man unterscheidet:

① Busnetzwerke
② Ringnetzwerke
③ Sternnetzwerke
④ Mischvernetzung

① In einem Busnetzwerk sind die einzelnen Geräte in einer Linie hintereinandergekoppelt. Es gibt keine Hierarchie unter den Stationen. Die Kabelmenge ist auf das Minimum reduziert. Das Einrichten von Busnetzwerken ist nur dann sinnvoll, wenn wenige Geräte vernetzt werden sollen. Die Übertragungswege können sonst zu lang werden.

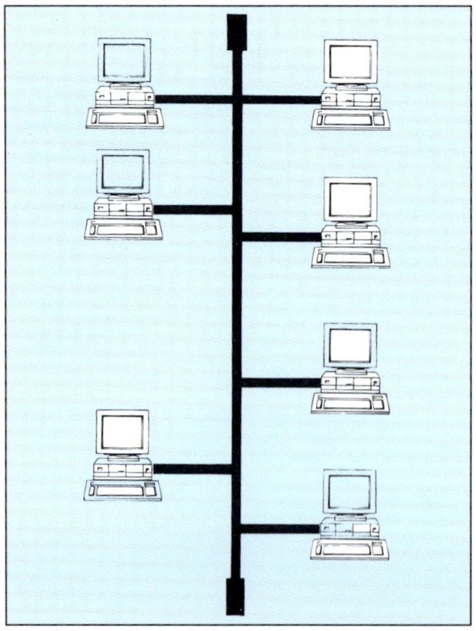

② In einem Ringnetzwerk sind die Teilnehmer in einem geschlossenen Ring miteinander verbunden. Die benötigte Leitungsmenge ist – wie beim Busnetzwerk – gering, Kommunikation kann jedoch über den jeweils kürzesten Weg in zwei Richtungen laufen.

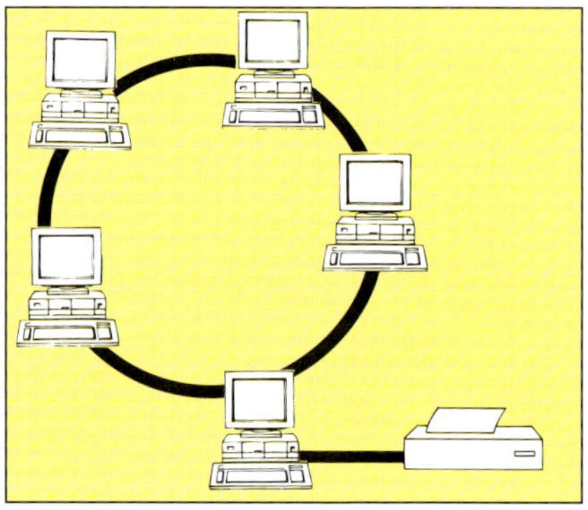

③ In einem Sternnetzwerk sind die Teilnehmer sternförmig" miteinander verbunden. Alle Informationen laufen über die Zentrale, die die Vermittlung der Daten übernimmt (Knotenrechner). Die Mittelpunkte mehrerer Sternnetze können wiederum ein Sternnetz bilden. Netzwerkkonfigurationen dieser Art werden Kaskadennetz genannt.

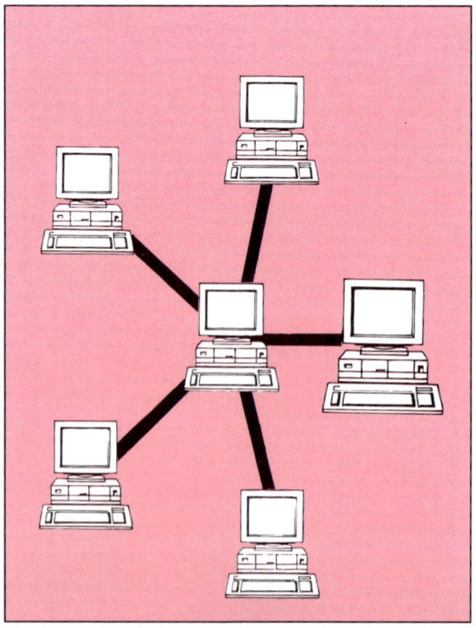

④ Hingegen erlaubt die Mischvernetzung die Kombination aus mehreren Ring-, Stern- oder Busbestandteilen. Im günstigsten Fall ist jeder Teilnehmer mit jedem anderen Teilnehmer direkt verbunden.

Vorteil: Ein solches Netzwerk ist extrem unempfindlich gegen Störungen und Ausfälle von Leitungen und/oder Teilnehmern, da die einzelnen Verbindungen unabhängig voneinander sind. Bei Ausfall einer Verbindung kann der Datenverkehr umgeleitet werden.

Nachteil: Da jeder Computer mit jedem anderen verkabelt werden muß, sind die Kosten für ein solches Netzwerk sehr hoch (die Anzahl der Leitungen wächst quadratisch zu der Anzahl der Teilnehmer). Ein vermaschtes Netzwerk empfiehlt sich nur bei einer hohen Auslastung der Leitungen.

Als Kabel können je nach den konkreten Gegebenheiten (zu überbrückende Entfernungen, Störfelder, Existenz von Kabelkanälen und so weiter) einfach verdrillte Leiter, abgeschirmte, mehrfach verdrillte Leiter, Koaxialkabel und Glasfaserkabel dienen.

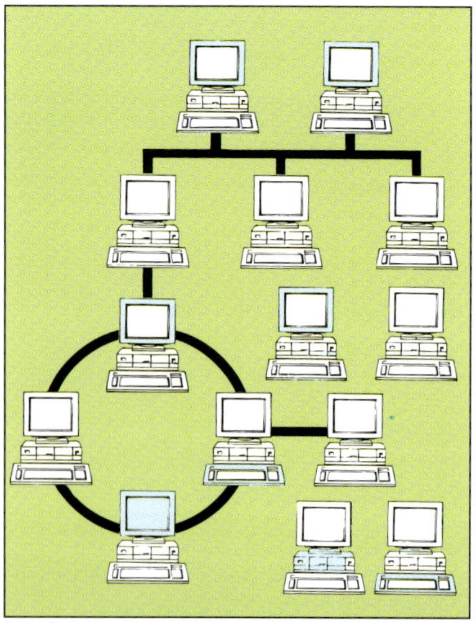

Globale Netze

In einem lokalen Netz stehen die angeschlossenen Computer relativ nahe zusammen, damit sie mit ein und derselben Leitung verbunden werden können. Deshalb befinden sich die vernetzten PCs in der Regel im gleichen Gebäude. Es ist jedoch notwendig, daß auch Computer in verschiedenen Städten oder Ländern miteinander kommunizieren können. Diese Form der Vernetzung nennt man „globale Netze". Meist sind dies mehrere lokale Netzwerke, die über das Telefonnetz oder über andere Spezialleitungen verbunden sind. Ein globales Netz kann „privat" sein, das heißt, nur die Computer einer einzigen Firma sind miteinander verbunden. Oder aber es ist ein kommerzielles Netz. Dann muß man einen bestimmten Betrag zahlen, um in diesem Netzwerk Mitglied zu werden. Darüber hinaus gibt es auch noch öffentliche Netzwerke wie Internet. Daran können sich alle Personen oder Organisationen anschließen, wenn sie über einen PC und ein Modem verfügen und die entstehenden Kommunikationskosten bezahlen.

MAN und WAN

Globale Netzwerke werden in der Regel nach der Art ihrer Vernetzung (siehe weiter oben) sowie nach ihrer räumlichen Ausdehnung klassifiziert.

Ein öffentliches Datennetz wird beispielsweise als WAN (Abkürzung für: Wide Area Network, weit gestrecktes Netzwerk) bezeichnet. Dieses ist für jedermann zugängig, der über einen entsprechenden Computer und eine Zugangsberechtigung verfügt. Prinzipiell ist ein WAN jedoch ein Netzwerk, das sich über eine große Strecke (meist weltweit) ausdehnt.

Ein WAN kann so den weltweiten Zugriff auf Datenbanken ermöglichen, die zum Beispiel Informationen über technische Produkte oder Gerichtsentscheidungen bereitstellen. Über ein WAN kann auch auf den Bestand einer Spezialbibliothek zugegriffen werden. Ein weltweit operierendes Unternehmen vernetzt in einem WAN alle seine Tochterfirmen.

Ein MAN (Abkürzung für: Metropolitan Area Network) dagegen ist ein Netzwerk, das sich über ein Stadtgebiet erstreckt. Sehr häufig wird ein MAN von einem privaten Unternehmen genutzt, das darin beispielsweise alle seine Filialen vernetzt hat.

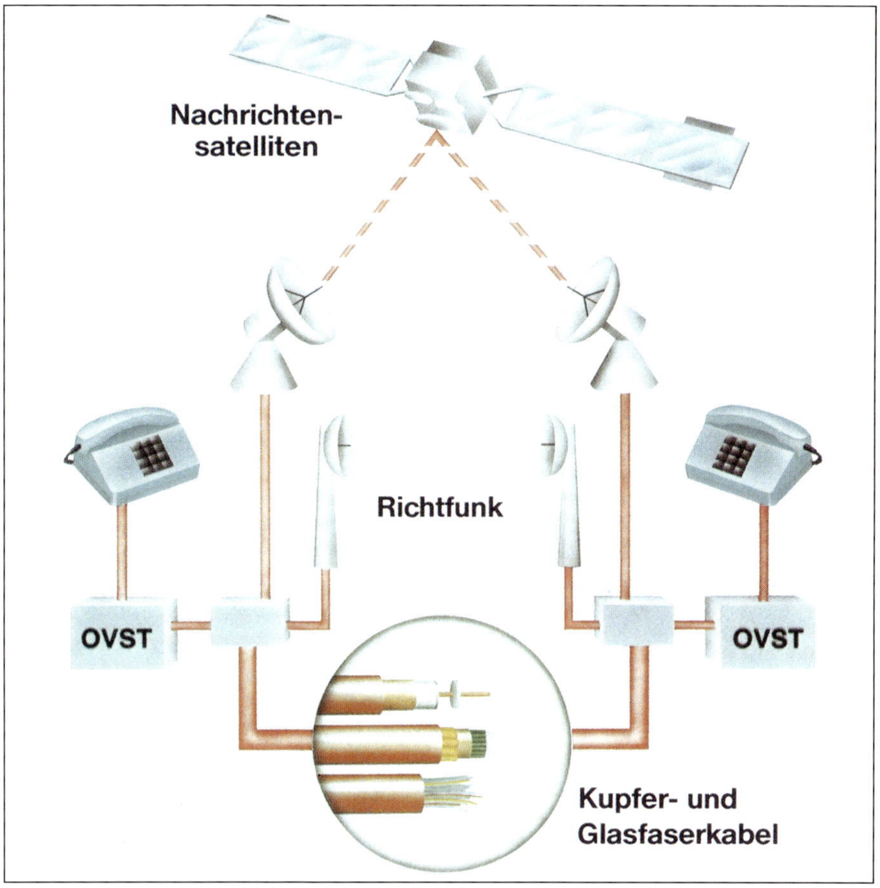

WANs ermöglichen Kommunikation über weite Strecken. Dabei werden auch Richtfunk und Nachrichtensatelliten eingesetzt.

Software

Als Software bezeichnet man im allgemeinen alle Programme für den Computer. Programme sind Folgen von kodierten Befehlen – erst durch sie wird der Computer sinnvoll nutzbar.
Man muß dabei sorgfältig unterscheiden zwischen dem Programm selbst und seiner äußeren Form: Das Programm ist immateriell, es besteht letztlich aus Ideen, Gedanken. Um es sichtbar zu machen, muß es aufgeschrieben werden. Und damit der Computer es ausführen kann, muß es in elektrische Impulse umgewandelt werden.
Nur ein Programm muß immer vorhanden sein: das Betriebssystem. Es wird auch als Systemsoftware bezeichnet und stellt die notwendigen Grundfunktionen zur Verfügung. Um überhaupt mit dem Computer arbeiten zu können, benötigt man dann Anwendungssoftware. Sie dient nicht dem Betrieb des Rechners selbst, sondern einem definierten Arbeitsziel. Die Anwendungsprogramme sollen leicht bedienbar sein und möglichst wenig EDV-Kenntnisse erfordern. Außerdem müssen sie absturzsicher sein. Das heißt: Auch extreme Fehlbedienungen dürfen nicht in Betriebszustände des Gerätes hineinführen, die vom Benutzer nicht mehr beherrschbar sind. Ist das Anwendungsprogramm gut durchdacht, werden Fehlbedienungen abgefangen und der Anwender wird auf den Fehler hingewiesen.

Lebenselixier des Computers

Ohne Software wäre der PC nur eine leblose Hülle. Erst Software „erweckt" ihn zum Leben und macht ihn zum Werkzeug des Menschen.
Software läßt sich in verschiedene grundlegende Bereiche einteilen. Grundsätzlich kann man unterscheiden zwischen:
① Systemsoftware
② Anwendungsprogrammen
③ Programmierhilfsmitteln

① Zur Systemsoftware, die den Computer erst funktionsfähig macht, gehören:

- ROM-BIOS
- Betriebssystem
- Benutzeroberflächen

Das ROM-BIOS ist ein in Festspeichern im Computer enthaltenes Programm. Es wird sofort nach dem Einschalten aktiv, prüft die Hardwarefunktionen, erzeugt dazu erste, einfache Bildschirmmeldungen und lädt bei Personal Computern von einer Diskette oder von der Festplatte das Betriebssystem.
Das Betriebssystem besteht aus einem Kernprogramm, einem grundlegenden Ein-/Ausgabeprogramm und einem Kommandoprozessor sowie einer mehr oder weniger umfangreichen Sammlung von Hilfsprogrammen, die bei Bedarf aktiviert werden:

- Das Kernprogramm sorgt für die Gesamtablaufsteuerung. Das Ein-/Ausgabeprogramm (BIOS) enthält teilweise dieselben Funktionen wie das ROM-BIOS, jedoch meist in erweiterter Form. Vor allem ist es änderbar, da es nicht in Festspeichern enthalten ist: Es kann also wechselndem Bedarf angepaßt werden.

- Der Kommandoprozessor interpretiert die von der Tastatur kommenden Eingaben und setzt sie in Befehle für/an das Ein-/Ausgabeprogramm beziehungsweise das Kernprogramm um.
- Treiberprogramme werden zum Beispiel zusammen mit speziellen Geräten geliefert. Sie sorgen für die einwandfreie Kommunikation zwischen Zusatzgeräten und dem Computer.

Benutzeroberflächen tragen dem Umstand Rechnung, daß die meisten Computeranwender nicht der Computer als solcher interessiert, sondern sie bestimmte Arbeiten mit ihm ausführen wollen. Das Betriebssystem in „nackter“ Form ist für diese Anwender recht unverständlich und schlecht zu handhaben. Mit grafischen Hilfsmitteln werden deshalb Hilfestellungen gegeben, die dem Anwender einen einfachen, leicht überschaubaren Weg zur Computernutzung bieten. Dies ist auch der Grund, warum Benutzeroberflächen fast immer mit der Maus gesteuert werden.

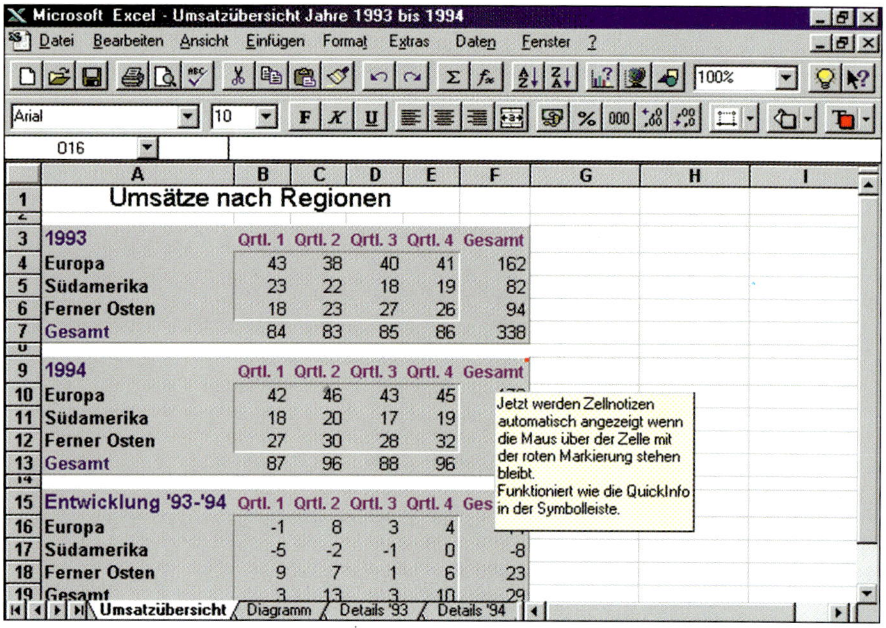

② Unter Anwendungssoftware versteht man alle Programme, welche die praktische Nutzung des Computers durch den Anwender ermöglichen: Textverarbeitungsprogramme, Datenbankprogramme, Tabellenkalkulationen, Grafikprogramme und so weiter und so fort. Anders formuliert: alle Programme, die es ermöglichen, den Computer zur Erledigung bestimmter Aufgaben einzusetzen, ohne daß der Benutzer oder Anwender über Programmierkenntnisse verfügen muß. Alle für die Bedienung erforderlichen Eingaben und Bearbeitungsschritte werden durch die Benutzerführung des Programms (die eventuell eine bestimmte Benutzeroberfläche einsetzt) vorgegeben.
Dabei kennt die Mannigfaltigkeit der Programme keine Grenzen. Die Palette reicht von Spiel- und Lernprogrammen bis zu kommerziellen Anwendung.

③ Unter Programmierhilfsmitteln versteht man vor allem die Programmiersprachen. Das sind künstliche Sprachen, in denen Abläufe definiert sind. Für diese ist einerseits eine bestimmte verbale Umschreibung festgelegt, die für den Programmierer verständlich ist. Andererseits kann ein zur Programmiersprache gehörendes Übersetzungsteil die vom Programmierer zusammengestellten Programmtexte in den sogenannten Maschinencode umwandeln. Ein anderes Programmierhilfsmittel sind die sogenannten Programmgeneratoren. Dies sind spezielle Programme, die aus (relativ) einfachen Benutzereingaben ein ablauffähiges Programm erstellen. Eingesetzt werden sie zum Beispiel für das Einrichten von individuellen Datenbanken.
Ein anderes Beispiel sind sogenannte Autorensysteme, die es einem Fachmann, der keine Programmierkenntnisse hat, ermöglichen, mit Hilfe des Computers sein Wissen in Form eines Lernprogramms weiterzugeben.

Bild linke Seite links:
Beispiel für Anwendungssoftware: Planung von Inneneinrichtungen.

Bild linke Seite rechts:
Beliebtes Anwendungsprogramm für Tabellenkalkulation: Excel.

Bild rechte Seite:
Die Programmiersprache Q-Basic der Firma Microsoft.

Betriebssystem

Ein Computer ohne Software kann mit einem Auto ohne Lenkung und Getriebe verglichen werden. So wie die Lenkung das Auto steuerbar macht, wird der Computer erst mit der Betriebssystemsoftware arbeitsbereit. Kein anderes Programm kann gestartet werden, wenn auf dem Computer das Betriebssystem nicht aktiv ist.
Viele interne Abläufe im Computer sind gleich, egal, welches Programm abgearbeitet wird. Damit die Programmierer nicht in jedes Anwendungsprogramm immer wieder diese Grundfunktionen einbauen müssen, sind diese für alle Programme zugänglich einmal im Betriebssystem vorhanden.
Umgekehrt ist das Betriebssystem die Software, welche die nötigen Grundfunktionen des Computers für die anderen Programme verfügbar macht. Dazu zählen typischerweise alle Ein- und Ausgabefunktionen, wie das Sammeln der Tastaturanschläge, die Anzeige von Zeichen und Punkten auf dem Bildschirm, die Steuerung des Druckeranschlusses, die Speicherorganisation der Daten auf Disketten und Festplatten, die Steuerung der seriellen Schnittstellen (zum Beispiel für Datenfernübertragung), die Verwaltung des Arbeitsspeichers usw.
Wie umfangreich und komplex ein Betriebssystem ist, hängt von den Anforderungen der Anwendungen und der Hardware ab, für die es entwickelt wurde. An ein Betriebssystem für Großrechner werden naturgemäß ganz andere Anforderungen gestellt als an eines für Personal Computer.
Um die Grundfunktionen des Computers verwalten zu können, muß das Betriebssystem auf die Fähigkeiten der spezifischen Hardware und insbesondere des Prozessors zugeschnitten sein. Die meisten Betriebssysteme stehen daher nur für einen Computertyp zur Verfügung. Das weltweit meistbenutzte Betriebssystem DOS (Disc Operating System) gibt es zum Beispiel nur für IBM-kompatible Personal Computer. Die Apple-Macintosh-Computer besitzen ihr eigenes Betriebssystem, zur Zeit mit der einfachen Bezeichnung System 7.
Ein wichtiger Begriff ist die Portabilität. Ein Betriebssystem kann nämlich von Grund auf auch so konzipiert werden, daß es auf einfache Weise an verschiedene Prozessortypen angepaßt und damit auf andere Hardware „portiert" werden kann. Solche Betriebssysteme stehen dann für mehrere verschiedene Computertypen zur Verfügung. Darunter ist das wichtigste UNIX, das sowohl für mittlere Datentechnik als auch für Personal Computer zu haben ist.

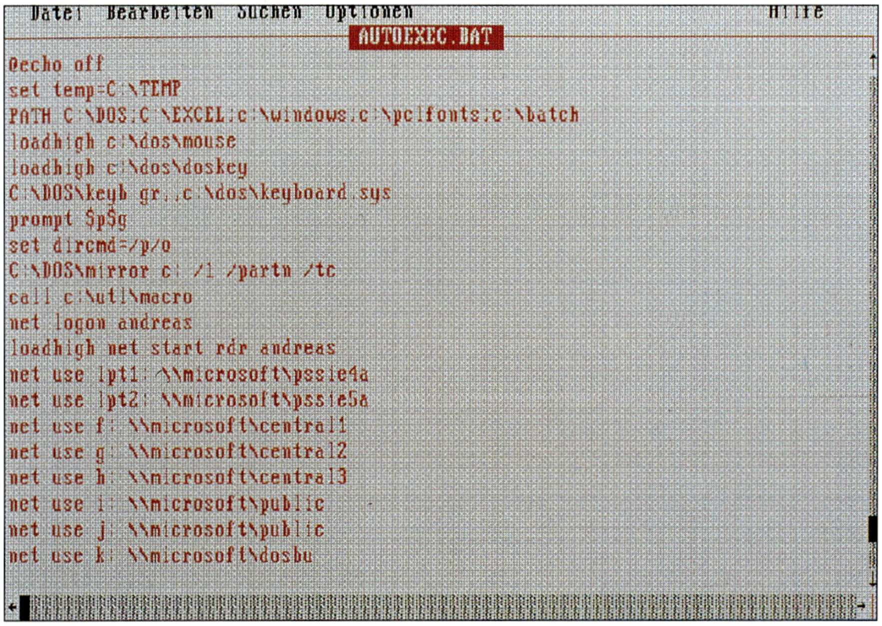

Bootvorgang

Schaltet man den Computer ein, werden die elektronischen Bausteine, also auch der Prozessor, die Hardwareeinheit für Steuerung und Datenmanipulation, zunächst nur mit Strom versorgt. Das reicht noch nicht, um ihn zur Aktivität zu bewegen. Er benötigt seinen ersten Handlungsplan, den er in Form eines Programms in einem stromunabhängigen ROM-Baustein fest gespeichert vorfindet.
Beim Personal Computer trägt dieses Programm den Namen BIOS (Basic Input Output System). Wie sein Name schon sagt, verwaltet dieses Programm die grundlegenden Ein- und Ausgabeoperationen zwischen dem Prozessor und anderen Bausteinen, die sich im Computer befinden.
Da das BIOS im Computer fest gespeichert ist, kann es nicht einfach ausgetauscht werden. Das BIOS ist also ein

Teil des Gerätes und damit abhängig von der Computermarke. Man bezeichnet diese Programmart deshalb oft als Firmware (engl. firm = fest).
Da es für den PC verschiedene Betriebssysteme gibt, dürfen diese nicht von der Computermarke abhängig sein. Um flexibel bleiben und zum Beispiel auch ältere Versionen der Betriebssysteme problemlos gegen neuere austauschen zu können, werden diese als Software auf Diskette geliefert.
Eine der wichtigsten Aufgaben des BIOS ist daher, das eigentliche Betriebssystem von der Diskette oder Festplatte in den Speicher nachzuladen und zu starten.
Der Betriebssystemkern, der beim PC aus den BIOS- und DOS-Programmen besteht, gibt dem Anwender jedoch noch keine Möglichkeit, den Computer zu benutzen. Er braucht eine Benutzeroberfläche, um die Anwendungsprogramme zu starten. DOS besitzt für diese Aufgabe den Kommandointerpreter. Dieses Programm, das den Namen COMMAND.COM trägt, ist eine einfache Benutzeroberfläche, welche die Eingabe von Befehlsworten und das Starten von Anwendungsprogrammen erlaubt.
Nachdem das Betriebssystem DOS vom BIOS geladen und ausgeführt wurde, ist es seine nächste Aufgabe, den Kommandointerpreter zu laden und zu starten. Denn ohne ihn ist der Computer immer noch nicht benutzbar. Der Kommandointerpreter meldet sich dann seinerseits auf dem Bildschirm mit einer Eingabeaufforderung, dem Prompt, der zum Beispiel C:\> lauten könnte. Eine kleine blinkende Marke hinter dem Prompt, der Cursor, deutet dabei an, daß nun an dieser Stelle Befehle des Anwenders eingetippt werden können.
Das Laden von Betriebssystem und Shell durch das Startprogramm im Festspeicher des Computers, das man Boot-Vorgang nennt, ist prinzipiell bei allen Computertypen gleich, vom Großrechner bis zum Heimcomputer. Unterschiede treten nur dort auf, wo die Benutzeroberfläche schon im Betriebssystem enthalten ist. Dann fällt ein Ladeprozeß weg.
Je professioneller ein Computertyp eingesetzt wird, desto stärker sind die Programmteile getrennt. So kann man jedes Teil einzeln durch neue Versionen oder andere Betriebssysteme oder Shells einfach durch Hinzukaufen der Software ersetzen. Denn man möchte natürlich möglichst flexibel bleiben.
Beim Boot-Vorgang werden die nachgeladenen Teile – einfach gesagt – hintereinander in den Speicher geladen. Die Speicheraufteilung hat dann die Form eines Butterbrots: Startet man ein Anwendungsprogramm, werden dessen Programmdaten als neue Schicht im Speicher über dem Betriebssystem angeordnet. Der übrige Speicher steht für die eigentlichen Anwendungsprogramme zur Verfügung. Alle vier Teile, nämlich BIOS, DOS, Shell und Anwendungsprogramm, arbeiten dann „Hand in Hand“ zusammen.
So kann das Anwendungsprogramm auf die Funktionen des Betriebssystems, beim PC bestehend aus BIOS und DOS, zugreifen. Die Kenntnisse über die Grundfunktionen eines Betriebssystems sind auch für den Anwender durchaus nützlich. Zum Beispiel ist die gesamte Dateiorganisation beim PC die Aufgabe von DOS. Im Anwendungsprogramm spiegelt sich daher beim Speichern und Laden von Dateien die Struktur des Betriebssystems wider.

Verzeichnisstruktur

Alle modernen Betriebssysteme bieten die Möglichkeit, hierarchische Dateistrukturen anzulegen. Jeder Magnetplattenspeicher (Disketten, Festplatten, Wechselplatten) benötigt zumindest ein Inhaltsverzeichnis, damit die Dateien verwaltet werden können. Das Betriebssystem vermerkt in diesem Inhaltsverzeichnis unter anderem den Namen sowie die Größe der Datei und die Position aller zu dieser Datei gehörenden Datenblöcke auf der Magnetplatte. Dabei ist die Lage der einzelnen Blöcke auf der Magnetplatte theoretisch beliebig, wie die folgende Beschreibung der Arbeitsweise von MS-DOS deutlich macht:
Es wird eine Blockzuweisungstabelle angelegt, die „File Allocation Table“ (abgekürzt FAT). Das Betriebssystem prüft zuerst die Länge einer zu speichernden Datei. Dann stellt es fest, welche Blöcke (von „unten“ in der Numerierung beginnend) noch oder wieder frei sind. Anschließend überträgt es den Inhalt der Datei in diese Blöcke und markiert diese in der FAT als zu der neu gespeicherten Datei gehörig. Danach trägt es das Inhaltsverzeichnis, den Namen der Datei, einige Zusatzinformationen und die Adressen in der FAT ein (Anfangs- und Endadresse), in denen die zur Datei gehörenden Blöcke verzeichnet sind.
Soll die Datei wieder in den Arbeitsspeicher geladen werden, verläuft die ganze Prozedur umgekehrt.
Wenn nun ein Computer viel genutzt wird, so wird ein einzelnes Inhaltsver-

zeichnis schnell unübersichtlich, da es schnell einige hundert, ja sogar tausende Dateien umfaßt. Damit der Anwender die Übersicht behält, muß ihm das Betriebssystem Möglichkeiten geben, die Dateien zu organisieren. Eine davon sind die „Extender". Sie sind Hinzufügungen zum Dateinamen, die bei manchen Anwendungsprogrammen frei vergeben werden können, von anderen dagegen vorgegeben sind. MS-DOS erlaubt Dateinamen mit einer Länge von maximal acht Zeichen und einem dreistelligen Extender. Ein typischer MS-DOS-Dateiname könnte DATEI123.XYZ lauten. Mit Windows 95 wurde diese Einschränkung der Länge des Dateinamens durchbrochen: Der Name kann nun bis zu 255 Zeichen lang sein.

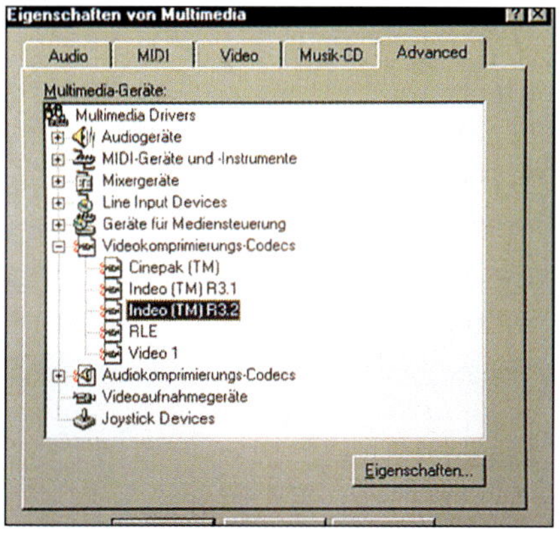

Um die Vielzahl der möglicherweise insgesamt vorhandenen Dateien zu überblicken, ist ein grundlegenderes Strukturierungsmittel notwendig. Dieses besteht aus der hierarchischen Dateistruktur mit Unter-Inhaltsverzeichnissen in mehreren Ebenen. Man hat so die Möglichkeit, sich entsprechend den eigenen Anforderungen übersichtliche, hierarchische Strukturen aufzubauen. Es ist im Prinzip gar nicht nötig, daß der Anwender von diesen Strukturen etwas weiß: Das Betriebssystem kann bestimmte Funktionsabläufe vorprogrammieren. Oft nehmen auch Anwendungsprogramme oder Benutzeroberflächen (Shells) diese Arbeit ab oder erleichtern sie zumindest.

Funktionen eines modernen Betriebssystems

Das wohl am weitesten verbreitete Betriebssystem für den PC ist DOS. Doch DOS, seit Anfang der achtziger Jahre auf dem Markt, ist mittlerweile an seine Grenzen gestoßen und kann nicht mehr alles erfüllen, was von einem modernen Betriebssystem erwartet wird. Durch die wachsende Prozessorleistung der Personal Computer wird zwar immer mehr möglich, die wenigsten neuen Funktionen werden aber von DOS unterstützt. Zu den entscheidenden Nachteilen von DOS zählt das fehlende Multitasking, das nicht vorhandene Schutzmodell und die begrenzte Speicherverwaltung. Die wichtigsten Anforderungen sind:

- direkte und lineare Adressierung über 32-Bit-Datenleitungen
- echtes, auf Threads basierendes Multitasking
- Schutz des Betriebssystemkerns vor Abstürzen von Tasks (Aufträgen)
- Betriebssystem läuft in einem privilegierten Prozessormodus (Protected Mode)
- virtuelles Speichermanagement (wird im Abschnitt über Windows beschrieben, s. S. 95)
- Portabilität (Programm kann auf verschiedenen Rechnern laufen)
- leistungsfähige Programmierschnittstellen (API)
- Marktoffenheit: Lizenzen werden auch an Drittanbieter weitergegeben

Bild links:
Windows 95: Multimedia-Eigenschaften.

Bild rechts:
Windows 95: Menü.

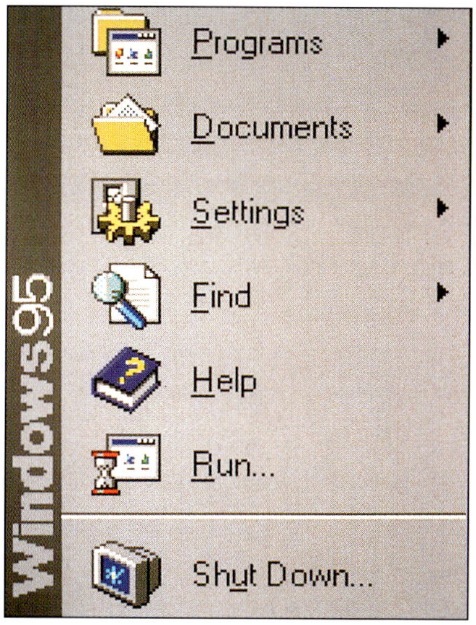

Diese Anforderungen werden von neuen Betriebssystemen wie OS/2, Windows/NT und Windows 95 erfüllt.

Direkte Speicheradressierung

Je besser die Prozessoren werden, desto größer wird auch der Speicherbereich, den diese direkt ansprechen können. Noch nutzen jedoch weder das Betriebssystem DOS noch DOS-Anwendungsprogramme die volle Leistung dieser Prozessoren.
Das macht sich besonders bei der Speicherverwaltung bemerkbar. Im Prinzip könnten moderne Prozessoren 4000 MByte und mehr Arbeitsspeicher direkt ansprechen. Für DOS-Programme steht jedoch immer noch nur der Bereich von 640 KByte direkt zur Verfügung. Was darüber hinausgeht, wird über Umwege erreicht. Mit Hilfe von zwei Techniken, innerhalb derer der restliche Speicher als Expanded und

Extended Memory (Ergänzungs- und Erweiterungsspeicher) bezeichnet wird. Moderne Betriebssysteme wie Windows 95, Windows/NT und OS/2 können dagegen immer mehr Speicherbereiche direkt adressieren und nutzen. Dadurch wird ein enormer Geschwindigkeitsvorteil erreicht. Allein dies sollte schon als Grund genügen, auf eines der oben genannten Betriebssysteme umzusteigen.

Multitasking

Unter Multitasking versteht man Methoden, bei denen mehrere Programme quasi gleichzeitig arbeiten können (englisch: task = Aufgabe). Damit das funktionieren kann, muß das Betriebssystem multitaskingfähig sein, das heißt, entsprechende Funktionen zur Verfügung stellen.
DOS ist zum Beispiel ein Singletasking-Betriebssystem, weil jeweils nur ein Programm unter DOS arbeiten kann. Einige Programme können allerdings unter DOS mit anderen Programmen im Speicher koexistieren. Man nennt diese Programme resident. Sie verweilen untätig und wartend im Hintergrund und werden erst z. B. auf Tastendruck aktiv. Doch ein Multitasking ist dies nicht. Es handelt sich dabei vielmehr um ein Umschalten zwischen zwei Programmen, wobei immer nur eines arbeiten kann.
Richtiges Multitasking könnte, wenn man es genau nimmt, nur auf Rechnern mit mehreren Prozessoren funktionieren. Ein Betriebssystem für Mehrprozessorrechner sorgt automatisch dafür, daß einzelne Aufgabenblöcke (Threads) aus einem oder mehreren Programmen auf die Prozessoren verteilt werden. Dann würden die Aufgaben tatsächlich vollkommen getrennt voneinander und zur gleichen Zeit abgearbeitet werden.
Dennoch spricht man auch bei Einprozessorsystemen wie den PCs bei bestimmten Betriebssystemen wie UNIX, OS/2, Windows/NT und Windows 95 von Multitasking. In diesem Fall wird die Rechenzeit des Prozessors nach dem Zeitscheibenverfahren auf mehrere Programme oder Teilaufgaben von Programmen verteilt. Ein stark vereinfachtes Beispiel:
Soll gleichzeitig mit einem Textverarbeitungsprogramm Text eingegeben werden, während ein anderes Programm komplizierte Berechnungen durchführt, kann die Zeit in den Pausen zwischen den Tastenanschlägen vom Prozessor für die Berechnungen genutzt werden. Der Anwender der Textverarbeitung merkt nicht viel davon, weil immer nur Millisekunden für das andere Programm abgezweigt werden, und zwar meistens dann, wenn das Textprogramm gerade nichts zu tun hat.
Die Betriebssystemerweiterung Windows erlaubt zum Beispiel ein Multitasking nach diesem System – allerdings nur auf PCs mit 80386-Prozessoren oder noch leistungsfähigeren. Doch von einem echten Multitaskingbetriebssystem wird mehr gefordert, wie der folgende Abschnitt zeigt.

Protected Mode des Prozessors

Computer sind technische Geräte, bei denen sich Fehlfunktionen nicht ganz ausschließen lassen. Tritt ein Fehler in einem laufenden Programm auf, kann es dazu kommen, daß das Programm nicht mehr reagiert. Man sagt: „Der Computer ist abgestürzt.“ oder „Er hat sich aufgehängt.“ Bei einem Singletasking-Betriebssystem hilft ein Rücksetzen (Reset) des PCs in seinen Anfangszustand.

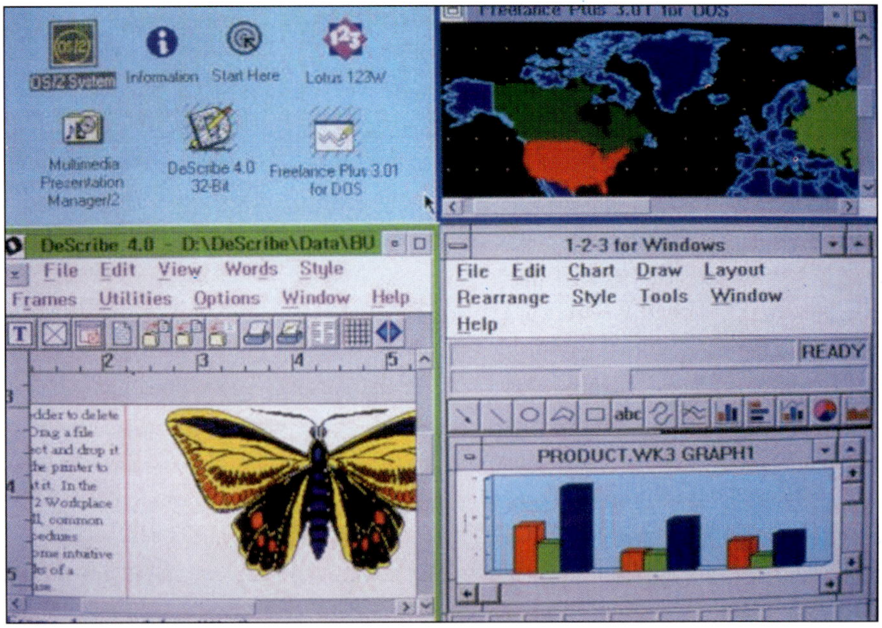

Mit OS/2 ist das gleichzeitige Bearbeiten von mehreren Programmen möglich.

An ein Multitasking-System hat man jedoch höhere Ansprüche. Hier sollen das Betriebssystem und die parallel laufenden Programme von dem Absturz einer Task nicht beeinflußt werden. Es ist ein Schutzmodell nötig. Moderne Prozessoren vom 80386 an aufwärts sind für diesen Fall schon vorbereitet. Mit ihnen können Programme und insbesondere das Betriebssystem im sogenannten Protected Mode (= geschützter Modus) laufen. Außerdem können verschiedene Rechte bzw. Privilegstufen zugeordnet werden. Damit wird erreicht, daß bei einem Absturz eines Programmteils nur dieses beendet werden kann, ohne daß man das gesamte Betriebssystem rücksetzen muß.
So besitzt in einem Multitasking-System das Kernprogramm des Betriebssystems selbst die höchste Privilegstufe und kann deshalb von den anderen Programmen überhaupt nicht gestört werden. Das heißt, die einzelnen Tasks können den Arbeitsspeicher, der vom Betriebssystem verwendet wird, nicht einmal durch Zufall überschreiben oder löschen.

Multiuser-Betrieb

Beim Multiuser- oder Mehrbenutzerbetrieb kommen zu den beim Multitasking-Betrieb genannten Aufgaben des Betriebssystems noch weitere hinzu. Denn man kann ja nicht davon ausgehen, daß alle Benutzer mit dem gleichen Programm arbeiten wollen. Als Voraussetzung muß also Multitasking mit allen Möglichkeiten gegeben sein. Darüber hinaus müssen die Systemkapazitäten auf alle Benutzer gerecht aufgeteilt werden, was ebenfalls über Zeitscheibenverfahren geschieht.

Weiter muß dafür gesorgt werden, daß mehrere Benutzer mit dem gleichen Programm arbeiten können, ohne sich in die Quere zu kommen. Dazu müssen die jeweils benutzten Datenbestände vor dem Zugriff aller anderen Systemteilnehmer geschützt werden.

Weitere Anforderungen

Leichte Portabilität: Das Betriebssystem muß so konzipiert und programmiert sein, daß es auf andere Computertypen leicht übertragen werden kann. Dies ist beispielsweise dann möglich, wenn das ganze System in der Programmiersprache C geschrieben wurde, die es für alle Rechnersysteme gibt.
Ferner soll ein Betriebssystem preiswert bleiben, denn schließlich ist es ja die Basis, die den Betrieb aller Programme ermöglicht. Dies setzt auch voraus, daß der Hersteller des Betriebssystems im Sinne eines offenen Marktes Produktionslizenzen an Drittanbieter (OEM) weitergibt.

MS-DOS

Zu den bekanntesten Betriebssystemen gehört das DOS, eine Abkürzung für „Disk Operating System", das nur auf Personal Computern läuft. Sein Name leitet sich davon ab, daß die Verwaltung der Disketten und Festplatten eine seiner wichtigsten Aufgaben ist. Das bekannteste DOS ist MS-DOS von Microsoft, weltweit das meistverwendete Betriebssystem für Personal Computer. Es existiert eine parallele Entwicklung, das PC-DOS, das als Standardbetriebssystem für IBM-Personal Computer entwickelt wurde. Dieses DOS weicht nur gering von der Microsoft-Version ab.

Das dritte DOS-Betriebssystem besitzt den Namen Novell DOS. Dieses Betriebssystem wurde zunächst unter dem Namen DR-DOS bekannt. Nachdem aber Novell die Firma Digital Research aufkaufte, erhielt es seinen heutigen Namen. Im Unterschied zu den zuvor genannten DOS-Versionen bietet Novell DOS dazu auch Netzwerkfunktionen an.
Prinzipiell kann man Programme, die unter MS-DOS laufen, auch unter den beiden anderen Betriebssystemen nutzen. Die Systeme sind kompatibel, wenn auch jedes kleinere Abweichungen besitzt.

Windows NT

1993 stellte Microsoft ein neues und echtes 32-Bit-Betriebssystem vor: Windows NT (NT steht für „New Technology"). Es sieht auf dem ersten Blick aus wie die Benutzeroberfläche Windows, ist aber ein eigenständiges Betriebssystem. Windows NT ist nicht mehr auf die Installation von DOS angewiesen, vielmehr ist DOS ein Bestandteil von NT. Dadurch ergibt sich der Vorteil, daß alle für DOS und Windows entwickelten Programme auch unter NT verwendet werden können.
Windows NT wurde von Microsoft speziell für leistungsstarke High-End-Desktop- und Server-PCs entwickelt. Seine Leistung entfaltet NT erst richtig in einem Netzwerk, denn viele seiner Funktionen sind darauf ausgerichtet. Man kann dieses Betriebssystem aber durchaus auch auf Einzelplatzcomputern einsetzen. Voraussetzung hierbei ist jedoch, daß der PC entsprechend leistungsfähig ist (z. B. sollten mindestens 16 MByte Arbeitsspeicher vorhanden sein).

Windows NT ist multitaskingfähig, d. h. mehrere Programme können gleichzeitig geöffnet und bearbeitet werden. Es gibt keine Speicherbegrenzung wie die 640 KByte-Grenze von DOS mehr. Dadurch kann NT auf bisher nur bedingt nutzbare Speicherdimensionen zugreifen. Um Windows NT jedoch in vollem Umfang nutzen zu können, ist der Einsatz von 32-Bit-Anwendungsprogrammen notwendig.

Windows 95

Im Jahr 1995 stellte Microsoft mit einer gigantischen Werbekampagne das 32-Bit-Betriebssystem Windows 95 vor. Es ist der Nachfolger der Windows-Versionen bis 3.11, wobei diese eigentlich keine Betriebssysteme, sondern vielmehr Benutzeroberflächen (auf MS-DOS implementiert) waren.
Windows 95 ist sowohl für Einzelplatzrechner als auch für Netzwerkumgebungen geeignet. Auf Windows 95 laufen alle Programme, die für Windows 3.x und MS-DOS geschrieben wurden. Die volle Leistungsfähigkeit kann man jedoch erst mit speziell dafür entwickelten Programmen ausnutzen.
Windows 95 besitzt eine Benutzeroberfläche, die der des Macintoshs und von OS/2 ähnlich ist. Für einen Anwender, der Windows 3.x gewohnt war, ist der Umstieg eine Umstellung. Nach wenigen Arbeitsstunden hat man sich jedoch normalerweise eingearbeitet.

Das neue Betriebssystem beinhaltet viele Utilities (Hilfsprogramme), die dem Anwender das Arbeiten mit den Computern vereinfachen sollen, z. B.:

- Auf nur einem PC können mehrere Benutzerprofile eingerichtet werden, so daß verschiedene Anwender mit ihrer persönlichen Windows-Konfiguration arbeiten können.
- Ein Hardwareassistent hilft beim Einrichten z. B. von neuen Laufwerken und Geräten.
- Mit Microsoft Exchange kann man E-Mails und Faxe verschicken.
- Beim Löschen wird die Datei in einen „Papierkorb" verschoben, von wo aus man sie notfalls wieder zurückholen kann.
- Für tragbare Computer wurde eine Energieverwaltung integriert.
- Eingabehilfen helfen Menschen mit Hör- und Sehproblemen.

Insgesamt kann man wohl zu Recht sagen, daß die Anwender trotz anfänglichem Zögern langsam von Windows 95 überzeugt sind und vermehrt darauf umsteigen. Ob Microsoft mit diesem neuen Betriebssystem jedoch das Rennen machen wird, ist noch nicht eindeutig entschieden.

OS/2

Im Jahr 1983 begann man mit der Entwicklung eines neuen Betriebssystems nach DOS. Da dieses sehr große Speicherbereiche verwalten und multitaskingfähig sein sollte (zu dieser Zeit ein aufwendiges und anspruchvolles Konzept), schlossen sich die beiden größten Unternehmen der Computerbranche zu einer Kooperation zusammen: IBM und Microsoft.
1987 wurde die erste Version von OS/2 (Operating System/2) vorgestellt, die bereits Multitasking unterstützte. Ein Jahr später kam die Version 1.1 auf den Markt, die eine eigene Benutzeroberfläche – den Presentation Manager – besaß. Bis 1990 folgten zwei weitere Versionen, die als Neuerungen unter anderem das Dateiverwaltungssystem HPFS, die Programmier-

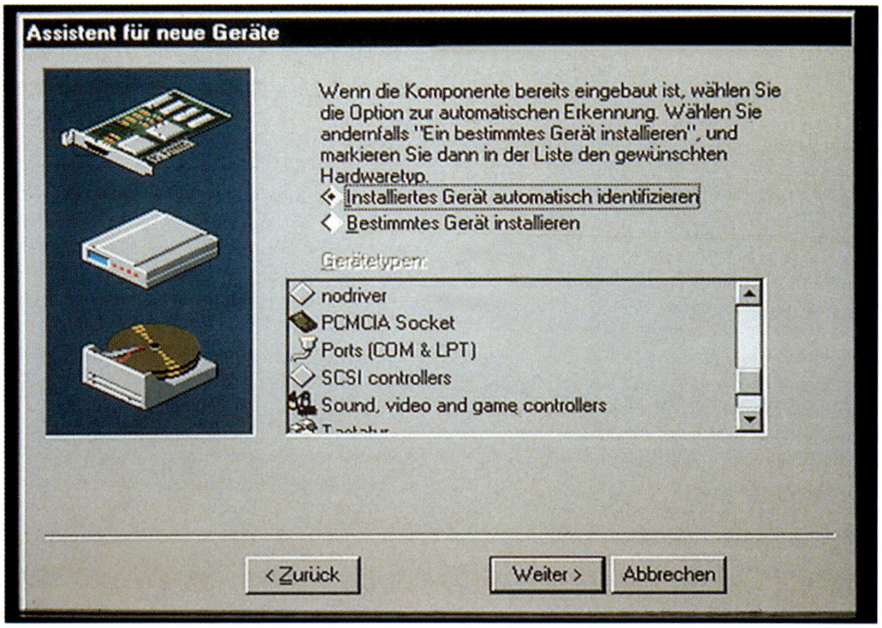

Bild linke Seite:
Windows 95 besitzt viele Utilities wie den Assistenten für die Installation von neuen Geräten.

Bild rechte Seite:
Das Betriebssystem OS/2 von IBM ist größter Konkurrent von Windows 95.

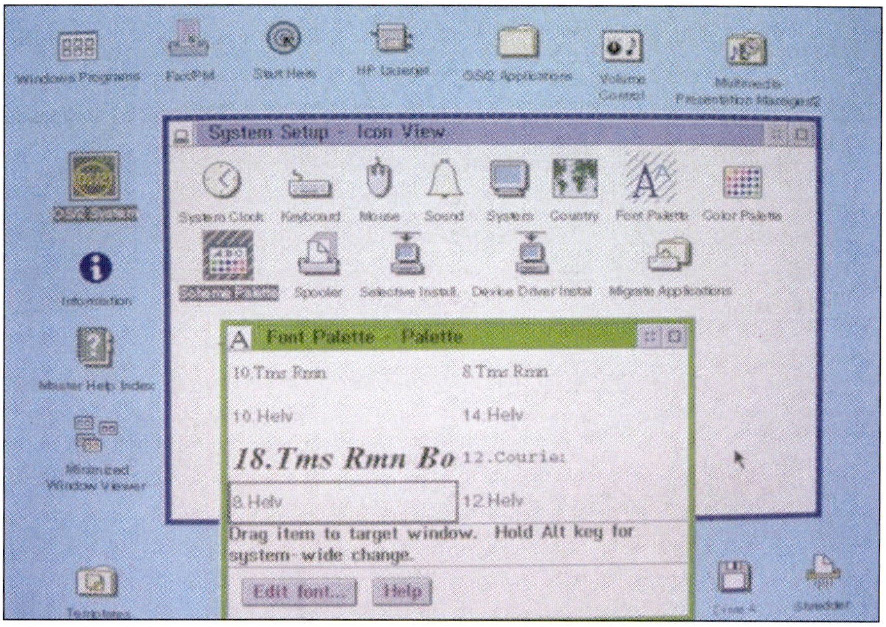

sprache REX und den Adobe Type Manager (für eine größere Schriftenvielfalt) enthielten.
1992 schließlich wurde die Version 2.0 von OS/2 vorgestellt – nur noch von IBM, da die beiden Firmen ihre Zusammenarbeit mittlerweile beendet hatten. Der Presentation Manager mußte einer sogenannten Workplace-Shell weichen, die der Oberfläche des Macintosh sehr ähnlich ist. OS/2 ab der Version 2.0 ist nun auch ein echtes 32-Bit-Betriebssystem und unterstützt alle Prozessoren des Typs 80386 und höher. Um auch Anwendungsprogramme zu ermöglichen, die für DOS oder Windows geschrieben wurden, hat IBM DOS und Windows 3.0 eingebaut. Bei einem Aufruf der Anwendungen wird automatisch die entsprechende Oberfläche geladen.
Die neueste Version von OS/2 erhielt den Namen OS/2 Warp. Durch den geringen Preis dieses Betriebssystems versucht IBM den Windows-Betriebssystemen von Microsoft Konkurrenz zu machen. Dies ist bisher nur zum Teil gelungen. Denn die meisten Hersteller von Anwendungsprogrammen entwickeln ihre Produkte in erster Linie für die Microsoft-Produkte Windows NT und Windows 95, so daß dem Anwender ein Umstieg auf OS/2 erschwert wird. Wie dieser Kampf der Giganten ausgehen wird, ist zur Zeit noch nicht ersichtlich – die Chancen für Microsoft, als Sieger hervorzugehen, stehen jedoch gut.

System 7

Eine gänzlich andere Computerwelt wird von Apple Computer geboten. Ihre Personal Computer heißen Macintosh und besaßen als erste PCs eine grafische Benutzeroberfläche. Die Firma Apple hatte bei der Entwicklung ihrer Computer immer im Sinn, möglichst einfach zu bedienende Systeme zu bauen – was zu Zeiten von DOS einem Weltwunder gleichkam.
Das Betriebssystem für Macintosh heißt stets schlicht „System“. Dahinter wird immer die jeweilige Versionsnummer angehängt – das derzeit gängige heißt System 7. System 7 ist multitaskingfähig und kann einen virtuellen Speicher nutzen.
Da Apple nicht nur der Hardware-, sondern auch der Betriebssystemproduzent ist, arbeiten Hardware und Betriebssystem hervorragend zusammen. Damit dies auch im Zusammenspiel mit Anwendungsprogrammen so bleibt, gibt Apple allen Herstellern von Macintosh-Software exakte Anweisungen. Nur Anwendungen, die diesen gerecht werden, dürfen auf einem Macintosh genutzt werden. Kontrolliert wird dies über geheime Microchips, die Apple in jeden Macintosh einbaut.

UNIX

Das bekannteste Multiuser-Betriebssystem ist UNIX. Es wurde bereits Ende der 60er Jahre entwickelt und ist auf Minicomputern (Workstations) sehr weit verbreitet.
Auch für Personal Computer gibt es inzwischen eine Reihe von UNIX-Abkömmlingen, die von den jeweiligen Firmen oft eigene Namen erhielten (VENIX, XENIX, SINIX, PCIX). UNIX zeichnet sich besonders durch sein hochentwickeltes Sicherungssystem für Daten und die Möglichkeit aus, den Benutzern eigene Datenbestände zuzuweisen.

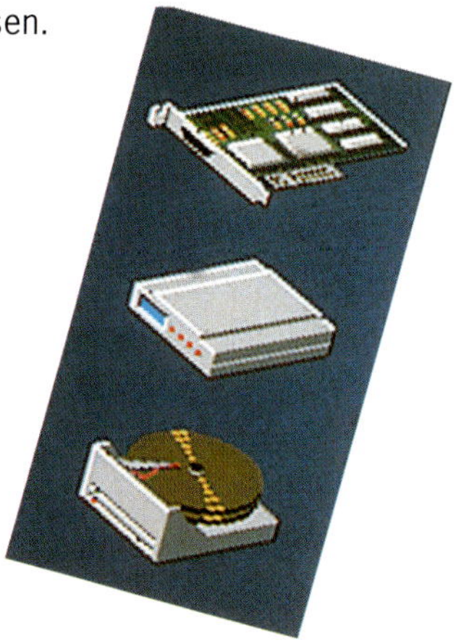

Benutzeroberflächen

Als wesentliche Forderung an moderne Anwendungssoftware gilt, daß sie über eine einfach zu bedienende Benutzerführung und eine leicht verständliche Bildschirmdarstellung verfügen muß. Beides faßt man unter dem Begriff „Benutzeroberfläche“ zusammen. Lange Zeit war hier jeder Softwarehersteller seinen eigenen Vorstellungen gefolgt. Erst als bei IBM ein Standard konzipiert wurde, zogen andere Hersteller nach und paßten ihre Programme den darin festgelegten Vereinbarungen an. Dieser Standard trägt den Namen SAA für „Standard Application Architecture“ (Standardaufbau für Anwendungssoftware). Ein Teil dieses Standards legt in den CUA-Vereinbarungen auch Normen für Benutzeroberflächen fest. CUA steht für „Common User Access“ (Allgemeiner Benutzerzugang). Der Zweck dieser Standardisierung liegt auf der Hand: Der Anwender muß sich nicht immer wieder in neue Benutzeroberflächen einarbeiten, wenn er ein neues Programm verwenden will.
Nach dem SAA/CUA-Standard soll die Benutzeroberfläche aus einer Hauptmenüleiste am oberen Bildschirmrand und sogenannten Pull-Down-Menüs aufgebaut sein. Pull-Down-Menüs sind nichts anderes als Befehlsfenster, die beim Anwählen einer Hauptmenüoption aus der Menüleiste nach unten aufklappen. Sie enthalten weitere Optionen, aus denen der Anwender die gewünschte Funktion auswählen kann. Solche Menüs können sowohl mit der Maus als auch per Tastatur bedient werden. Praktisch alle Programme von Microsoft richten sich nach diesem Standard. Auch das Betriebssystem OS/2 von IBM orientiert sich natürlich am Standard aus dem eigenen Hause.

Grafische Benutzeroberflächen

Über den SAA/CUA-Standard hinaus geht jedoch die Entwicklung immer weiter zu den grafischen Benutzeroberflächen. Hierbei werden auf dem Bildschirm grafische Symbole angezeigt, hinter denen sich Funktionen und Programme verbergen. Solche Benutzeroberflächen sind sehr stark an eine Bedienung mit grafischen Eingabegeräten angepaßt. Dazu zählen neben der Maus zum Beispiel auch Grafiktableaus. Mit Hilfe solcher Eingabegeräte bewegt der Anwender eine Marke – meist in Form eines Zeigers – über den Bildschirm und wählt dann auf Tastendruck die gewünschten Programmfunktionen aus.
Die erste verbreitete Benutzeroberfläche dieser Art hat die Firma Apple für den Macintosh-Computer auf den Markt gebracht. Bei den IBM-kompatiblen Computern versuchte später Digital Research mit der Betriebssystemerweiterung GEM (Graphic Environment Manager) Fuß zu fassen, die es jedoch nicht zu einem Standard gebracht hat. Als erste grafische Benutzeroberfläche für Personal Computer konnte sich aber erst Windows von Microsoft durchsetzen. Windows umfaßt jedoch weit mehr als nur die grafische Benutzeroberfläche mit Bildsymbolen und CUA-Menüs. Bei beiden Sy-

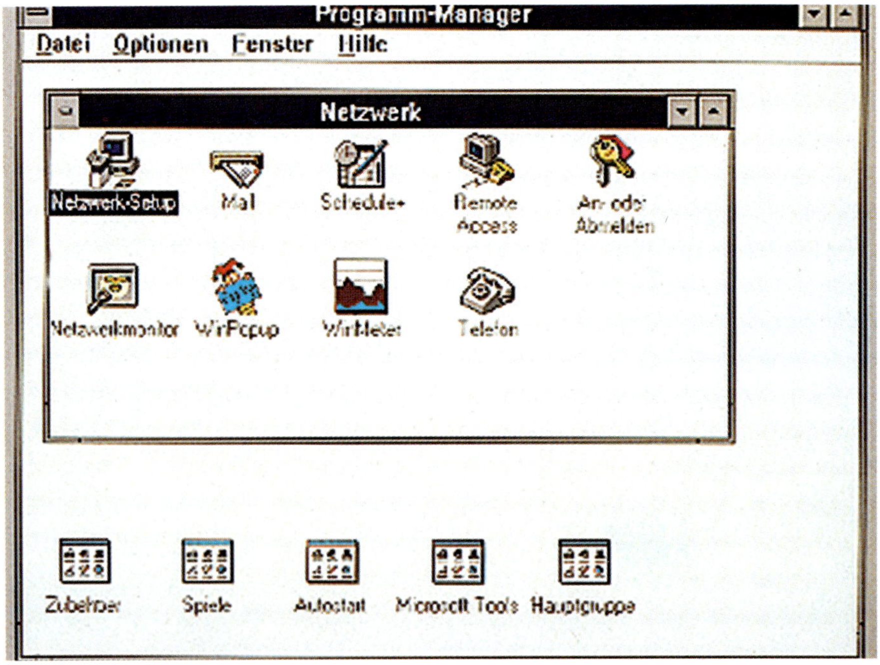

Bild linke Seite:
Programmsymbole im Programm-Manager von Windows 3.1.

Bild rechte Seite:
Durch User Interface wird Windows zur mächtigen Betriebserweiterung.

stemen handelt es sich vielmehr um regelrechte Erweiterungen für das Betriebssystem. Auch das Betriebssystem OS/2 ist mit einer mausorientierten, grafischen Benutzeroberfläche ausgestattet, die sich nach den SAA-Standards richtet.
Die nachfolgend beschriebenen Bestandteile von Windows sind auch in dem neuen Betriebssystem Windows 95 integriert – dies jedoch verfeinert und um weitere Funktionen erweitert.

Windows

Windows ist eine Betriebssystemerweiterung für DOS-Systeme mit mausorientierter, grafischer Benutzeroberfläche nach dem SAA/CUA-Standard. Microsoft Windows ist seit Mitte der achtziger Jahre auf dem Markt und besitzt heute die Versionsnummer 3.1. Es wird zukünftig keine neue Version von Windows mehr produziert werden. Denn mit Windows 95 wurde ein echtes 32-Bit-Betriebssystem entwickelt, das die Zweiteilung von Betriebssystem und Benutzeroberfläche – also von MS-DOS und Windows – (zumindest zum Teil) aufhebt.
Eine der besonders für Softwarehersteller wichtigen Eigenschaften von Windows ist, daß es bereits sehr mächtige Funktionen zur Programmentwicklung enthält, die der Programmierer dann natürlich nicht mehr selbst zu programmieren braucht. So steht praktisch alles, was Windows kann, auch den Programmen zur Verfügung, die auf der Basis von Windows lauffähig sind.
Das Stichwort in diesem Zusammenhang heißt API, eine Abkürzung für „Application Programming Interface" (Schnittstelle für Anwendungsprogrammierung). Durch die API wird Windows zu einer mächtigen Betriebssystemerweiterung, auf deren Basis erstmals auch grafisch orientierte Programme vom Apple Macintosh auf den Personal Computer übertragen werden konnten. So zählt das allseits bekannte Layoutprogramm PageMaker von Aldus, das zunächst nur für den Macintosh entwickelt wurde, zu den Windows-Programmen der ersten Stunde. Daraus wird deutlich, daß die Benutzeroberfläche bei Windows eigentlich nur Beiwerk ist.
Umgekehrt gilt entsprechend, daß mit den Windows-Funktionen programmierte Software auch nur zusammen mit Windows funktionsfähig ist. Wer also Window-Programme benutzen will, muß zuvor Windows auf seinem Computer installiert haben. Kauft man sich ein Windows-Programm wie zum Beispiel Word für Windows, muß man auch Windows erwerben.
Wenn es einmal notwendig wird, ein DOS-Programm von der Windows-Oberfläche aufzurufen, ist auch dies kein Problem. Windows ist fähig, DOS-Programme in einem eigenen Fenster oder in voller Bildschirmausnutzung ablaufen zu lassen. Die Windows-Funktionen (API) können dabei von dem DOS-Programm nicht ausgenutzt werden.

Der Windows-Desktop

Die Benutzeroberfläche von Windows ist dem Aussehen eines Schreibtisches nachempfunden, auf dem Akten und Papierzettel herumliegen. Man spricht daher auch vom Windows-Desktop. Dieser ist so gestaltet, daß auf einem Bildschirmhintergrund mehrere rechteckige Fenster erscheinen. Sie können mit der Maus verschoben und somit auf diesem Hintergrund wie Papierzettel auf einem Schreibtisch beliebig angeordnet werden.
Diese Fenster sind nichts anderes als Programme oder Dateien. Oder es han-

Bild linke Seite:
Außer Windows arbeiten auch DOS, UNIX, OS/2 und Apple System mit Fenstertechnik.

Bild rechte Seite:
Großer Vorteil von Windows 95: Multitasking.

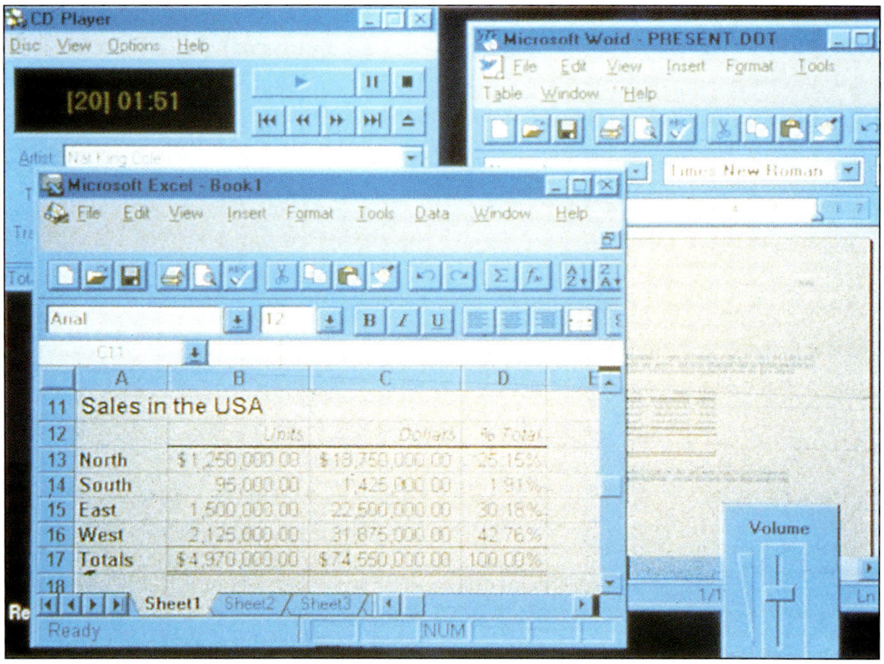

delt sich um sogenannte Dialogboxen, die von einem Programm aus aufgerufen wurden. Dies sind Eingabemasken, in denen der Anwender wie in einem Behördenformular Eintragungen vornehmen kann. Dialogboxen dienen zum Beispiel der Konfiguration eines Programms oder der Einstellung von Seitenrändern in Textverarbeitungen.
In Windows erscheint jedes Programm als briefmarkengroßes Symbol oder, wenn es gestartet wurde, als Fenster. Aufgrund dieses Konzepts bekam Windows seinen Namen, der zu deutsch „Fenster“ lautet. Diese Fenster wiederum sind immer nach dem gleichen Prinzip aufgebaut: Sie bestehen aus einem Rahmen, der oben eine Leiste mit dem Titel enthält. Bei Programmfenstern befindet sich zusätzlich unter der Titelleiste die Menüleiste mit den spezifischen Befehlen des Anwendungsprogramms.
Fenster können normalerweise mit Hilfe der Maus oder über entsprechende Tastenfunktionen in ihrer Größe beliebig verändert und verschoben werden. Datenfenster lassen sich allerdings nur innerhalb des zugehörigen Programmfensters bewegen.
Im Zusammenhang mit Fenstern ist der Begriff des aktiven Fensters sehr wichtig. Ein Anwender kann an einem Computer mit einem Bildschirm auch immer nur mit einem Programm bzw. einer Datei zur Zeit direkt arbeiten. In der Fenstertechnik zeigt sich dies dadurch, daß das Fenster, mit dem man gerade arbeitet, oben liegt. Dies ist das aktive Fenster. Fenster können also teilweise oder ganz von anderen Fenstern, meistens von dem ganz oben liegenden, aktiven Fenster, verdeckt sein.
Dieses Prinzip der Fenstertechnik wird hier so detailliert beschrieben, weil es nicht nur für Windows gilt. Man kann es bei allen Systemen wiederfinden, die mit Fenstertechnik arbeiten, egal welche Hardware und welches Betriebssystem eingesetzt werden. Fenster-Benutzeroberflächen für DOS, UNIX, OS/2 oder Apple-Computer arbeiten alle nach diesem Konzept. Man kann daher feststellen: Wer mit Windows-Fenstern umgehen kann, kann sich schnell auch in die Fenstertechnik anderer Systeme einfinden und natürlich umgekehrt.
Betrachtet man nur ein laufendes Windows-Programm, ist diese Fenstertechnik noch nichts Neues. Erst die Möglichkeit, unter Windows mit mehreren Programmen gleichzeitig zu arbeiten, macht die Sache spannend. Windows kannte nämlich schon seit den ersten Versionen ein Quasi-Multitasking nach dem Zeitscheibenverfahren.
In der einfachsten Nutzung kann man nacheinander verschiedene Anwendungsprogramme starten und dann mit einem Tastendruck zwischen diesen hin und her schalten. Das Fenster des jeweils aktiven Programms erscheint dabei immer im Vordergrund.
Den Programmfenstern im Hintergrund kann man dabei auch Rechenzeit auf der Zeitscheibe zuordnen. Dies ermöglicht tatsächlich schon eine quasiparallele Datenverarbeitung auf Systemen, die auf DOS basieren. Aufgaben, die viel Rechenzeit in Anspruch nehmen, können so im Hintergrund abgearbeitet werden, während der Anwender sich weiter mit seiner Hauptaufgabe beschäftigt.
Es gibt allerdings noch nicht viele Anwendungsgebiete auf der Windows-

Ebene, bei denen ein Multitasking sinnvoll eingesetzt werden kann. Eine häufig genutzte Multitasking-Anwendung ist jedoch der Druckmanager, ein Programm, das mit Windows mitgeliefert wird. Der Druckmanager sorgt dafür, daß der Anwender mit einem Programm weiterarbeiten kann, während im Hintergrund die Daten an einen Drucker gesendet werden. Hier wird das Multitasking dazu eingesetzt, Wartezeiten bei Peripheriegeräten wie dem Drucker zu verkürzen.

Virtuelles Speichermanagement

Bei dem großen Anspruch, den Anwendungsprogramme inzwischen an Arbeitsspeicher stellen, ist es besonders wichtig, daß das Betriebssystem virtuelle Speicher verwalten kann. Virtuell heißt in diesem Zusammenhang, daß Programme Speicheradressen ansprechen können, hinter denen sich nicht direkt ein real existierender Arbeitsspeicher verbirgt.

Ein spezieller Programmteil des Betriebssystems, der virtuelle Speichermanager, sorgt dafür, daß der vorhandene Arbeitsspeicher, z. B. durch das Zurückgreifen auf Festplattenspeicher, erweitert wird. Der Vorteil an diesem Konzept ist, daß das Programm selbst davon nicht belastet wird.

Immer wenn das Programm eine Speicheradresse anspricht, rechnet der virtuelle Speichermanager diese Adresse in die entsprechende Speicheradresse des virtuellen Speichers um und sorgt für die Verfügbarkeit der darin gespeicherten Daten.

Das virtuelle Speichermanagement muß sehr geschickt organisiert werden, damit beim Speicherzugriff möglichst wenig Zeitverlust entsteht. Denn es werden bei einer Speicheranforderung eines Programms große Datenblöcke zwischen der Festplatte und dem echten Arbeitsspeicher sowie innerhalb des Arbeitsspeichers hin und her geschoben.

Da das Betriebssystem diese Aufgabe völlig automatisch übernimmt, muß der Anwender sich bei solchen Systemen nicht wundern, wenn plötzlich die Festplatte aktiv wird, obwohl er doch überhaupt keine Daten geladen oder gespeichert hat.

Virtuelles Speichermanagement gehört zu den Grundanforderungen an moderne Betriebssysteme und ist auch in Windows ab Version 3.0 verfügbar. Der Vorteil liegt dabei auf der Hand: Programme können mit wesentlich mehr Speicher arbeiten, als tatsächlich in Form von physikalischem Arbeitsspeicher im Computer vorhanden ist. Windows-Anwender merken dies z. B. daran, daß das Programm bis zu doppelt so viel freien Arbeitsspeicher meldet, als tatsächlich eingebaut und vorhanden ist.

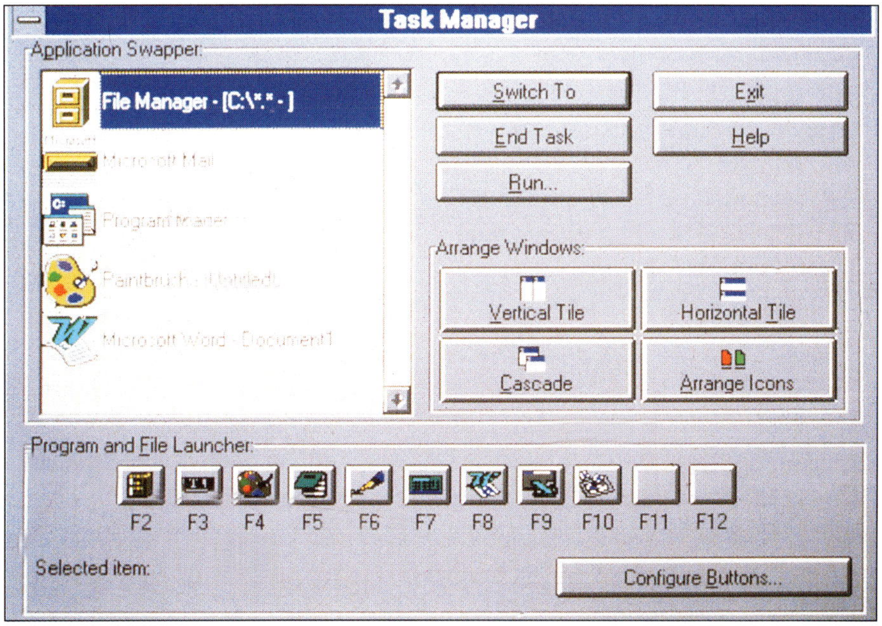

Datenaustausch

Die wichtigste Verbesserung von modernen Betriebssystemen und damit auch Windows betrifft den Datenaustausch. Er wurde optimiert, indem verschiedene Anwendungsprogramme unter einer gemeinsamen Oberfläche vereint wurden.

Zuvor war der Datenaustausch meist problematisch: Wollte man z. B. eine Tabelle oder Grafik, die mit DOS-Programmen erstellt wurde, unter DOS in einen Brieftext einfügen, so mußte man immer damit rechnen, daß die beteiligten Programme sich selbst bzw. das Datenformat des anderen Programms nicht verstanden. Die Datenübernahme verlief deshalb oft fehlerhaft oder brachte nicht die gewünschten Ergebnisse.

Mit der Multitasking-Fähigkeit eines Betriebssystems entstehen dagegen viel komfortablere Möglichkeiten des Datenaustausches zwischen verschiedenen Anwendungsprogrammen. Der Grund dafür ist, daß die Programme gleichzeitig aktiv sein können und mit einem identischen Speichermanagement arbeiten.

In der Version 3.1 von Windows sind mittlerweile drei Datenaustauschkonzepte integriert:

- Die Zwischenablage ist ein Konzept zum Datenaustausch, das von vielen Betriebssystemen angewendet wird. Ihr ist ein eigener Abschnitt in diesem Kapitel gewidmet (s. unten).
- DDE steht für „Dynamic Data Exchange" (Dynamischer Datenaustausch). Mit Hilfe der DDE-Funktionen von Windows können gleichzeitig ablaufende Programme miteinander kommunizieren, sofern diese die Funktionen nutzen können. Ist eine DDE-Verbindung einmal aufgebaut worden, so werden die Daten im Zielprogramm sofort dann automatisch geändert, wenn sich die verbundenen Daten in dem Quellprogramm ändern.
- OLE (Object Linking and Embedding) heißt übersetzt: Einbetten und Verbinden von Objekten. Objekte sind Datenstrukturen aus Windowsprogrammen, die OLE-Technik beherrschen. Dies können zum Beispiel Tabellen, Grafiken oder auch Textblöcke sein.

Bei dieser neuen Form der Dateneinbindung bleibt die Struktur des Quellobjekts im Zielprogramm weitestgehend erhalten. Daraus ergibt sich beispielsweise auch, daß Änderungen an einem eingebundenen Objekt direkt in dem Ursprungsprogramm vorgenommen werden können.

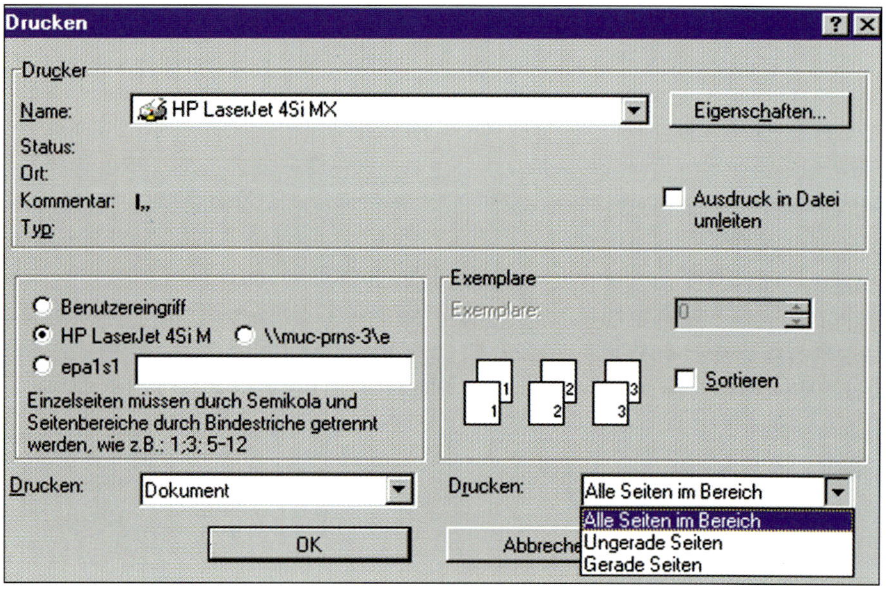

Ein Beispiel:

Eine Tabelle aus dem Kalkulationsprogramm Excel soll als Objekt in die Textverarbeitung Winword eingebunden werden. Dazu wählt man über eine entsprechende Menüfunktion im Zielprogramm (hier Winword) den einzufügenden Objekttyp aus. Windows sorgt dann automatisch dafür, daß das Quellprogramm (hier Excel) gestartet wird. Darin erstellt man die Tabelle in gewohnter Weise. Nach dem Verlassen des Quellprogramms und Aktualisieren des eingefügten Objektes erscheint die Tabelle im Winword-Text. Für nachträgliche Änderungen an der Tabelle klickt der Anwender einfach zweimal auf die eingebettete Tabelle, und automatisch wird wieder das Quellprogramm Excel aufgerufen.

Durch diese Techniken zum Datenaustausch und zur Einbettung von Fremddaten soll Windows zusammen mit entsprechenden Anwendungsprogrammen die Vorteile integrierter Softwarepakete erhalten. Voraussetzung für einen reibungslosen Ablauf ist dabei allerdings, daß die Softwarehersteller die Windows-Funktionen für den Datenaustausch auch in ihre Anwendungsprogramme eingebaut haben, sonst ist OLE nicht möglich.

Die Zwischenablage

Nicht nur in Windows, sondern in praktisch allen Systemen, die mit einer grafischen Benutzeroberfläche arbeiten, hat sich das Konzept der Zwischenablage eingebürgert. Dahinter verbirgt sich ein Programm-Modul, das einen einfachen Datenaustausch zwischen verschiedenen Anwendungen in den nachfolgend beschriebenen zwei Schritten erlaubt:

- Im Quellprogramm werden die zu übertragenden Daten markiert und über eine Funktion, die „Kopieren" lautet, in einen besonderen Speicherbereich übertragen. Dieser Speicher wird als Zwischenablage bezeichnet.

- Man wechselt dann zum Zielprogramm, setzt den Positionszeiger (Cursor) an die gewünschte Stelle und fügt die Daten aus der Zwischenablage ein. Diese entsprechende Menüfunktion trägt daher auch in den meisten Programmen den Namen „Einfügen".

Der Begriff „Zwischenablage" ist, wie man sich denken kann, dem Büroalltag entnommen und beschreibt diese Methode sehr gut. Der Vergleich mit Ablagekörben, in die Dokumente von einem Sachbearbeiter abgelegt und von anderen herausgenommen werden, drängt sich hier förmlich auf.
Eine Zwischenablage findet man in vielen grafischen Benutzeroberflächen und Programmen, die mit Fenstertechnik nach SAA-Standard arbeiten. Meistens gibt es da ein Menü mit der Bezeichnung „Bearbeiten", in dem die zugehörigen Funktionen „Kopieren" und „Einfügen" enthalten sind.
Sogar die Kurztasten für diese Befehle lauten in vielen Benutzeroberflächen gleich. So drückt man die Control-Taste zusammen mit „C", um den Befehl zum Kopieren aufzurufen. Control-X dagegen steht für „Ausschneiden" und mit Control-V können Passagen eingefügt werden.

Anwendungssoftware

So vielfältig und unterschiedlich der Einsatz von Computern ist, so breit ist auch die Palette der Anwendungssoftware.
Sieht man von Spielen ab, ist die Textverarbeitung die am weitesten verbreitete Computeranwendung überhaupt. Dies hat zwei Gründe: Zum einen kommt Textverarbeitung in allen möglichen Zusammenhängen vor. Ob es darum geht, eine Rechnung zu schreiben oder ein ganzes Buch: Beides hat mit Textverarbeitung zu tun. Aber auch ein schriftliches Angebot einer Firma, ein Zeitungsartikel, ein Rundbrief – all das sind Texte.
Der zweite Grund: Es kommt bei der Texterstellung immer wieder vor, daß Texte geändert werden müssen. Einen einmal gespeicherten Text zu ändern und dann neu auszudrucken ist natürlich viel einfacher, als ihn ganz neu zu schreiben. Genau das ist mit dem PC möglich, und man kann dabei viel Zeit sparen.
Eine andere Computeranwendung ist die Tabellenkalkulation. Bei ihr geht es darum, zusammengehörende Daten zu erfassen und auszuwerten, beispielsweise die täglichen Umsätze bestimmter Artikel in einem Monat, etwa in einer Liste mit vertikalen Spalten für die Artikel und horizontalen Reihen für die Tage. Aus einer Reihe läßt sich der Tagesumsatz aller Artikel ablesen.
Addiert man die Inhalte der Spalten, ergibt sich der Monatsumsatz eines Artikels.
All dies kann man per Hand machen – doch schneller und zuverlässiger geht es mit einem Tabellenkalkulationsprogramm (das zudem noch viele weitere Möglichkeiten bietet).

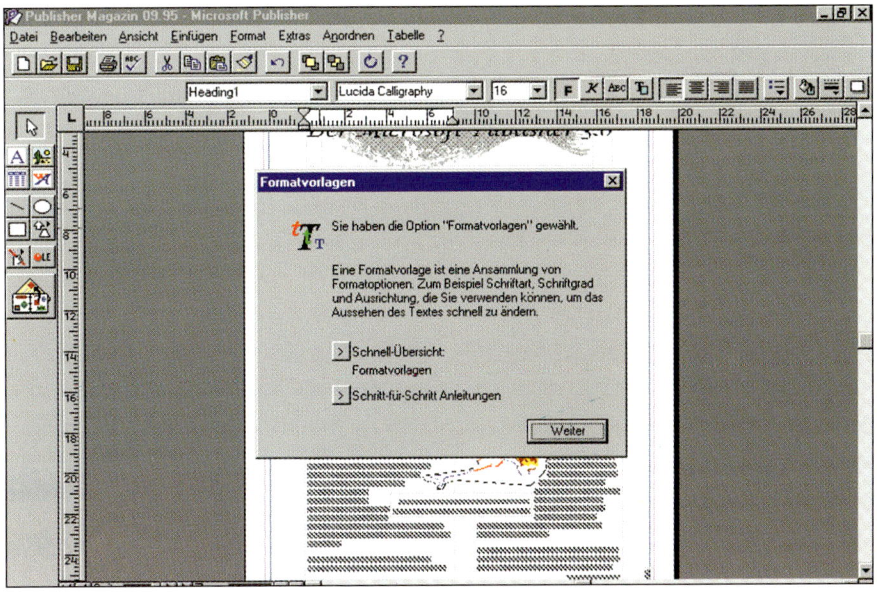

Bild linke Seite:
Eine häufig genutzte Multitasking-Anwendung ist der Druckmanager.

Bild rechte Seite:
Anwendungssoftware für DTP: „Publisher" von Microsoft.

Die errechneten Ergebnisse möchte man gerne grafisch aufbereitet sehen – kein Problem für ein auf Geschäftsgrafik spezialisiertes Programm. Es setzt die Ergebnisse der Berechnungen in verschiedene Formen von Diagrammen um. Selbst dreidimensionale Balkendiagramme sind möglich.

Karteikästen findet man nicht nur in Buchhaltungen: Für viele Zwecke gibt es Datensammlungen in Form von Karteikarten. Auch hier lag es nahe, die Karteikarten im Speicher des Computers nachzubilden: Es entstanden die Datenbankprogramme. Sie erlauben es dem Anwender, selber die Struktur der Datenbank festzulegen und die Inhalte dieser Karteikarten auf vielfache Weise zu sortieren und miteinander zu kombinieren.

So viele unterschiedliche Programme fürs Büro – da können Probleme auftreten. Schließlich soll ja ein Programm mit den Daten des anderen Pro-

gramms arbeiten können. Und das geht oft nicht. Außerdem ist es vergleichsweise teuer, für jedes dieser Programme eine Einzellizenz zu erwerben. Als Ausweg bieten sich die sogenannten „integrierten“ Softwarepakete an: Sie umfassen alle bisher genannten Funktionen und können die Daten zwischen ihren einzelnen Modulen sehr einfach austauschen und verarbeiten.
Mal- und Zeichenprogramme kann man für die professionelle Herstellung von eigenen Bildern und Zeichnungen verwenden. Mit sogenannten Scanprogrammen kann man Bilder und Strichvorlagen einscannen und mit Bildbearbeitungsprogrammen verändern, verfälschen oder einfach nur in den Farben modifizieren.
Darüber hinaus gibt es aber für den Personal Computer noch weitere spezialisierte Anwendungsprogramme, wie DTP-Programme. Dies sind Layout-Programme, mit deren Hilfe man Texte, Grafiken und Bilder ansprechend gestalten kann. Die Ergebnisse, die ein Fachmann damit zuwege bringt, lassen sich von der konventionellen Buch- oder Zeitschriftenerstellung nicht mehr unterscheiden.
Man kann alle bisher genannten Programme im weitesten Sinne als Büroprogramme bezeichnen: Sie erleichtern bestimmte Arbeiten, die typischerweise in einem Büro vorkommen. Doch darüber hinaus gibt es noch eine Reihe anderer Bereiche, für die Anwendungssoftware entwickelt wurde und weiterhin noch entwickelt wird:
Da ist zunächst der technisch-wissenschaftliche Bereich. Hier geht es um Stichworte wie Fabrikationssteuerung, Konstruktion, Meß- und Regeltechnik.
Des weiteren gibt es den Bereich der Teachware, der Lernsoftware. Hier geht es darum, im Dialog mit dem Computer zu lernen oder zu üben.
Nicht zu vergessen die Computerspiele. Sie gibt es in allen möglichen Arten, Qualitätsstufen und Preisklassen. Neben den noch immer sehr verbreiteten Schießspielen haben vor allem Abenteuer- („adventures“) und Strategiespiele viele Liebhaber gefunden. In den Zeiten von Multimedia sind Computerspiele heute kaum noch von Filmen zu unterscheiden. Einige ermöglichen dem Anwender sogar, interaktiv auf das Geschehen einzuwirken.
Außerdem gibt es noch zahlreiche Programmtypen, die man nicht diesen bisher genannten Bereichen zuordnen kann, zum Beispiel die sogenannten Hilfsprogramme („Utilities“), die das Arbeiten mit dem PC erleichtern.
Den Anwendungen sind also heute keinen Grenzen mehr gesetzt, für jedes Bedürfnis ist ein Programm vorhanden – so der Anwender genug Geld investieren kann.

Textverarbeitung

Textverarbeitung ist die verbreitetste Computeranwendung überhaupt. Damit kann man Aufgaben erledigen, die früher mit Hilfe einer Schreibmaschine gelöst wurden: Man kann in der Art, Form und Länge unterschiedliche Texte schreiben, verändern und gestalten. Der große Vorteil der Textverarbeitung mit dem Computer ist die beliebige Manipulierbarkeit eines einmal erfaßten Textes. Damit diese Textänderungen so einfach wie möglich durchgeführt werden können, stellen moderne Textverarbeitungsprogramme eine Vielzahl von Bearbeitungsmöglichkeiten bereit.

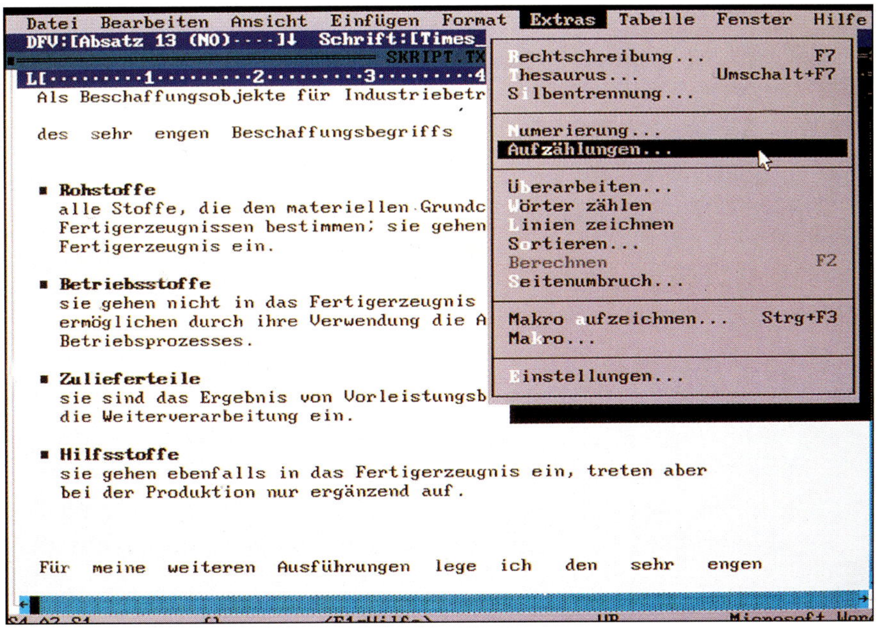

Bild linke Seite:
Eine spezialisierte Computeranwendung: Moleküldesign.

Bild rechte Seite:
Vorteil der Textverarbeitung ist die Manipulierbarkeit des erfaßten Textes.

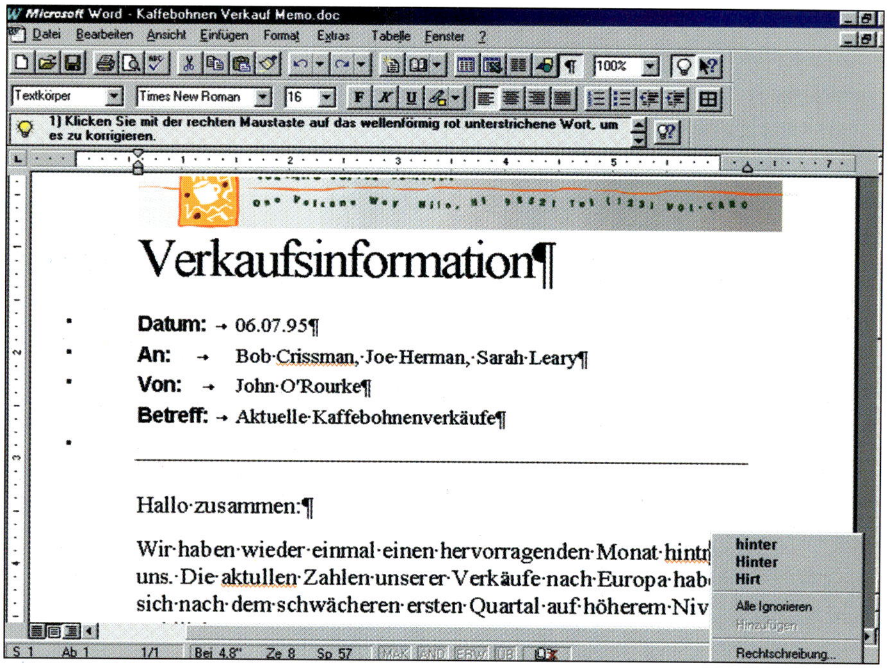

Man sollte sich von deren großer Anzahl nicht allzu sehr beeindrucken lassen und denken, der Umgang mit einem solchen Programm sei zu schwer: Die Benutzerführungen moderner Anwendungsprogramme sind aufgrund der gesammelten Erfahrungen immer mehr verbessert worden. Nur darf man als Anfänger nicht an sich den Anspruch stellen, gleich alle Möglichkeiten des Programms zu beherrschen. Wenn man das Programm nach und nach kennenlernt, entdeckt man meist Möglichkeiten, an die man vorher noch gar nicht gedacht hat.

Nachfolgend werden nun einige Funktionen moderner Textverarbeitungsprogramme beschrieben:

Mit Hilfe des Cursors kann man sich völlig frei auf dem dargestellten Blatt am Bildschirm bewegen: also nicht nur horizontal zeichenweise und vertikal zeilenweise, sondern auch wortweise, vorwärts und rückwärts zu Tabulatoren, an ein Satzende (oder einen Satzanfang) nach vorne oder hinten, zu eingefügten Lesezeichen, an das nächste oder vorige Absatzende und so fort.

Ist man so zu einer bestimmten Position im Text gekommen, kann man dort einzelne Zeichen, Wörter, Sätze oder Zeilen einfügen oder löschen. Die so markierten Textteile können nun wiederum in verschiedenster Weise manipuliert werden: Man kann sie im Text verschieben oder an eine andere Stelle im Text duplizieren, sie in den Zwischenspeicher ablegen (und bei nächster Gelegenheit in einen anderen Text einfügen) und vieles mehr.

Mit der Suchen-und-Ersetzen-Funktion können auch ein Wort oder eine Folge von Wörtern in einem Text gezielt gesucht werden.

Die gefundenen Stellen lassen sich wiederum gegen ein anderes Wort austauschen, löschen oder umformatieren.

Will man beispielsweise ein bestimmtes Fremdwort im gesamten Text durch das entsprechende deutsche Wort ersetzen, so gibt man das Fremdwort und das deutsche Wort ein, drückt ein paar Tasten – und schon wird das Austauschen vom Programm durchgeführt, wahlweise mit oder ohne Nachfrage. Und dies vorwärts und rückwärts, im gesamten Text oder nur in bestimmten Textteilen, für bestimmte Worte oder Wortteile.

Bestimmte Worte oder Formulierungen wiederholen sich oft in Texten. Etwa „Sehr geehrte Damen und Herren" oder „Mit freundlichen Grüßen" in Briefen. Deshalb bieten die meisten modernen Textprogramme sogenannte „Makros" an. Durch die Betätigung von zwei oder drei Tasten lassen sich solche Textstückchen in den laufenden Text einfügen. Meist sind sehr verbreitete im Programm bereits vordefiniert, weitere können vom Anwender nach Bedarf hinzugefügt werden. Außerdem besteht die Möglichkeit, das aktuelle Datum und die Uhrzeit an jeder beliebigen Stelle im Text einzufügen – diese Angaben werden stets aktualisiert, wenn man an einem anderen Tag den Text aufruft.

Ein Dokument kann je nach Wunsch gestaltet werden. So können Worte und Textteile fett, halbfett oder kursiv gedruckt werden, verschiedene Schriftarten können verwendet werden, die Zeichengröße kann verändert, es kann unterstrichen und durchgestrichen, hochgestellt und tiefgestellt werden, es können Linien und Kästen gezogen werden usw.

Benötigt man immer die gleichen Gestaltungsformen (z. B. für Überschriften), so kann man diese in sogenannte „Formatvorlagen" festschreiben. Natürlich lassen sich diese jederzeit wieder verändern – dann werden diese Ände-

rungen automatisch im ganzen Dokument durchgeführt.
Die Verteilung des Textes auf einem „Blatt“ kann variabel eingestellt werden. So lassen sich die Abstände zu den Blatträndern verändern oder mehrere Spalten (auch in verschiedenen Breiten) einrichten. Darüber hinaus können jeweils zwei Seiten wie in einem Buch als gegenüberliegende definiert werden. Benötigt ein Text mehrere Seiten, so kann man für alle gleichaussehende Kopf- und Fußzeilen erstellen. Dabei können die Inhalte zum Beispiel eine automatisch erzeugte Seitenzahl, eine Kapitelüberschrift („Kolumnentitel“) oder aber einzeln hierfür eingegebene Texte sein.
Silbentrennungsfunktionen besitzen alle bekannten Textverarbeitungsprogramme. Diese sind aber in der Regel mit einer gewissen Vorsicht zu genießen, man darf sich nicht zu sehr auf sie verlassen. Die Trennvorschläge entstehen nach bestimmten Algorithmen, die bei der deutschen Sprache nur teilweise richtig „treffen“. Bei Rechtschreibhilfen ist dies im Prinzip nicht anders. Diese beiden Hilfestellungen fast aller moderner Textprogramme bedürfen deshalb der Kontrolle und Korrektur durch den Anwender, was jedoch jederzeit durchführbar ist.
Moderne Textprogramme erstellen automatisch Inhaltsverzeichnisse und Indexe von Texten. Hierfür ist es allerdings notwendig, daß der Anwender zuvor allen Überschriften entsprechende Formatvorlagen zugewiesen hat.
Für die Erstellung eines Stichwortverzeichnisses muß man alle Begriffe, die in dem späteren Index enthalten sein sollen, in einer vorgeschriebenen Weise markieren.
Darüber hinaus hat man die Möglichkeit, grafische Elemente in den Text einzubinden. Dabei wird zwischen Zeichenfunktionen des Textprogramms und dem Einbinden von Bildern aus Grafikprogrammen unterschieden. Mit den Zeichenfunktionen können richtige grafische Linien gezeichnet werden. Das gleiche ist dann auch mit Rechtecken, Ellipsen und Kreisen möglich.
Für das Einbinden eines Bildes, das mit einem Grafikprogramm gezeichnet wurde, ist Voraussetzung, daß das Textprogramm das Speicherformat des Bildes kennt. Ist das der Fall, wird meist so vorgegangen: Man definiert im Text einen rechteckigen Kasten, um den der Text automatisch herumfließt. In diesen Kasten lädt man dann das Bild. Wie man sieht, wird moderne Textverarbeitung mit solchen Funktionen schon fast zum Layoutprogramm.
Weitere Funktionen eines modernen Textverarbeitungsprogramms sind zum Beispiel ein Formeleditor zur Darstellung von Formelzeichen und Berechnungen sowie das Erstellen von Tabellen, in denen auch Berechnungen vorgenommen werden können.
Insgesamt kann man sagen: Textverarbeitung ist die im Prinzip am leichtesten und schnellsten zu erlernende und somit auch sehr schnell nutzbringend einsetzbare Computeranwendung.

Bekannte Textverarbeitungsprogramme

Das wohl in Deutschland am meisten verwendete Textverarbeitungsprogramm ist **Word für Windows**, abgekürzt: **WinWord**. Die Mehrheit der Anwender setzt heute die Version 6.0 ein. Diejenigen, die bereits

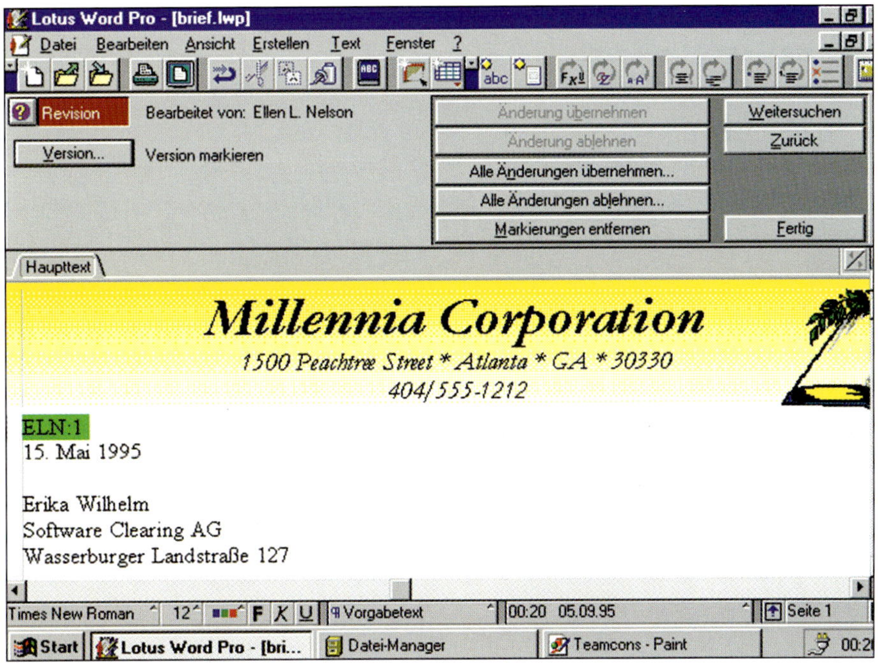

Bild linke Seite:
Word für Windows 7.0 wurde speziell für Windows 95 entwickelt.

Bild rechte Seite:
Lotus Word Pro konnte sich gegenüber Word für Windows nicht durchsetzen.

Windows 95 nutzen, steigen oder stiegen auf die Version 7.0 um, die speziell für dieses 32-Bit-Betriebssystem entwickelt wurde.

Das Leistungsspektrum von Word für Windows umfaßt alle Funktionen, die oben bereits beschrieben wurden. Es ist voll WYSIWYG-fähig („What You See Is What You Get“), alle Veränderungen des Textes werden also direkt am Bildschirm angezeigt. Zoom-Funktionen erlauben, den Text in verschiedenen Vergrößerungen und Verkleinerungen am Bildschirm zu zeigen.

Über die Formatierungsleiste, die übrigens frei definierbar ist, kann man die wichtigsten Funktionen per Tastendruck aufrufen. WinWord beinhaltet außerdem einen sehr guten Formeleditor sowie das Programm WordArt, mit dem man eindrucksvolle Texteffekte wie Rundsatz, Textrotationen usw. erzeugen kann.

Insgesamt kann man sagen, daß WinWord so viele Möglichkeiten und Funktionen bietet, daß ein „normaler“ Anwender sie gar nicht voll ausnutzen kann. Denn wer benötigt wirklich z. B. die Serienbrieffunktion und den gesteuerten Etikettendruck?

Nichtsdestotrotz gehört WinWord sicherlich zu den besten Textverarbeitungsprogrammen, die es derzeit gibt. Als Konkurrenten sind auf jeden Fall **WordPerfect** und **Word Pro** (ehemals unter dem Namen Ami Pro bekannt) zu nennen. In Deutschland schlägt sich außerdem ein einheimisches und preisgünstiges Produkt hervorragend gegen die übermächtige amerikanische Konkurrenz: **StarWriter**.

Tabellenkalkulation

Die meisten Aufgaben der praktischen Datenverarbeitung im betriebswirtschaftlichen Bereich bestehen in der Bearbeitung von Tabellen. Einige Beispiele hierfür:

- Investitions- und Finanzplanung
- Kosten- und Budgetplanung
- Absatz- und Marketingplanung
- Terminplanung
- Angebotserstellung

Die Benutzeroberfläche eines Tabellenkalkulationsprogramms kann man sich – wenn man von der direkten Benutzerführung durch Menüs einmal absieht – wie ein großes Blatt Papier vorstellen. Dieses „Arbeitsblatt“ ist durch Zeilen und Spalten über deren Schnittpunkte in „Zellen“ (Kästchen) aufgeteilt. Die Zellen sind fortlaufend numeriert, während Spalten jeweils mit Buchstaben bezeichnet werden. Zellen können durch ein Koordinatensystem eindeutig identifiziert und durch Rechenformeln bestimmte Felder miteinander verknüpft werden. So wird eine Vielzahl von kaufmännischen und statistischen Berechnungen ermöglicht.

Die Arbeitsblätter einer Tabellenkalkulation besitzen enorme Ausmaße. So ist das Arbeitsblatt von Microsoft Excel 256 Spalten breit und 16 384 Zeilen lang. Das macht insgesamt mehr als 4,1 Mio. Zellen.

Alle Eintragungen einer Tabelle können in unterschiedliche Schriftarten oder Schriftschnitten (fett, kursiv, unterstrichen usw.) wiedergegeben werden. Für Zahlenwerte lassen sich automatisch die Anzahl der Nachkommastellen oder eine Währungsangabe vom Programm vergeben.

Die Stärke von Tabellenkalkulationen ist eindeutig deren Rechenleistung. Mit Hilfe von Formeln werden komplexe Rechenoperationen vorgenommen. Dabei gibt man jedoch keine Werte, sondern die Bezeichnungen der Zellen an, mit denen gerechnet werden soll. Formeln lassen sich automatisch fortschreiben,

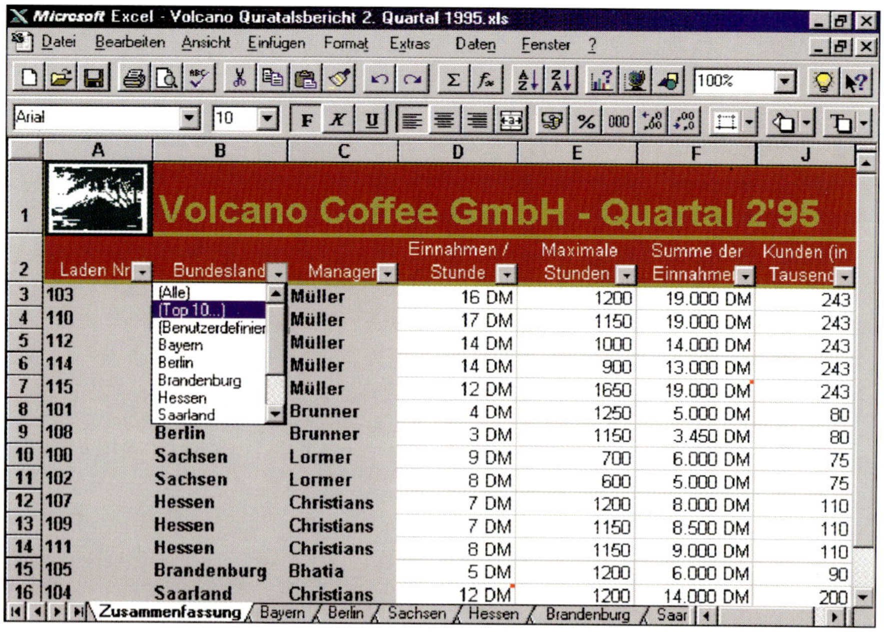

	A	B	C	D	E	F	J
1	Volcano Coffee GmbH - Quartal 2'95						
2	Laden Nr	Bundesland	Manager	Einnahmen / Stunde	Maximale Stunden	Summe der Einnahmen	Kunden (in Tausend
3	103		Müller	16 DM	1200	19.000 DM	243
4	110		Müller	17 DM	1150	19.000 DM	243
5	112		Müller	14 DM	1000	14.000 DM	243
6	114		Müller	14 DM	900	13.000 DM	243
7	115		Müller	12 DM	1650	19.000 DM	243
8	101		Brunner	4 DM	1250	5.000 DM	80
9	108	Berlin	Brunner	3 DM	1150	3.450 DM	80
10	100	Sachsen	Lormer	9 DM	700	6.000 DM	75
11	102	Sachsen	Lormer	8 DM	600	5.000 DM	75
12	107	Hessen	Christians	7 DM	1200	8.000 DM	110
13	109	Hessen	Christians	7 DM	1150	8.500 DM	110
14	111	Hessen	Christians	8 DM	1150	9.000 DM	110
15	105	Brandenburg	Bhatia	5 DM	1200	6.000 DM	90
16	104	Saarland	Christians	12 DM	1200	14.000 DM	200

müssen also nicht immer wieder neu eingegeben werden.
Für besonders häufige, wichtige oder komplexe Rechenoperationen werden neben den Formeln noch sogenannte Funktionen angeboten. Mit deren Hilfe kann man sehr lange Berechnungen um ein vielfaches kürzer darstellen.
Moderne Tabellenkalkulationsprogramme erlauben es, mehrere Tabellen miteinander zu koppeln. Dadurch entsteht eine Fülle von Möglichkeiten. So kann man übersichtliche Strukturen erstellen (etwa Teiltabellen „Abteilungsbudgets" als Bestandteil eines Gesamtbudgets), Tabellen mehrerer Jahre zu statistischen Auswertungen zusammenführen usw.
Eine der wichtigsten und auch häufig genutzten Möglichkeiten besteht darin, eine erprobte und durch die Praxis bestätigte Kalkulationsstruktur mit einigen neuen Eingangsdaten zu versehen und auf diese Weise sogenannte was-wäre-wenn-Prüfungen vorzunehmen. Ändert man nämlich einen Zellinhalt, ändern sich alle anderen Zellen, die sich darauf über eine Formel beziehen, automatisch mit.
Sehr häufig sollen errechnete Werte nicht nur als Tabellen, sondern auch grafisch gestaltet ausgegeben werden. Deshalb verfügen Tabellenkalkulationen über umfangreiche Funktionen zur Erstellung von Diagrammen. Diese können in eine neue Datei, in das Arbeitsblatt oder gleich in ein anderes Programm fortgeschrieben werden. Die angebotenen Diagrammarten sind vielfältig. So findet man Torten-, Linien-, Flächen-, Balken-, Säulen-, Kreis-, Netz- und Punktdiagramme. Viele lassen sich auch dreidimensional darstellen. Außerdem können die Grafiken nachträglich beschriftet werden.

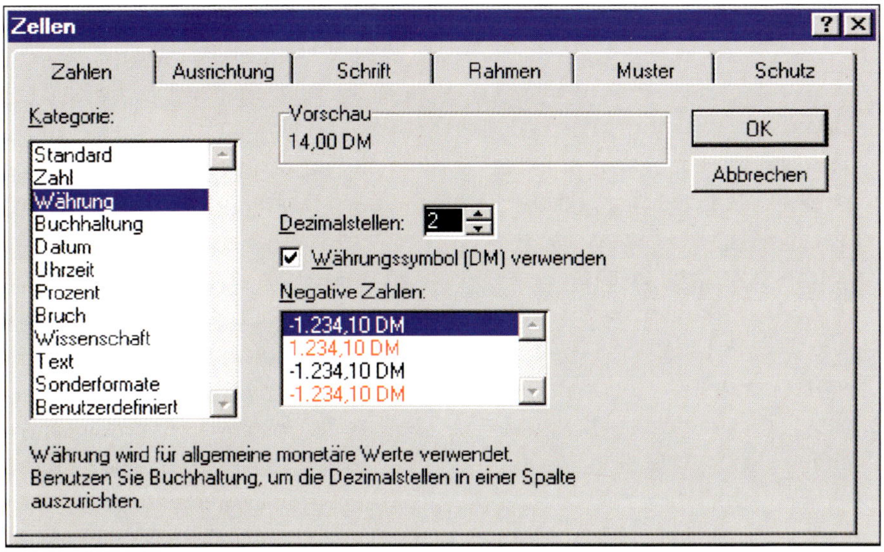

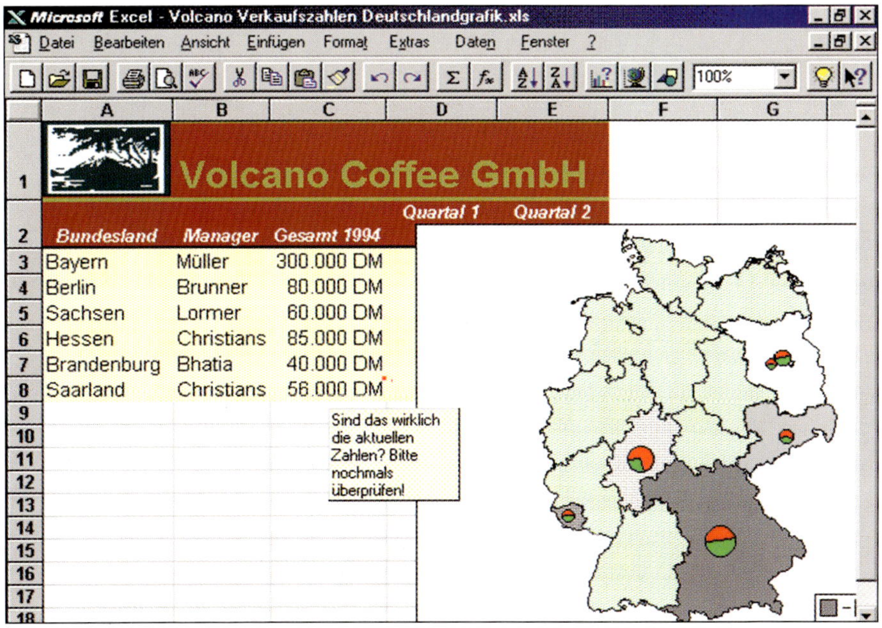

Bekannte Tabellenkalkulationsprogramme

Auch bei den Tabellenkalkulationen hat Microsoft die Nase vorn: das Programm **Excel** ist das meistverwendete seiner Klasse. Es ist ein absolutes Allroundwerkzeug und läßt eigentlich keine Funktionen aus. Zu den oben be-

Bilder linke und rechte Seite:
Excel ist das meistverwendete Tabellenkalkulationsprogramm seiner Klasse. Symbolpaletten erleichtern die Erstellung und Gestaltung von Tabellen und Diagrammen.

schriebenen kommt u. a. eine Diashow, die alle Grafiken und Tabellen zu einem Vortrag zusammenstellt. Symbolpaletten erleichtern die Erstellung und Gestaltung der Tabellen, und die Funktionsleiste ist frei definierbar. Eine umfangreiche Auswahl an Busineßgrafiken erleichtert die Wiedergabe von Zahlen in grafischer Form. Sehr wichtig ist auch folgender Faktor: Excel erlaubt einen Datenaustausch mit zahlreichen Anwendungsprogrammen, d. h., dort erstellte Grafiken können ohne Probleme z. B. in einen WinWord-Text eingesetzt werden.
Als Konkurrenten zu Excel sind vor allem **Lotus 1-2-3 für Windows** (von IBM) und **Quattro Pro für Windows** (von Borland) zu nennen. Sie stehen dem Microsoft-Produkt an Funktionalität kaum nach.

Datenbankprogramme

Datenbanken sind Sammlungen von Dateien, auf die nach unterschiedlichen Kriterien zugegriffen werden kann. Dateien sind in diesem Zusammenhang nichts anderes als nach bestimmten Gesichtspunkten geordnete Datenbestände. Als anschaulichen Vergleich kann man eine Karteikarte nehmen: Auf ihr sind in festgelegten Feldern bestimmte Daten eingetragen. Typische Anwendungen sind Adreß-, Lager-, Mitglieder-, Personal-, Kunden- und Lieferantenverwaltung, Literaturverzeichnisse und ähnliches. Benutzt man eine Datenbank, die mit einem Datenbankprogramm erstellt wurde, hat man bei der Dateneingabe auf dem Bildschirm eine Maske vor sich, die einer Karteikarte ähnelt. Die „ausgefüllte“ Maske wird als Datensatz gespeichert.

Aus in einem Computer gespeicherten Datenbankbeständen können z. B. nach beliebigen Gesichtspunkten zusammengestellte Listen, das heißt Informationen aus verschiedenen Dateien, extrahiert und weiterverarbeitet werden. Das geht mit einer normalen Kartei natürlich auch, ist aber sehr zeitaufwendig. Die Zeitersparnis ist hier so groß, daß die sinnvolle Nutzung sehr großer Datenbanken nur noch per Computer möglich ist.
Die meisten Datenbankprogramme kann man als Programmwerkzeuge bezeichnen, weil sie keine fertigen Lösungen anbieten, sondern es dem Benutzer erlauben, für seine individuellen Aufgabenstellungen ohne großen Aufwand eine Datenbank zu bilden.
Die logischen Verknüpfungen der Daten werden grundsätzlich durch die Aufgabenstellung bestimmt. Es können aber unterschiedliche Strukturen zugrunde gelegt werden, welche die Art der möglichen Verknüpfungen bestimmen. Je nach Aufbau spricht man von sequentieller, hierarchischer, Netzwerk- oder relationaler Struktur:

- Die sequentielle Struktur weist eine feste Verkettung von der vorherigen zur nachfolgenden Information auf.
- In hierarchischen Strukturen kann jede Datenmenge mit einer übergeordneten und theoretisch mit beliebig vielen untergeordneten Datenmengen verbunden sein. Ausgehend von einem Basissatz gelangt man entlang einer Baumstruktur zu den untergeordneten Sätzen. Bei dieser linearen Datenstruktur besteht eine klare Abhängigkeit der Daten untereinander, zu jedem Datensegment besteht nur ein eindeutiger Zugriffsweg.
- Netzwerkstrukturen ermöglichen beliebig viele Datenbeziehungen. Die Daten werden in Segmenten gespeichert, unter denen keine Hierarchie besteht. Sie können beliebig miteinander verbunden werden. Zu jedem Segment gibt es mehrere Zugangswege. Nehmen wir zum Beispiel einen Kundenstammsitz als Datenobjekt. Zeiger führen zu allen Auftragssätzen dieses Kunden. Von jedem Auftragssatz aus führen Zeiger zu allen Positionen eines Auftrags.
- In relational strukturierten Datenbanken werden die Daten in Form von Tabellen gespeichert. Über sogenannte Feldwerte sind die einzelnen Datensätze miteinander verbunden.

Die heutigen Datenbankprogramme arbeiten überwiegend mit den beiden zuletzt genannten Strukturen.
Ob eine Datenbank in der Praxis komfortabel genutzt werden kann, hängt ganz davon ab, wie der Anwender die Instrumente eines Datenbankprogrammes genutzt hat. Zu den organisatorischen Aspekten einer Datenbank gehören die Benutzeroberfläche, die logischen Verknüpfungen und der interne Aufbau.
Die wichtigsten Kriterien zur Beurteilung der Leistungsfähigkeit eines Datenbankprogrammes sind:

- Die zulässigen Datentypen. Es sollten numerische, alphanumerische und logische Datentypen zulässig sein. Datum und zusätzliche Felder für lange Texte sind nützlich.
- Die Anzahl der in einer Datenbank zulässigen Datensätze, der Felder pro Satz und der Zeichen pro Feld.
- Die Anzahl der Daten, die gleichzeitig geöffnet werden können.

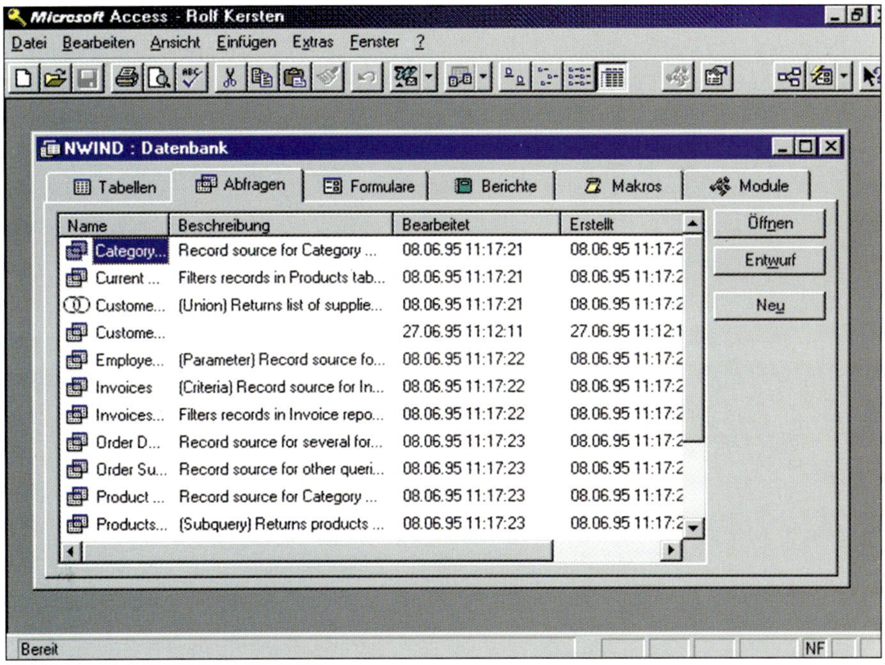

Access von Microsoft ist das führende Datenbanksystem für Personal Computer. Die Daten werden in Form von Tabellen gespeichert.

Heute gewinnen zunehmend Datenbanken an Bedeutung, die durch moderne Abfragetechniken eine eher intuitive Benutzung erlauben (QBE, Query By Example = Abfrage durch Beispiele). Datenbanken auf Großrechnern arbeiten dagegen oft mit einer speziellen standardisierten Abfragesprache mit dem Kürzel SQL (Standard Query Language), die auch im PC-Bereich an Bedeutung gewinnt.

Welches Datenbankprogramm man auswählt, ist abhängig von der zu lösenden Aufgabe. Zuvor sollte jedoch jeder für sich entscheiden, wieviel Erfahrung er mit dieser Art von Anwendungsprogrammen hat und wieviel Zeit er investieren möchte. Denn je komplexer das Datenbankprogramm, desto länger die Einarbeitungszeit. Bei der Auswahl des richtigen Programms sollte man außerdem zuvor abschätzen, wieviele Daten verwaltet werden sollen.

Bekannte Datenbankprogramme

Datenbankprogramme gibt es mit den unterschiedlichsten Leistungsspektren. Von der Public Domain Software (s. S. 130) bis zum komplexen relationalen Datenbanksystem ist alles auf dem Markt erhältlich.

Die verbreitetsten Programme in diesem Sektor sind heute sicherlich Access für Windows von Microsoft, dBase und Paradox (beide von Borland). **Access** ist ein relationales Datenbanksystem, das die Datenbestände in Tabellen verwaltet, die miteinander verknüpft werden können. Der Vorteil dieses Programms ist die Möglichkeit, Daten redundantfrei abzuspeichern. Das heißt, sie werden nur einmal erfaßt, können jedoch durch Verknüpfungen in zahlreiche Relationen gebracht werden. Access zeichnet sich durch seine umfangreiche Funktionalität aus, was jedoch bedeutet, daß man als Neuling relativ viel Zeit für das Erlernen aufwenden muß.

Bild linke Seite:
Grafikprogramme werden vor allem im kaufmännischen Bereich eingesetzt.

Bilder rechte Seite:
Powerpoint für Windows 95 ist ein weitverbreitetes Grafikprogramm. Es wird über das Programmpaket Microsoft Office mitverkauft und bietet umfangreiche Funktionen für die Präsentation an.

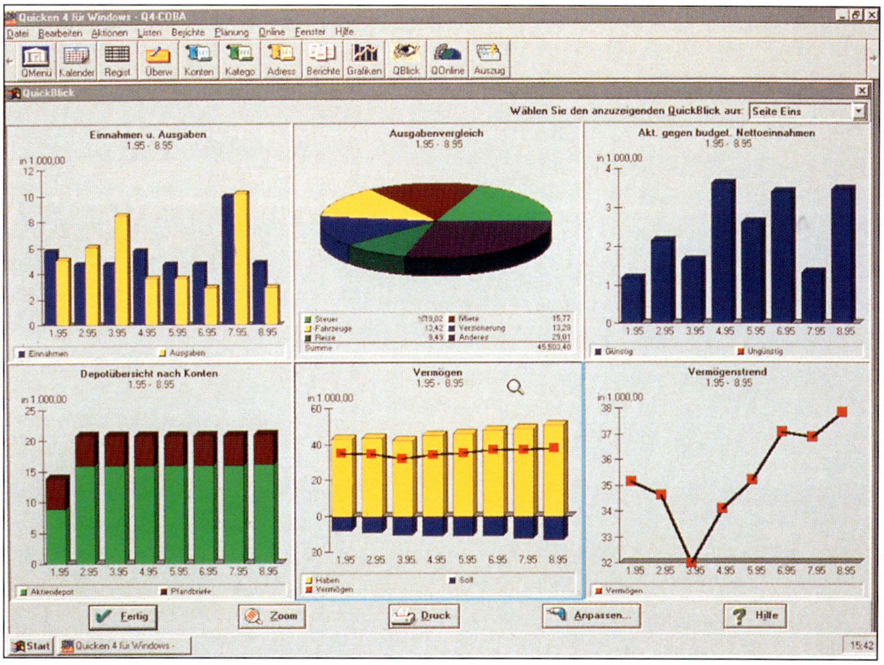

DBase ist der Klassiker unter den Datenbankprogrammen für Personal Computer. In zahlreichen Unternehmen sind die verschiedenen DOS- und Windows-Versionen im Einsatz. Trotzdem verliert das Programm zunehmend – zugunsten von Access – an Bedeutung.
Paradox war schon immer der Geheimtip unter den Datenbankprogrammen, konnte sich aber trotz hoher Funktionalität und Qualität nie vollständig durchsetzen.
Oftmals kommt in Unternehmen auch **Lotus Notes** zum Einsatz. Dies ist eine sogenannte Groupware-Software (Anwender können über ein Netz gemeinsam die Datenbestände bearbeiten und verwalten) und ein Dateiverwaltungssystem, das jedoch auch Datenbankfunktionen beinhaltet.

Grafikprogramme

Als Geschäfts- oder Präsentationsgrafik bezeichnet man die Umsetzung von Zahlen in grafische Darstellungen. Sie werden vor allem im kaufmännischen Bereich eingesetzt. „Ein Bild sagt mehr als tausend Worte" ist der Leitgedanke, der hinter dem Einsatz solcher Grafiken steht.
Ob es um die Umsatzentwicklung der letzten Jahre, die Börsenkurse oder die Verteilung der Prozente und Sitze bei einer Wahl geht: Die grafische Darstellung ist allemal anschaulicher als nackte Zahlenkolonnen.
Die verbreitetsten und einfachsten Darstellungsformen sind das Balkendiagramm, das Liniendiagramm und das Tortendiagramm. Gebräuchlich sind hauptsächlich zweidimensionale Diagramme, mit Ausnahme der Balkendiagramme, die oft dreidimensional sind. Doch ist dies keine echte dreidimensionale Grafik, bei der drei Faktoren in Abhängigkeit voneinander dargestellt werden. Zur Verdeutlichung: Wenn es darum geht, den Absatz pro Monat darzustellen, gibt es die zwei Datenformen „Monat" und „Umsatz in DM" (oder Dollar, Gulden usw.). Diese beiden werden zueinander grafisch in Beziehung gesetzt. Es ist dann zwar hübscher, wenn das Programm den Umsatz eines Monats dreidimensional als Balken darstellt und nicht nur als Rechteck, ändert aber nichts an der inhaltlichen Aussage.
Muß oder soll dagegen der Umsatz pro Monat noch weiter aufgeschlüsselt werden (z. B. bei einem Kaufhaus in Lebensmittel, Kleidung, Möbel, Bücher usw.), so wird eine echte dreidimensionale Darstellung nötig.
Auch bestimmte statistische Auswertungen gehören zum Standard von Grafikprogrammen. Eine typische Auswertung wäre das Einfügen einer Trendlinie in eine Umsatzkurve. Darüber hinaus bieten moderne Programme freie Zeichenmöglichkeiten an. Zum einen können einfache vorgegebene grafische Elemente, wie Kreis, Raute, Rechtecke usw. hierfür verwendet werden, zum anderen ist es auch möglich, völlig frei Symbole und Zeichnungen zu erstellen. Heute lassen sich auch schon mit Tabellenkalkulationsprogrammen (beziehungsweise integrierten Softwarepaketen, zu denen ein Tabellenkalkulationsteil gehört) komplexe und anschauliche Geschäftsgrafiken erstellen. Es gibt jedoch speziell hierfür entwickelte Pro-

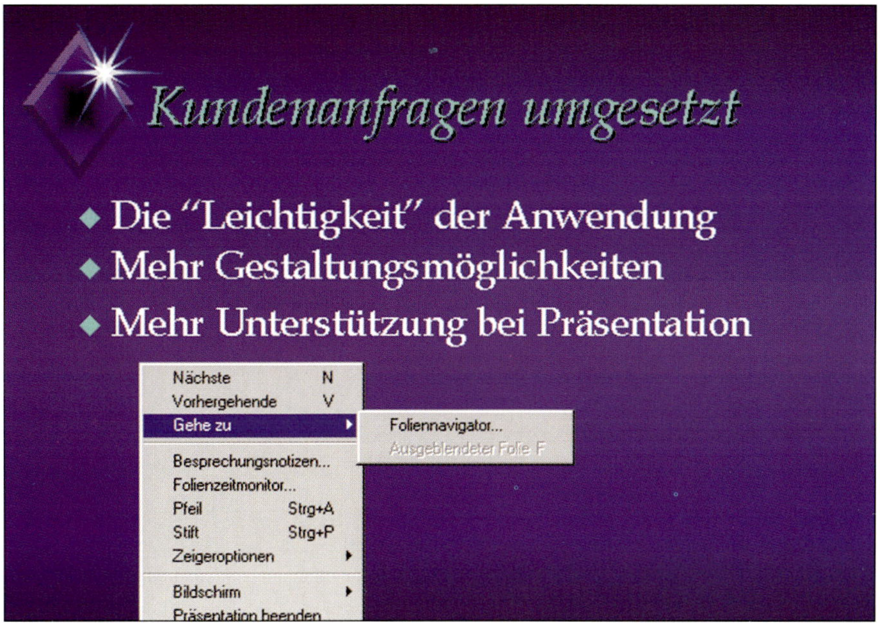

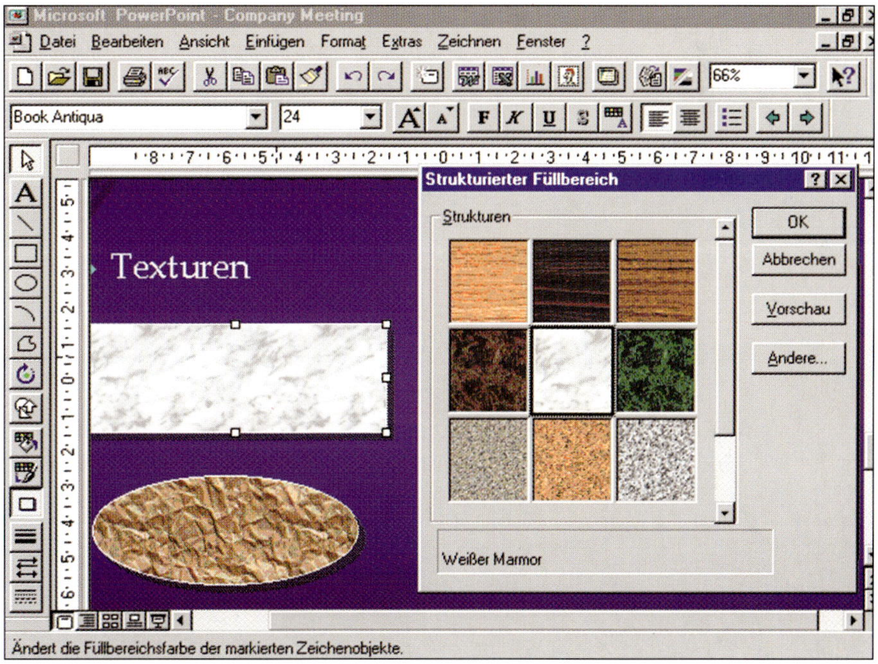

gramme, die im allgemeinen über mehr Darstellungsmöglichkeiten verfügen als die in anderen Programmen enthaltenen Grafikzusätze. So können zum Beispiel auch Strukturen veranschaulicht werden:
Für hierarchische Strukturen nimmt man Baumdiagramme und für komplexere Netzpläne. Solche Diagramme faßt man unter dem Begriff „Organigramm“ oder „Struktogramm“ zusammen. Es gibt jedoch auch speziell hierfür Programme auf dem Markt (z. B. ABC Flowcharter). Grafikprogramme können Datensätze aus den gängigen Tabellenkalkulationen und Integrierten Softwarepaketen übernehmen.
Moderne Grafikprogramme bieten häufig auch eine Funktion an, mit deren Hilfe Diagramme und Grafiken als Diashow am Bildschirm oder über einen Overheadprojektor auf einer Leinwand vorgeführt werden können. Dann wird dieses Programm jedoch in der Regel als Präsentationsprogramm bezeichnet. Es ermöglicht, Dias aus anderen Programmen in die Show einzubinden, die Reihenfolge der Bilder zu verändern oder diese mit bestimmten visuellen, aber auch hörbaren Effekten zu untermauern.

Bekannte Grafikprogramme

Zu den bekanntesten Grafikprogrammen ist heute **Powerpoint** von Microsoft zu rechnen. Es bietet umfangreiche Funktionen für die Präsentation an, wie den Einbau von Spezialeffekten und Hintergründen, einen automatischen Ablauf, der jedoch in Zeit und Aussehen verändert werden kann, das Einbinden von Bildern und Cliparts usw. Daneben ist in vielen Unternehmen **Harvard Graphics** verbreitet. Es besitzt eine ähnlich umfangreiche Auswahl an Funktionen wie Powerpoint. Da jedoch Powerpoint bereits über das Programmpaket Microsoft Office mitverkauft wird, nimmt der Einsatz dieses Grafikprogramms stetig zu – zu Ungunsten von Harvard Graphics.

Des weiteren ist noch das Programm **Charisma** der Firma Micrografx zu nennen. Es ist noch wenig bekannt und hält bislang nur einen geringen Marktanteil in diesem Segment inne, was allerdings nicht an der Qualität des Produktes liegt.

Zeichenprogramme

Neben den teuren CAD-Programmen, die Spezialprogramme für den Konstruktionsbereich sind, gibt es zwei weitere Arten von Grafikprogrammen, die vor allem für den normalen Anwender interessant sind: Die Zeichenprogramme (Draw-Programme) und die Malprogramme (Paint-Programme). Mit den Zeichenprogrammen lassen sich Strichzeichnungen in Form von Vektoren erstellen, während die Malprogramme mit Rasterpunkten arbeiten.
Zeichenprogramme haben in der Regel eine bestimmte Anzahl von Zeichenwerkzeugen wie Kreise, Rechtecke, Ellipsen usw. zur Verfügung, mit denen Grafiken und Bilder erzeugt werden. Alle Objekte lassen sich beliebig nachbearbeiten. Hierzu wird ein Eckpunkt des Objektes mit dem Mauszeiger ergriffen und an eine andere Stelle verschoben. So kann man z. B. aus einem Viereck ein Dreieck machen, ebenso wie man durch Hinzufügen eines weiteren Punktes ein Fünfeck erstellen kann. Des weiteren lassen sich die Formen der Kurvenelemente durch z. B. eine Neigung verändern.
Neben den Zeichenwerkzeugen bieten Zeichenprogramme zusätzliche Funktionen an, mit denen man Spezialeffekte erreicht. So kann man Text als Rund- oder als Figurensatz sowie als Konturenschrift erstellen. Diese Manipulationen verhindern nicht, daß Text nachträglich bearbeitet werden kann. Darüber hinaus gibt es Sonderfunktionen, die Körper- oder Raumillusionen erzeugen. So können Text und gezeichnete Elemente an jede beliebige Form angepaßt werden. Jedes Element kann frei am Bildschirm gedreht werden, wobei man selbst bestimmen kann, wie weit es in den Raum hineinragt oder von wo aus das Licht darauf fällt. Perspektivische Darstellungen erlauben auch das Überblenden von einem Objekt zum andern. So kann man schrittweise einen Kreis zu einem Rechteck werden lassen.

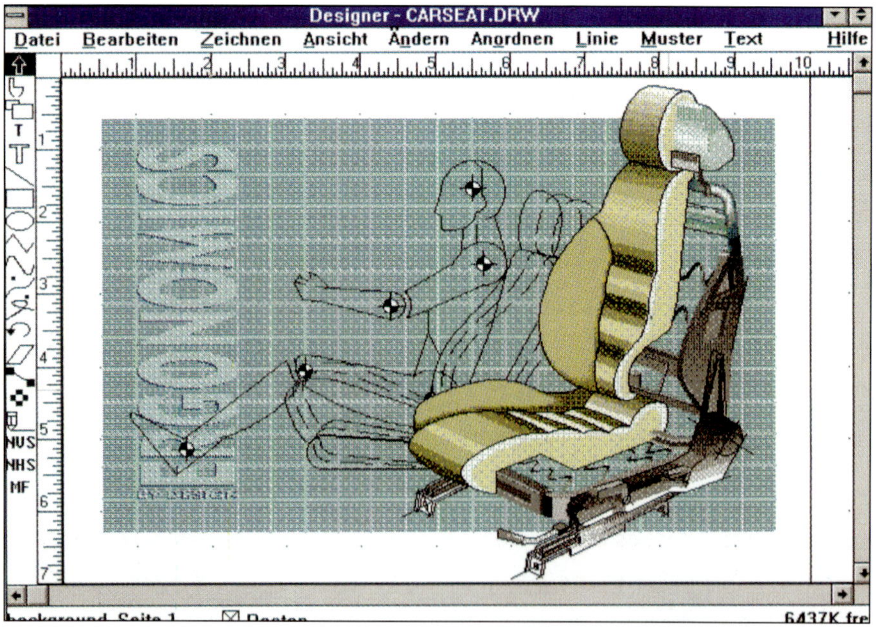

Alle Elemente können farbig gestaltet werden. Hierfür kann man aus fest definierten Farben wählen, die sich jedoch in Nuancen verändern lassen. Dies geschieht durch Farbmischung oder durch Hinzufügen von Helligkeit, Sättigung oder Farbton. Die Objekte können aber auch mit Schraffuren, Mustern und Farbverläufen versehen werden.

Bekanntes Zeichenprogramm

Eines der am meisten eingesetzten Zeichenprogramme ist der **Designer** von Micrografx. Mit seiner Hilfe kann man freie Grafiken für jeden Einsatz erzeugen: Ob ein Firmenlogo, ein Plakat oder eine aufwendige technische Zeichnung.
Der Designer bietet alle Funktionen, die ein gutes Zeichenprogramm ausmachen. Er stellt zahlreiche Werkzeuge zum Zeichnen und Verändern von Elementen zu Verfügung, und Farben können beliebig gemischt und als Farbverläufe dargestellt werden. Darüber hinaus gibt es zahlreiche Spezialeffekte wie das Überblenden von Elementen und das Verzerren von Symbolen sowie einen Figurensatz.
Mit der „SlideShow" können die erstellten Grafiken zu einer Diashow zusammengestellt und über den Bildschirm oder einen Overheadprojektor präsentiert werden.

Malprogramme

Während mit Zeichenprogrammen Strichzeichnungen in Form von Vektoren dargestellt werden, arbeitet man bei Malprogrammen (Paint-Programme) mit Rasterpunkten. Bei ihnen ist die Bilderzeugung mit Pinseln und mit

Bild linke Seite:
Komplexe Illustration, mit dem Programm Designer erstellt.

Bild rechte Seite:
Besondere Effekte über den Trickkasten von Paintbrush.

Farb- und Musterpaletten möglich. Die Steuerung erfolgt über eine Maus. Klassische Werkzeuge eines Malprogrammes sind der Stift, der Pinsel, die Sprühdose oder ein Radiergummi. Mit ihrer Hilfe kann man interessante Effekte erzielen. Einen Nachteil hat diese Methode allerdings: Nachträgliche Veränderungen sind nur schwer durchzuführen. Denn Elemente können nicht verschoben, sondern müssen übermalt oder ausgefüllt werden.
Dieses Problem besteht auch bei der Arbeit mit Text. Nach Beendigung der Textbearbeitung ist eine Korrektur nur noch durch Ausradieren oder Übermalen möglich.
Paint-Programme enthalten oft auch die grundlegenden Funktionen von Draw-Programmen. Manche, aber nicht alle diese Programme können Bildformate erzeugen, die von DTP-Programmen übernommen werden können.

Bekannte Malprogramme

Bisher war das bekannteste Malprogramm sicherlich **Paintbrush**. Da dieses ein Bestandteil von Windows war, fand es eine enorme Verbreitung. Zu Windows 95 gehört auch ein Malprogramm, dieses Mal mit dem Namen **Paint**. Es ist der verbesserte Nachfolger von Paintbrush.
Paint beinhaltet alle Werkzeuge, die ein Malprogramm ausmachen, wie Pinsel, Sprühdose, Stift usw. Die Zeichnungen können gedreht und gespiegelt sowie gestreckt und gezerrt werden. Aus der Farbpalette lassen sich Farben einfach auswählen, zuordnen und beliebig verändern.

DTP-Programme

Desktop Publishing (kurz: DTP) bedeutet wörtlich übersetzt: Publizieren vom Schreibtisch aus. Umschrieben werden damit Layoutprogramme, die auf der Basis von Personal Computern professionellen Satz ermöglichen, was früher nur teuren und großen Fotosatzmaschinen vorbehalten war. Waren bis Ende der achtziger Jahre diese Programme und die erforderliche Hardware wie Laserbelichter jedoch noch weit von der Professionalität entfernt, so werden heute schon viele Zeitschriften und Bücher mit DTP produziert.
Was ist nun ein Layoutprogramm? Wörtlich übersetzt ist es ein „Auslege"-Programm. Was ausgelegt wird, sind Teile einer Seite (oder Doppelseite) eines Druckwerkes. Also zum Beispiel die eines Buches oder einer Zeitschrift.
Wird ein Buch in herkömmlicher Technik gestaltet, fertigt die Setzerei von allen Seiten ein Layout oder einen Umbruch: Der Text wird in die Form gebracht, in der er später erscheinen soll, und dann als sogenannte Fahne an den Verlag geliefert. Dort wird diese zerschnitten und zusammen mit den Bildern auf ein Muster der jeweiligen Doppelseite gelegt.
Das paßt natürlich nicht auf Anhieb, also werden die Bilder verkleinert oder vergrößert und der Text auf der Seite hin und her geschoben, bis alles zusammenpaßt. Erst dann wird die Seite geklebt. Dies ist dann immer noch keine Druckvorlage: Im Herstellungsbetrieb wird mit dieser Seite als Muster, neuen Satzfahnen und den Originalen der Bilder eine Druckvorlage erzeugt. Beim Desktop Publishing wird nun die Arbeit des Umbruchs in den Computer

hineinverlegt. Das Ergebnis jedes Montageschrittes ist auf dem Bildschirm zu sehen. Viele sich wiederholende Arbeitsschritte können automatisiert werden. Wiederholt sich – wie bei Büchern und Zeitschriften – das Grundmuster der Seiten, kann es als „style sheet" (Stilseite) abgespeichert werden.

Die Ausgabe des fertigen Blattes erfolgt über Laserdrucker oder Laserbelichter. Letztere belichten Filmmaterial mit den per DTP gesetzten Seiten, das dann in der Druckerei für die Produktion verwendet werden kann.

Beim Satz kommt es sehr stark auf die Ästhetik an, wenn man professionelle Ergebnisse erzielen will. Die Definition von Zeichenbreiten bei Proportionalschriften und das Unterschneiden sind entscheidend dafür, daß eine Schrift gut aussieht und leicht lesbar ist.

Nicht alle Programme beherrschen die Proportionalschriften richtig. Bei diesen hat jeder Buchstabe eine bestimmte, für ihn typische Breite. Das „i" ist einer der schmalsten, das „m" einer der breitesten Buchstaben. Es stellt einige Anforderungen an das Satzprogramm, eine solche Proportionalschrift richtig auf die Zeilen zu verteilen, insbesondere wenn auf beiden Seiten ein Randausgleich erfolgen soll (man nennt das Blocksatz). Bei schmalen Spalten sind manchmal sogar mit dem besten Satzprogramm unästhetische Lücken unvermeidlich, weshalb man oft Bücher ohne Randausgleich im Flattersatz setzt. Gute Desktop-Programme beherrschen dies, schlechtere nicht.

Ein weiterer Gesichtspunkt bei der Satzästhetik ist das Unterschneiden, im Fachjargon als Kerning bezeichnet: Manche Buchstaben haben in bestimmten Schriften an Anfang oder Ende Schrägen oder Rundungen. Folgt zum Beispiel ein „e" auf ein „V", so sieht es einfach besser aus, wenn das „e" etwas an das „V" herangerückt wird. Im Bild erkennt man deutlich den Unterschied. Daneben gibt es noch einige vergleichbare Probleme. Moderne DTP-Programme beherrschen viele Funktionen, die vor Jahren noch undenkbar waren. Dank „WYSIWYG" (What You See Is What You Get) kann man am Bildschirm sehen, was auch im Ausdruck erscheinen wird. DTP-Programme sind in der Lage, aus einer Vielzahl von Programmen Grafiken, Bilder und Texte zu importieren.

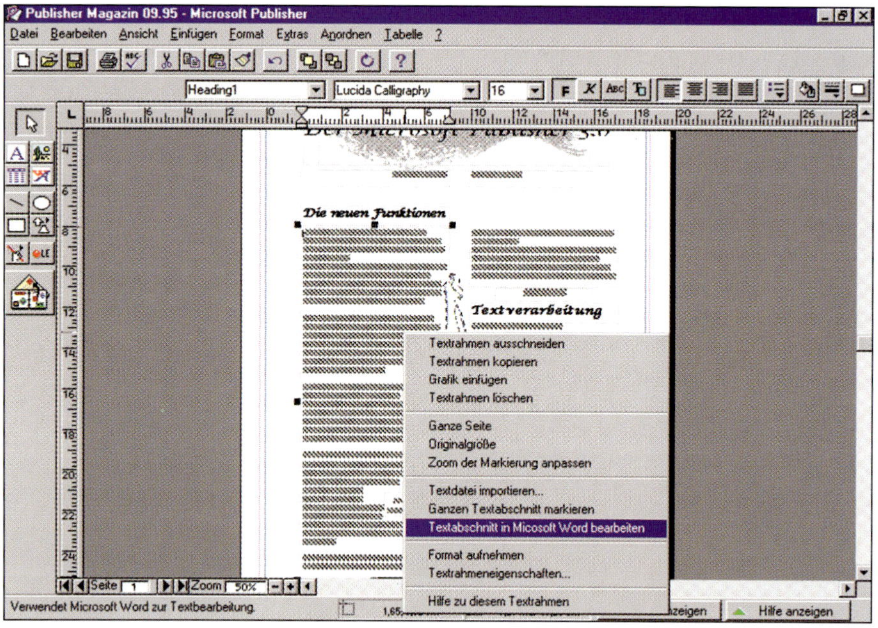

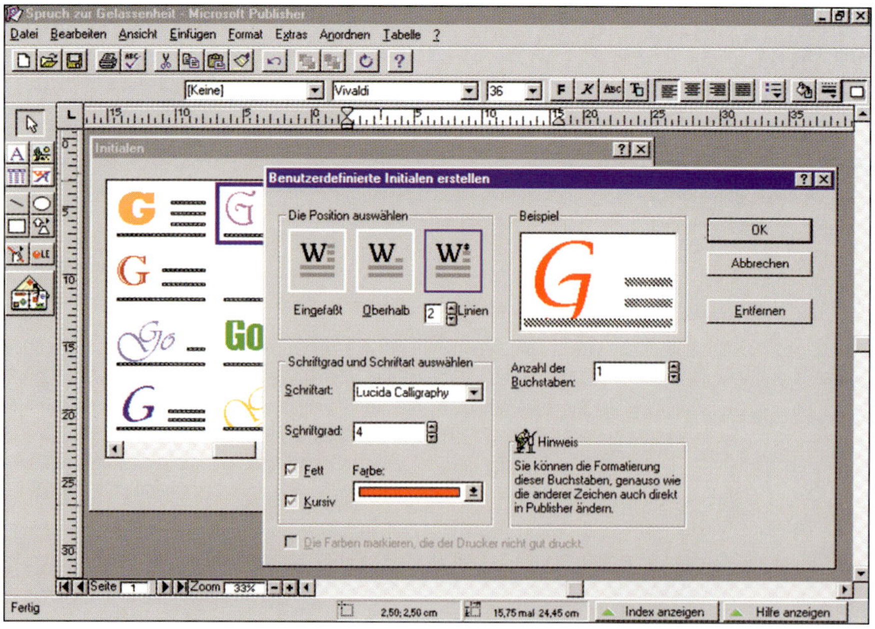

Bekannte DTP-Programme

Früher das am meisten verwendete DTP-Programm für den Macintosh von Apple, hat sich **PageMaker** heute auch im Windows-Bereich zu den besten Satzprogrammen gemausert. Dieser Trend bezieht sich ebenfalls auf die eingesetzte Hardware: Bis vor wenigen Jahren galt der Macintosh als der beste PC für grafische Anwendungen wie DTP. Heute hat sich dies geändert: Leistungsstarke Prozessoren und ausgereifte Anwendungsprogramme haben den „normalen“ PC zu einem Allrounder gemacht – was Desktop Publishing einbezieht.

So gibt es mittlerweile eine ganze Anzahl von sehr guten DTP-Programmen, die sowohl auf IBM-kompatiblen PCs als auch auf Macintosh-PCs laufen.

QuarkXPress ist ein Beispiel hierfür, ein leistungsstarkes und anspruchsvolles DTP-Programm. Microsoft versucht ebenfalls seit einigen Jahren, mit dem **Publisher** eine Bresche für sich in diesen Markt zu schlagen: Bisher nur bedingt mit Erfolg. Trotzdem ist der Publisher wegen seiner leichten Verständlichkeit vor allem für DTP-Anfänger ein interessantes Produkt.

Integrierte Softwareprogramme

Integrierte Software umfaßt viele der auf den vorhergehenden Seiten besprochenen Anwendungsprogramme als Teile eines einheitlichen Paketes und bietet noch einige zusätzliche Möglichkeiten. Typische Module sind:

- Textverarbeitung
- Tabellenkalkulation
- Datenbank
- Präsentationsgrafik
- Terminplanung

Integrierte Systeme decken also gleich mehrere Anwendungsbereiche ab. So kann man einen Brief schreiben und den Adressaten in einer Adreßdatenbank suchen oder sein Haushaltsbuch in der Tabellenkalkulation führen und in Form von Geschäftsgrafiken die Ausgaben eines Monats darstellen.

Natürlich sind die einzelnen Programmteile eines Integrierten Softwarepaketes nicht mit der gleichen Funktionsvielfalt ausgestattet wie die Einzelprodukte. Sie beschränken sich auf die wichtigsten Kernfunktionen. Es lohnt sich aber trotzdem, einmal nüchtern abzuwägen, ob die im konkreten Fall benötigten Funktionen für eine bestimmte Aufgabe von einer integrierten Lösung nicht genausogut erfüllt werden wie von einem spezialisierten Programm – denn das integrierte Programm bietet in jedem Fall insgesamt mehr Möglichkeiten.

Allerdings haben Integrierte Pakete auch ihre Schwächen. Oft ist der interne Verwaltungsaufwand eines solchen Programms so groß, daß ein Verlust an Arbeitsgeschwindigkeit entsteht. Dies macht sich dann bei älteren, langsameren Rechnern besonders deutlich bemerkbar. Wenn jemand daher in erster Linie spezialisierte Aufgaben erledigt, wird meist ein Einzelprogramm sinnvoll sein. Führt man dagegen viele miteinander in Zusammenhang stehende Aufgaben aus, ist ein Integriertes Softwarepaket meist die bessere Lösung.

Hat man sich etwas tiefer in ein solches Programmpaket eingearbeitet,

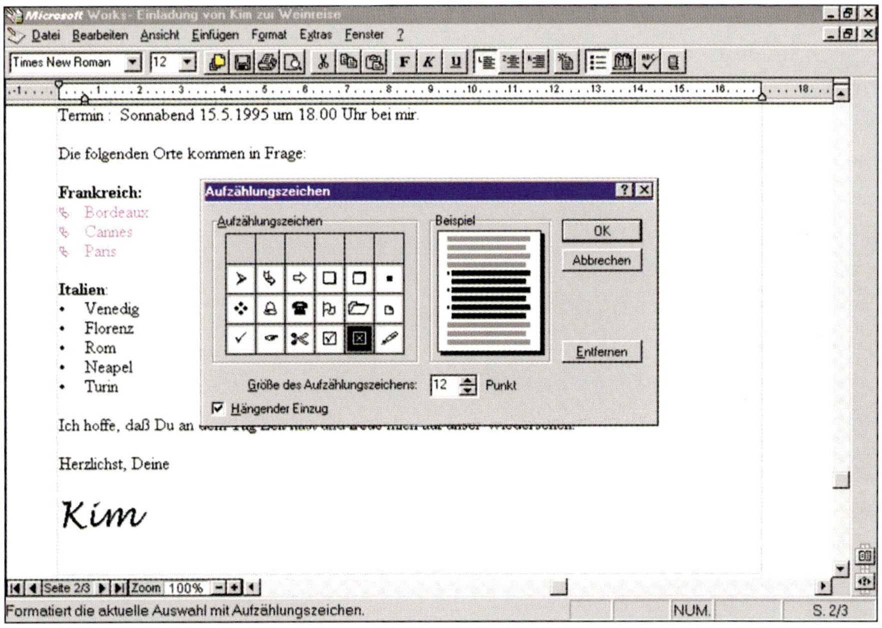

Bilder linke Seite:
DTP-Programme ermöglichen professionellen Satz auf der Basis von Personal Computern. Der „Publisher“ von Microsoft ist wegen der leichten Verständlichkeit für DTP-Anfänger besonders interessant.

Bild rechte Seite:
Auswahlmaske bei der Textverarbeitung von Works für Windows.

besteht die zusätzliche Möglichkeit, bestimmte Abläufe vorzuprogrammieren. Dann bieten die Integrierten Pakete gegenüber den Einzelprogrammen erhebliche Vorteile.

Integrierte Softwarepakete werden insbesondere im privaten Bereich eingesetzt. Denn dort benötigt man in der Regel nicht die zahlreichen Funktionen der Anwendungsprogramme, sondern vielmehr eine Auswahl von wichtigen Kernfunktionen. Und diese leisten Integrierte Systeme allemal – meist sogar weit mehr, als der private Anwender wirklich braucht.

Nicht zu den Integrierten Softwareprogrammen zählen die sogenannten Office-Programme. Diese sind nicht auf das Wesentliche reduziert, sondern beinhalten die Vollversionen von Anwendungsprogrammen. So gehören zu Microsoft Office die Programme Word für Windows, Excel, Powerpoint und Mail, während die „Professional"-Ausgabe noch das Datenbankprogramm Access beinhaltet.

Office-Programme gibt es auch von anderen Softwareherstellern, jedoch ist Microsoft mit seinem Angebot marktführend.

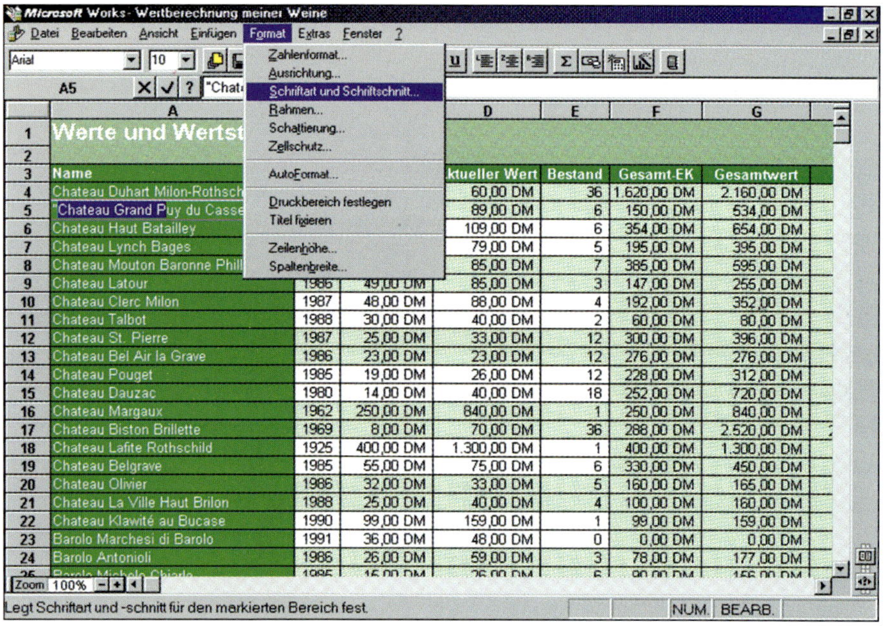

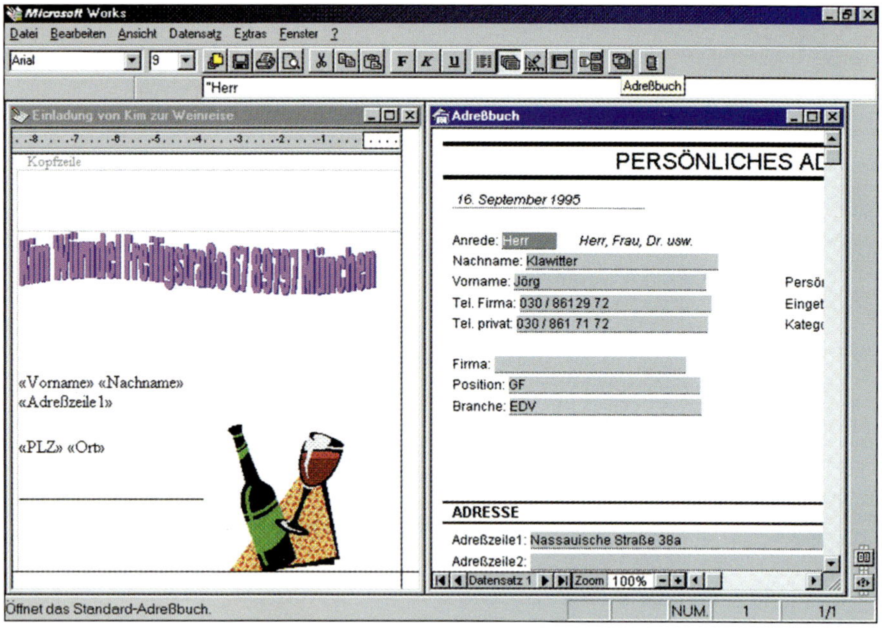

Bekanntes integriertes Softwareprogramm

Am meisten wird in Deutschland in dieser Softwaresparte sicherlich **Works für Windows** von Microsoft eingesetzt. Dieses Programm beinhaltet zahlreiche Funktionen der großen Geschwister und deckt somit bei weitem die Bedürfnisse eines privaten Anwenders ab. Auch viele mittelständische Unternehmen setzen auf Works und verzichten auf die umfangreichen Funktionen der Einzelprodukte.

Works für Windows 95 besitzt eine sehr gute Textverarbeitung, die Word für Windows kaum an Funktionalität nachsteht. Außerdem ist ein Datenbankprogramm integriert, mit dem man bei weitem mehr als nur reine Adreßverwaltung durchführen kann. Die dort verwalteten Adressen lassen sich einfach in die Textverarbeitung, z. B. für Serienbriefe, einbinden. Das Kalkulationsmodul ist zwar in der Größe des Arbeitsblattes und in der Auswahl der Funktionen beschränkt. Doch wer benötigt wirklich all das, was das Programm Excel heute zur Verfügung stellt?

Hilfsprogramme

Ein Computer ist ein technisches Gerät, und so sind Fehler und Verschleißerscheinungen unumgänglich. Z. B. gibt es Abrieb bei Disketten, und auch durch Magnetfelder kann deren Inhalt teilweise zerstört werden. Sind dabei wichtige Daten gefährdet, muß man versuchen, den Inhalt der Diskette so gut wie möglich zu rekonstruieren, um die Daten zu retten. Dies ist ein typischer Fall, in dem Hilfsprogramme (englisch: „utilities") benötigt werden. Ein solches Hilfsprogramm kann auf der Ebene des Betriebssystems oder auf der von Anwendungsprogrammen arbeiten. Und viele Hilfsprogramme ermöglichen im Prinzip nichts anderes als das Betriebssystem, nur viel komfortabler. Beispiele:

- Speicherbereiche auf Diskette und Festplatte können mit anderen oder dem Arbeitsspeicherinhalt verglichen werden.
- Dateien können kopiert werden, und zwar nicht nur ganze Disketten, sondern indem bestimmte Dateien (beispielsweise der Teilinhalt einer Festplatte auf eine Diskette) markiert werden, können diese auch einzeln an anderer Stelle abgespeichert werden.
- Es können Dateien umbenannt und gelöscht werden.
- Es können im Inhaltsverzeichnis gelöschte, aber noch nicht überschriebene Dateien wiederhergestellt werden.
- Es kann der Status von Dateien geändert werden (z. B. normale Dateien in Nur-Lese-Dateien und umgekehrt).
- Es können Dateien mit bekanntem, aber auch mit nur teilweise bekanntem Dateinamen auf der Diskette oder Festplatte gesucht werden, was bei umfangreichen Festplatten mit vielen Unterverzeichnissen sehr nützlich ist.

Typische Beispiele für Hilfsprogramme, die in einem Anwendungsprogramm enthalten sind, sind beispielsweise Maskengeneratoren für Datenbankprogramme.
Zu den beliebtesten Hilfsprogrammen zählen sicherlich die Bildschirmschoner. Sie gibt es in einer unendlichen Vielfalt: Ob nun Comic-Figuren, das Startrek-Raumschiff, Fische im Aquarium, bildschirmzerfressende Würmer oder hüpfende Bälle – kein Bereich wurde ausgelassen, um als Bildschirmschoner die Pausen zwischen der Arbeit am Computer zu verkürzen. Es soll Anwender geben, die anstatt zu spielen sich die verschiedensten Bildschirmschoner anschauen ...
Als Hilfsprogramme kann man auch Benutzeroberflächen ansehen, die dem Anwender die Funktionen des Betriebssystems zugänglicher machen. So gibt es die Programme Norton Desktop und PC-Tools. Beide bieten zusätzlich eine komfortable Benutzeroberfläche sowie noch viele nützliche Hilfsfunktionen – sie sind jedoch nicht mit einer Betriebssystemerweiterung wie Windows vergleichbar.
Für Windows 3.1 gibt es Utilities mit eigenen Benutzeroberflächen, die die Arbeit mit Windows erleichtern sollen.

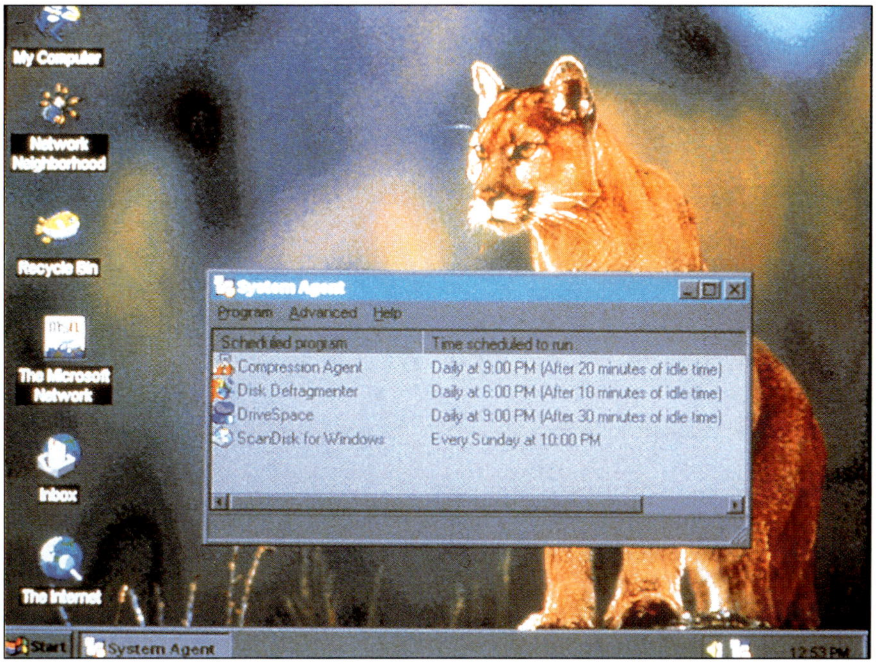

Bilder linke Seite:
Works von Microsoft vereinigt Funktionen für Textverarbeitung, Tabellenkalkulation mit Diagrammerstellung, Datenbankmanagement und Datenkommunikation.

Bild rechte Seite:
Microsoft Plus! enthält zusätzliche Hilfsprogramme.

Das Programm Norton Desktop für Windows enthält zum Beispiel eine eigene Windows-Shell, die einige Vorteile gegenüber dem Programm-Manager von Windows bietet.
Da Microsoft erkannt hat, wie groß der Markt für Utilities ist, versucht der Softwaregigant natürlich, sich auch ein Stück des Kuchens zu sichern. Wen wundert es, daß Microsoft in Windows 95 bereits zahlreiche Utilities integriert hat, um die Arbeit mit dem Personal Computer zu erleichtern? So gibt es einen Hardware-Assistenten, der neu eingebaute Hardware-Komponenten erkennt und installiert. Mit Hilfe des Software-Assistenten kann man ganz einfach neue Software unter Windows 95 installieren, aber auch deinstallieren. Der DFÜ-Netzwerk-Assistent stellt eine Verbindung für die Datenfernübertragung her, erkennt das verwendete Modem und richtet es optimal ein.
Darüber hinaus kann der Anwender das Zusatzprodukt Microsoft Plus! mit zusätzlichen Utilities erwerben.

Gewerbliche Programme

Unter diesen Begriff fallen alle Programme, die typische Datenverarbeitung für gewerbliche Betriebe unterstützen. Dazu zählen die Bereiche Produktion, Vertrieb, Handel und Dienstleistung. In diesen Bereichen gibt es Aufgaben, die überall gleich, und solche, die sehr branchenspezifisch sind.
Alle Gewerbetreibenden müssen z. B. Rechnungen und Mahnungen schreiben können – eine Anforderung, die branchenübergreifend ist. Sehr spezifisch ist dagegen die Sammlung und Auswertung von Materialkosten für die Produktion.
Entsprechend bunt geht es auf dem Softwaremarkt für das Gewerbe zu. Da gibt es Programme, die genau auf eine Branche zugeschnitten sind, und solche, die einen bestimmten Aufgabenbereich abdecken, der auf mehrere Branchen zutrifft, wie Lagerverwaltung und Buchhaltung. Schließlich wird noch speziell auf eine Firma zugeschnittene Individualsoftware angeboten.

Branchenprogramme

Branchenlösungen sind Anwendungsprogramme, die auf die Bedürfnisse einer bestimmten Branche abgestimmt sind. Von isolierten Branchenprogrammen spricht man, wenn diese nur eine oder einen Teil aller anfallenden Aufgaben in einer Branche abdecken. Integrierte Branchenprogramme, auch Branchenpakete genannt, berücksichtigen dagegen alle wichtigen Aufgabenschwerpunkte innerhalb einer Branche. In fast alle Branchenpakete sind die Aufgaben integriert, die sonst von Basisprogrammen übernommen werden (Textverarbeitung, Buchhaltung, Fakturierung usw.).
Oft reicht der Leistungsumfang standardisierter Branchenlösungen nicht aus, um den Anforderungen einer Firma gerecht zu werden. Auch sollen bewährte Organisationsstrukturen nicht um den Preis starrer Ablaufvorgaben, wie sie für Standardprogramme typisch sind, aufgegeben werden.
Da der Leistungsumfang von Branchenlösungen auf die Anforderungen vieler verschiedener Firmen ausgelegt ist, kann es in einem konkreten Anwendungsfall wegen der vielen Optionen und Funktionen sogar zu Bedienungsproblemen kommen, zumal in der Praxis oftmals nur ein geringer Teil dieser Möglichkeiten genutzt wird.
In den vorgenannten Fällen empfiehlt sich die Anschaffung einer individuell entwickelten Lösung. Grundsätzlich

Bild linke Seite:
Das Hilfsprogramm Quick Steuer erleichtert die Steuererklärung.

Bild rechte Seite:
Bankgeschäfte via PC sind kein Problem mit entsprechender Utility.

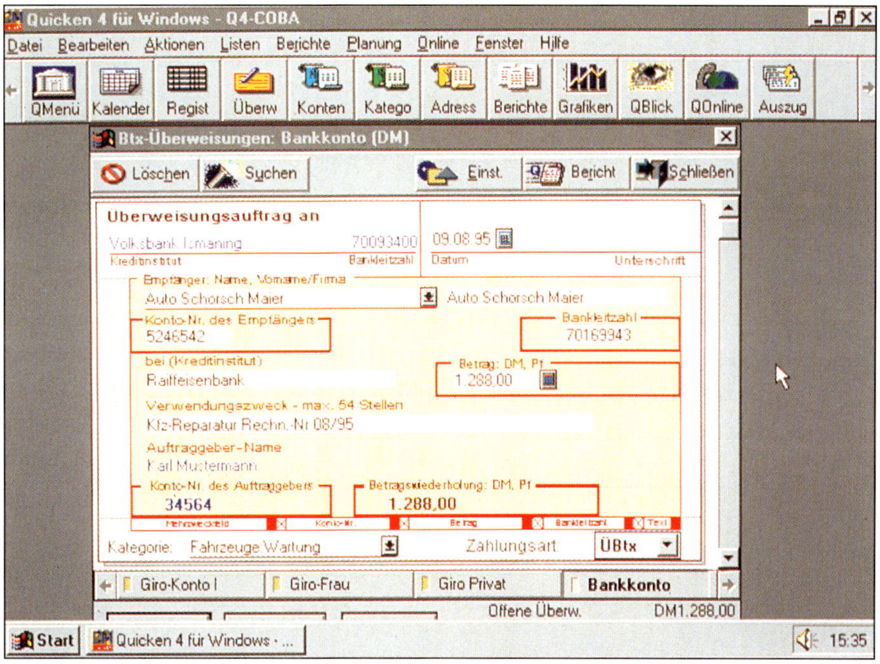

deckt sich ihr Leistungsumfang mit dem eines Branchenpaketes, bietet aber neben der optimalen Anpassung an betriebliche Gegebenheiten auch ein Höchstmaß an Integration der verschiedenen Organisationsbereiche einer Firma. Wegen des einheitlichen Datenstandards sind der problemlosen Nutzung gemeinsamer Daten in verschiedensten Arbeitsbereichen kaum Grenzen gesetzt. Ist das System außerdem modular erweiterbar (Baukastenprinzip), so hat der Anwender die Möglichkeit, die Software schrittweise seinen wachsenden Anforderungen anzupassen. Individualsoftware wird von spezialisierten Entwicklungsfirmen bezogen.

Buchhaltung

Hier gibt es sehr komplexe Programme, die alle Arten der Buchhaltung beherrschen. Oft sind sie jedoch Bestandteil von Branchenprogrammen. In den meisten Fällen beherrschen sie dann nur eine der gängigen Buchhaltungsarten, auf die im folgenden näher eingegangen wird.
Die grundlegende ist die **Finanzbuchhaltung**. Die wichtigste Anforderung an ein gutes Finanzbuchhaltungsprogramm ist, daß es mit der Methodik der doppelten Buchführung ausgerüstet sein muß. Weitere wichtige Anforderungen sind:
Das Programm muß mit Kreditoren und Debitoren rechnen können. Stark vereinfacht kann man sagen: Kreditoren sind die Lieferanten, Debitoren sind die Kunden. Weiter muß das Programm mit unterschiedlichen Kontenarten wie Bilanz- oder Gewinn- und Verlustkonten arbeiten können.
Das Programm muß möglichst viele Sachkonten verwalten können und innerhalb der Sachkonten möglichst viele Buchungen zulassen:

- Es muß möglichst viele Kostenstellen und Bilanztexte erlauben.
- Es muß sich ohne Schwierigkeiten an geänderte Rahmenbedingungen anpassen lassen.
- Es muß eine Vielfalt von Auswertungen ermöglichen, aus denen sich betriebswirtschaftliche Rückschlüsse ziehen lassen.
- Es sollte vorgefertigte Mahntexte enthalten, muß aber in jedem Fall individuelle, jederzeit wieder änderbare Mahntexte zulassen.

Geht man tiefer in die Details, so ergeben sich daraus natürlich eine Reihe einzelner Anforderungen. So sollte es unbedingt eine Stammdatenverwaltung geben.
In der Praxis stellt sich meist heraus, ob die Programmierer vom buchhalterischen Alltag genug verstanden haben. Was geschieht zum Beispiel, wenn auf ein Konto gebucht wird, das im Kontenplan nicht vorgesehen ist? Ein gutes FiBu-Programm läßt die Möglichkeit zu, das fehlende Konto ohne langwierige Installationsprozedur neu einzurichten. Läßt sich bei der Eingabe der Buchungen ein Erfassungsprotokoll mitdrucken, um den unvermeidbaren kleinen Fehlern rasch auf die Spur zu kommen? Kann ein Fälligkeitsdatum von Hand korrigiert werden, etwa, weil sich die Auslieferung um ein oder zwei Tage verzögert hat, die Rechnung aber schon gebucht war? All dies gehört heute zu einem guten FiBu-Programm. Neben dem täglichen Buchen gibt es noch eine Reihe anderer wichtiger Funktionen, wie den Listenausdruck.

Weiter sollte die automatische Durchführung von Überweisungen nach Kontrolle der Fälligkeitsliste ebenso möglich sein wie ein Jahresabschluß, die Verwaltung von Schecks und selbstverständlich auch noch eine automatische Datensicherung in bestimmten Zeitabständen.

Zu den Buchhaltungsprogrammen gehört auch die **Fakturierung**. Dort geht es um das Erstellen von Rechnungen und von Angeboten. Damit ist nicht gemeint, daß eine Rechnung für eine einzelne Ware erstellt wird, denn das erledigt jedes bessere Buchhaltungsprogramm, oder man macht es per Textverarbeitung mit einem vorgefertigten Text. Vielmehr handelt es sich um die detaillierte Rechnungserstellung z. B. einer Kfz-Werkstatt, in der alle einzelnen Ersatzteile, die Arbeitszeiten für die verschiedenen Tätigkeiten und andere Teilposten einzeln aufgeführt, die Beträge automatisch errechnet, der gültige Steuersatz für die Posten hinzuaddiert und der Gesamtbetrag errechnet wird.

Arbeitet die gesamte Verwaltung eines Betriebes mit EDV, so sollte ein solches Programm eine Schnittstelle zum FiBu-Programm der Firma besitzen. Das gleiche gilt auch für die Lohnbuchhaltung und die Lagerverwaltung. Ein Adreßverwaltungsteil gehört ebenfalls zu den meisten Fakturierungsprogrammen. Ist ein sehr großer Adressenstamm zu verwalten, kann auch eine Schnittstelle zu einem entsprechenden Adreßverwaltungsprogramm oder einem Datenbankprogramm notwendig oder nützlich sein.

Zu den wichtigsten Buchhaltungsprogrammen zählt neben den bereits genannten die **Lohnbuchhaltung**. Sie kann auch für einen kleinen Betrieb von Vorteil sein. Dazu muß das Programm eine Reihe von Bedingungen erfüllen:

- Es muß eine Personalstammdatei verwalten, in der der Datensatz für einen Mitarbeiter eine Vielzahl von Feldern enthält. Dazu gehören Name, Personal-Nummer, Bankkonto, Steuerklasse, Urlaubstage, Eintrittsdatum, Krankenkasse usw.
- Es muß Lohn- und Gehaltsabrechnungen auf Stunden- oder Monatsgehaltsbasis mit korrekter Verrechnung von Überstunden inklusive aller Zuschläge brutto und netto erstellen können.
- Es muß ein Lohn-/Gehaltsjournal für jeden Mitarbeiter und den Gesamtbetrieb führen können sowie eine Sozialversicherungsliste.
- Es muß Löhne und Gehälter automatisch überweisen bzw. die Überweisungsformulare ausfüllen und entsprechende Abrechnungen erstellen können.

Lagerverwaltung

Bei Lagerverwaltungsprogrammen handelt es sich im Kern um Datenbankprogramme, die speziell für diese Aufgabe programmiert wurden.

Wichtig ist hierbei der Zeitfaktor. Man denke dabei etwa an ein Lager für Lebensmittel: Hier muß das Programm dafür sorgen, daß die zuerst gelieferten Lebensmittel immer als erstes ausgeliefert werden. Es muß Verfalldaten überwachen und gegebenenfalls rechtzeitig warnen.

Die Zeitproblematik stellt sich durchaus nicht nur bei Lebensmitteln, sondern auch bei vielen anderen Waren: Beispielsweise muß ein Lagerverwaltungsprogramm die für einen Schlußverkauf anstehenden Modeartikel ausweisen können. Technische Bauteile und Geräte müssen nach einer gewissen Lagerfrist überprüft und entweder aus dem Lager entfernt oder gewartet werden. Man sieht: Bei einem Lagerverwaltungsprogramm geht es nicht nur dar-

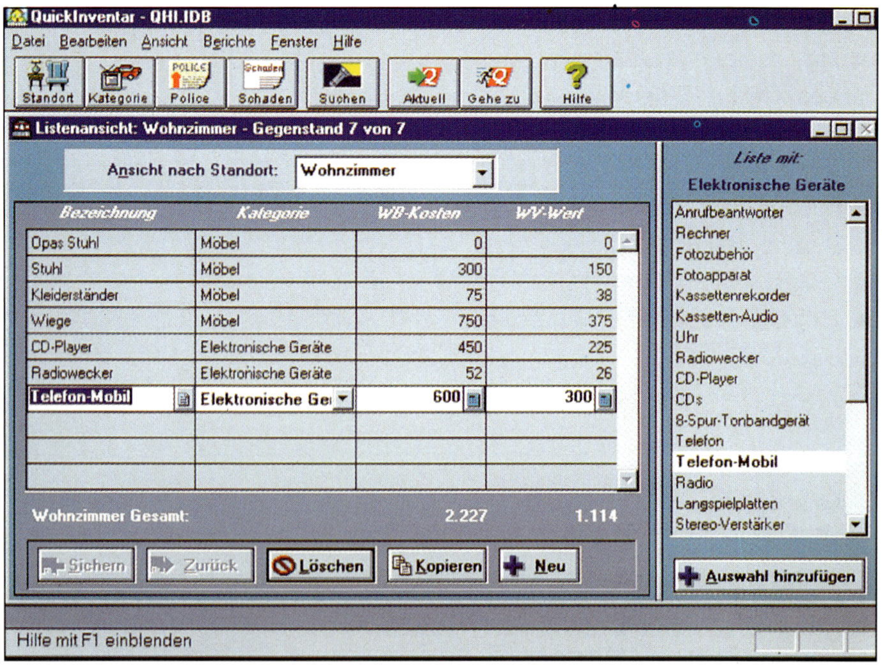

um, einen Überblick darüber zu haben, was überhaupt vorhanden ist. Es geht vor allem darum: Was liegt seit wann wo, und wie ist es zu behandeln? Welche Anforderungen daraus im einzelnen entstehen, kann sehr unterschiedlich sein und muß von den entsprechenden Fachleuten festgelegt werden. Erst daraus lassen sich dann die konkreten Anforderungen an das Programm ableiten.

Technisch-wissenschaftliche Programme

Die technisch-wissenschaftlichen Programme gehören zu den am frühesten entwickelten Computerprogrammen überhaupt: Die ersten Computer wurden ausschließlich für diese Zwecke entwickelt und eingesetzt. Seitdem hat sich dieser Bereich intensiv entwickelt, und es gibt heute auch für Personal Computer eine unüberschaubare Zahl dieser Programme.

Klammert man die Programme aus, die an anderer Stelle erläutert werden, so bleiben folgende Programmarten übrig:

- Programme zum Messen, Steuern und Regeln
- Hochspezialisierte Programme zur Robotersteuerung
- Programme zur Konstruktion (CAD)
- Programme zur Fertigungsplanung und -überwachung

Obwohl es diese Programme ebenfalls für Personal Computer gibt, sind sie in ihren Möglichkeiten auch heute noch eingeschränkt. Denn die Komplexität der Programme und der dahinter liegenden Berechnungen bedürfen eines Hochleistungs-PCs mit einem Pentium-Prozessor. Und so ist dieser Bereich noch immer eine Domäne der mittelgroßen und der großen Computer.

Heute wird vor allem versucht, die verschiedenen Stufen der Produktion durch Netzwerke miteinander zu verbinden. Das Ziel ist dabei die „vollautomatische“ Fabrik, in der die Daten der Konstruktionsabteilung direkt von den Industrierobotern in der Fertigung übernommen und ausgeführt werden, und in der die Ergebnisse der Produktion, die aktuellen Lagerbestände usw. ständig vom Verwaltungscomputer überwacht und aktualisiert werden. Man bezeichnet dies auch als „Computer Integrated Manufacturing“, abgekürzt CIM. Obwohl man von dem beschriebenen Ziel in der Praxis noch ein gutes Stück entfernt ist, gab es doch in den letzten Jahren viele Fortschritte.

Bild linke Seite:
Lagerverwaltungsprogramme wie Quick Inventar für schnellen Überblick.

Bild rechte Seite:
Am PC ist heute schon hochspezialisierte Konstruktion (CAD) möglich.

Einen breiten Einsatz finden sogenannte CAD-Programme. Diese ermöglichen es, technische Konstruktionen am Bildschirm vorzunehmen. Die Vorteile liegen auf der Hand: Zeichnungen können einfach mit Hilfe von Maus und Grafiktableau erstellt werden. Müssen dann Korrekturen vorgenommen werden, so ist dies praktisch in allen Stadien der Konstruktion möglich – früher mußte man von vorne beginnen.
CAD-Programme werden vor allem von Ingenieurbüros und von Architekten verwendet. Die Hardware sollte ein Pentium-PC oder besser noch eine Workstation sein.
Die praktischen Auswirkungen der technisch-wissenschaftlichen Programme sind heute aus dem Alltagsleben kaum noch wegzudenken. Sie reichen von der Waschmaschinensteuerung über die vollautomatische Wetterstation in der Antarktis bis zur Steuerung der kompletten Scheinwerferanlage eines Schauspielhauses. Nicht zu vergessen die Bordcomputer nicht nur im Flugzeug, sondern auch im Auto.

Lernprogramme

Lernprogramme, auch Teachware genannt, sind Dialogprogramme zur Vermittlung, zur Festigung und zum Test von Kenntnissen. Man unterscheidet:

- Drill-and-practice-Programme (Trainingsprogramme)
- Tutorielle Programme
- Testprogramme
- Simulationen

Drillprogramme, zum Beispiel Vokabeltrainingsprogramme, fragen einen Wissensstoff systematisch ab. Bei Falscheingaben wird als Rückmeldung zwar die richtige Antwort ausgegeben, eine Erklärung des Gegenstandes oder eine Begründung der Antwort ist dabei jedoch nicht vorgesehen. Zur Vermittlung komplexer Wissensinhalte ist diese Methode daher nicht geeignet.
Für diesen Zweck eignen sich tutorielle Programme, die dialogorientiert den individuellen Wissensstand des Benutzers/Lernenden berücksichtigen und die Neuvermittlung von Kenntnissen zum Ziel haben. Bei Lösungsvorführungen wird Wert auf die Nachvollziehbarkeit auch der kleinsten Lösungsschritte gelegt. Mittels Kontrollfragen wird überprüft, ob der bisher behandelte Stoff auch wirklich verstanden wurde.
Testprogramme hingegen dienen nicht der Vermittlung, sondern der Abfrage von Kenntnissen auf einem bestimmten Sachgebiet, also der Wissensüberprüfung. Testprogramme sind besonders für standardisierte Tests geeignet, zum Beispiel für Intelligenztests. Die Auswertung durch den Computer erfolgt

Bild linke Seite:
Viele Fertigungsmaschinen sind heute computergesteuert.

Bild rechte Seite:
Der Microsoft Flugsimulator: Cockpit-Ansicht.

schnell und ist insofern objektiv, als jedesmal dieselben Auswertungsmuster zugrunde gelegt werden.
Durch Simulationen technischer, wissenschaftlicher oder kaufmännischer Abläufe auf dem Computerbildschirm lassen sich schließlich Erkenntnisse gewinnen oder Fertigkeiten trainieren, die in der Realität nur mit sehr großem Aufwand oder unter erheblichem Risiko zu erreichen sind (zum Beispiel Flugsimulatoren).
Trotz des unbestreitbaren Nutzens der Lernprogramme wird in pädagogischen Kreisen immer wieder Kritik an ihnen laut, insbesondere beim Einsatz im Vorschulalter und in den ersten Schuljahren. Inzwischen wird auch von den allermeisten Befürwortern zugegeben, daß die didaktische Qualität der Programme in der Anfangszeit oft sehr schlecht war, da man mehr von den (damals geringen) Möglichkeiten der Computer ausging als von den Bedürfnissen der Menschen. So wurde z. B. übersehen, daß persönlich vermittelter Lehrstoff leichter behalten wird.
Auch heute ist die Qualität von Lernprogrammen noch sehr unterschiedlich. Dies liegt zum Teil an den Einschränkungen durch die Hardware: Manche Personal Computer sind in ihren Möglichkeiten zu begrenzt, etwa durch zu geringe Auflösung bei der Grafik oder durch zu kleine Speicherkapazitäten. Andere Lernprogramme werden von Programmierern ohne Fachkompetenz auf dem zu erlernenden Gebiet erstellt. Dann kommt oft ein hübsch anzusehendes Programm heraus, dessen sachlicher Inhalt nicht stimmt oder pädagogisch so schlecht aufbereitet ist, daß man nichts damit anfangen kann.
Oft werden Lernprogramme jedoch auch von fachkompetenten Verlagen herausgegeben. Sind diese Programme dann noch von Profi-Programmierern unter Mitwirkung von Pädagogen erstellt worden, ist auch das Ergebnis entsprechend gut.
Am besten ist es deshalb, man schaut sich das Programm vor dem Kauf gründlich an. Ist dies nicht möglich, sollte man darauf achten, wer es gemacht hat. Ist zum Beispiel ein Fachautor und ein Softwarehaus an der Erstellung beteiligt, ist dies zumindest ein Hinweis darauf, daß hier in richtiger Weise arbeitsteilig vorgegangen wurde.

Multimedia

Der Begriff Multimedia ist in aller Munde. Doch was ist eigentlich Multimedia? Multimedia bezeichnet die Fähigkeit des PCs, zahlreiche Medien – wie Bild, Ton und Schrift – mit Hilfe von speziellen Geräten (CD-ROM-Laufwerk, Soundkarte, Videokarte, Lautsprechern usw.) zu integrieren. Damit ist zwar der Begriff definiert, aber um wirklich zu verstehen, was sich dahinter verbirgt, muß man eine Messe wie die CeBit in Hannover oder die Buchmesse in Frankfurt besuchen.
Geht man durch die Messehallen, schallt, blinkt, flackert und wimmelt es nur so. Aus den aufgestellten Computern sieht man z. B. lustige Männchen über den Bildschirm flitzen, lautstark tost Musik aus den Lautsprechern, Stimmen erläutern Begriffe eines Lexikons, grafisch anspruchsvoll gestaltete Texte flimmern auf Bildschirmen.
Diese bunte und laute Welt mag den erprobten Computeranwender erschrecken. Ist es nicht erst wenige

Jahre her, als die grafische Benutzeroberfläche Windows den Computermarkt revolutionierte? Findet man nicht immer noch Anwender, die sich weigern, in diese grafische Welt einzusteigen und statt dessen mit den Hieroglyphen von MS-DOS arbeiten?

Auch wenn viele Kritiker die heutigen Multimediaprodukte als Mogelpackungen bezeichnen, eines ist unbestreitbar: Die Computerwelt ist dabei, sich zu revolutionieren. Noch niemals zuvor bot der PC eine derartige Fülle von Anwendungsmöglichkeiten für jeden Geschmack:

- So können nun Präsentationen aus Grafiken, Fotos und Videoclips bestehen – natürlich stets mit Musik und gesprochenem Text unterlegt.
- Das Lernen mit dem PC bietet zahllose Möglichkeiten – auch für die Kleinsten werden lustige Multimedia-Lernprogramme erstellt.
- Die Reisevorbereitungen finden heute direkt am PC statt: Jede Sehenswürdigkeit wird mit Fotos und Videos vorgestellt, eigene Routen können mit Hilfe von digitalisierten Karten zusammengestellt werden – natürlich kann alles in andere Programme kopiert und so ein eigener Reiseführer erstellt und ausgedruckt werden.
- Stellte man sich vor kurzem noch ein mehrbändiges Lexikon in sein Regal, so schiebt man heute die CD-ROM in das Laufwerk. Via Personal Computer kann man nach Begriffen suchen, den Text lesen, dazu einen Videofilm ansehen, die Stimmen von Prominenten oder von Tieren hören sowie Grafiken, Karten und Fotos betrachten. Kein Lexikon der Welt bietet diese Möglichkeiten.
- Wollen Sie wissen, wer 1965 den Oskar für die beste männliche Hauptrolle erhielt? Oder interessieren Sie die Gemälde eines Museums? Kein Problem: Auch für diese Themen sind sehr gute CD-ROM-Produkte bereits auf dem Markt erhältlich.
- Besonders den Spielebereich haben Multimedia-Produkte mittlerweile erobert. Computerspiele liegen in einer derartigen Qualität vor, die sich wohl auch der hartgesottenste „Hacker" vor kurzem noch nicht vorstellen konnte.

Die Bandbreite der Multimedia-Produkte ist noch viel größer als bereits dargestellt. Wurden bisher nur Anwendungen zur Unterhaltung (Entertainment-Software) oder zum Eigenstudium (Etutainment-Software) erwähnt, so hat Multimedia noch einen weiteren Bereich für den heimischen PC eröffnet: „Shopping interaktiv". Versandhäuser bieten ihre Produkte nicht nur in einem Katalog, sondern auch auf einer CD-ROM an. Das gesamte Katalogangebot kann in Bild und Ton abgerufen und gleich per Modem bestellt werden. Mußte man bisher anhand eines Fotos entscheiden, ob das Kleid den persönlichen Geschmack trifft, so wird nun z. B. eine Farbberatung angeboten, man kann per Mausklick das Kleid im Großbild betrachten oder Informationen zum Material abrufen. Mit Hilfe von Suchfunktionen und Filter kann man festlegen, daß ein gesuchter Pullover nicht mehr als 80 DM kosten darf. Ist man sich nicht sicher, welche Pullovergröße man benötigt, so errechnet das Programm anhand von eingegebenem Hüft- und Brustumfang, welcher Pullover passen würde.

Denkt man nun, daß so ein Katalog Unmengen von Geld kostet, so täuscht man sich: Die Versandhäuser verlangen

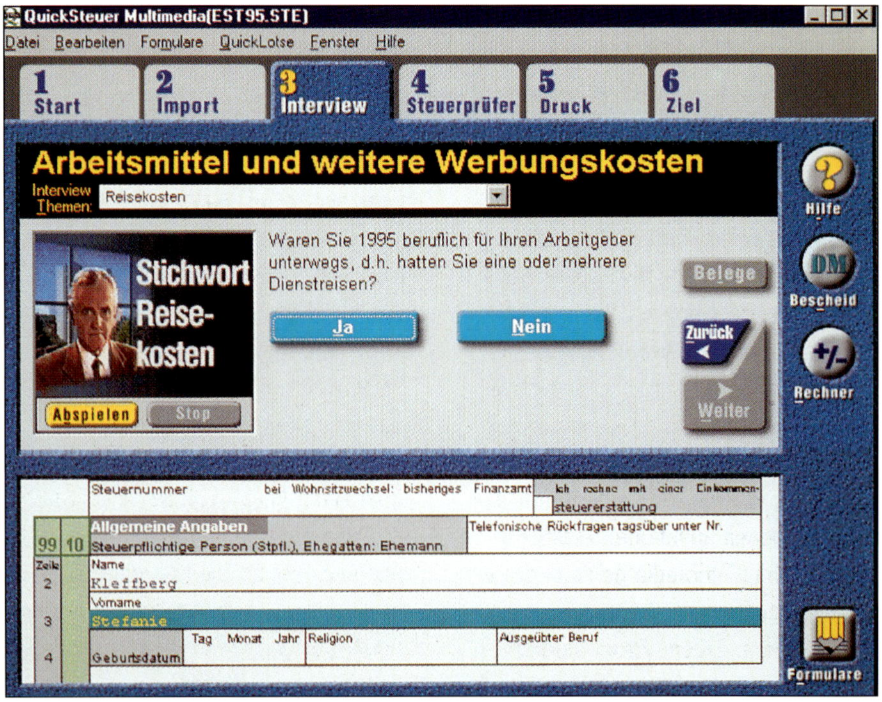

Bild linke Seite:
Das Multimedia-Programm als Ersatz für den Steuerberater.

Bild rechte Seite:
CD-ROM-Lexika liefern Bild, Video, Text und Ton zum Stichwort.

dafür nur zwischen 5 DM und 10 DM. Auch die meisten weiter oben beschriebenen Produkte sind nicht teuer: Die Spanne reicht hier von 30 DM bis 150 DM.
Ein wichtiges Einsatzgebiet von Multimedia sind darüber hinaus Informationssysteme. Diese vermitteln Informationen mit Hilfe von Unterhaltungseffekten, so daß Lernen nicht langweilig ist, sondern Spaß macht. Infotainment (entstanden aus Information und Entertainment) heißt das Schlagwort, mit dem solche Systeme werben. Informationssysteme werden in erster Linie in Banken, in Reisebüros, auf Bahnhöfen, bei Fremdenverkehrsämtern und in Einkaufszentren eingesetzt. Multimediale Effekte vermitteln geschickt die Werbung und die Präsentation von Unternehmen. Städte und Kommunen beschreiben ihre Attraktionen mit Hilfe von Videobildern und Musik.
Aber um einem falschen Verständnis vorzubeugen: Multimedia-Produkte sind keine Anwendungssoftware wie Word oder Harvard Graphics. Sie sind ausschließlich fertige Anwendungen, an denen keine direkten Veränderungen vorgenommen werden können. Der Anwender kann also keine eigenen Produkte damit erstellen, sondern nur die vorgegebenen Funktionen ausführen. Deshalb ist Multimedia heute in erster Linie Entertainment, Infotainment und Edutainment. Eigene Produkte herzustellen ist unglaublich zeit- und kostenintensiv. Es verschlingt allein Unsummen, das Basismaterial an Bildern, Videos und Text bereitzustellen. Ganz zu schweigen von der Programmierarbeit, die hinter den guten Produkten steckt. Deshalb wird Multimedia auch in den nächsten Jahren eher ein Konsumprodukt bleiben.

Spiele

Nicht immer dient der Personal Computer nur zur Arbeitserleichterung. Für viele Computeranwender ist er auch (oder nur) ein Gerät, mit dem man sich in seiner Freizeit unterhalten kann. Entsprechend der Vorlieben und der Persönlichkeit der Anwender wurden verschiedene Computerspiele entwickelt, die sowohl zur Entspannung dienen als auch einen Anreiz für die Sinne darstellen, also die Konzentration, die Reaktionsfähigkeit und die Kombinationsgabe fördern. Wenn man an Computerspiele denkt, so hat man eine sehr breite Produktpalette vor Augen:

- Taschenspiele, in denen ein Chip eine Flüssigkristallanzeige steuert und die man mit zwei oder drei Drucktasten bedient (zum Beispiel den Gameboy von Nintendo)
- Schachprogramme für PCs
- Spielgeräte in Spielhallen (inzwischen meist von Mikrocomputern gesteuert)
- Zahlreiche Computerspiele, die es als Software für Heim- und Personal Computer gibt

Bei den Computerspielen lassen sich im allgemeinen drei Hauptgruppen unterscheiden:

- Glücks- und Denkspiele, wie Würfelspiele, Patiencen, Schach, Rommé, Bridge, Frage-und-Antwort-Spiele
- Geschicklichkeitsspiele
- Abenteuerspiele (Adventures)

Insbesondere zwischen den beiden letzten Gruppen gibt es Mischformen, außerdem existieren auch noch Überschneidungen zu anderen Softwarebe-

Bild linke Seite oben:
Flugsimulatoren gehören zu den anspruchsvolleren Spielen.

Bild linke Seite unten:
Das Spiel „Sim Town" simuliert das Wachstum einer Stadt.

Bild rechte Seite:
„Sim Island": Wechselwirkungen in einer abgeschlossenen Welt werden erforscht.

reichen etwa in Gestalt von Lernprogrammen mit spielerischem Charakter. In der ersten Gruppe übernehmen entweder ein Mitspieler oder der Computer die Rolle eines Spielpartners oder -leiters.
In den Rahmen der zweiten Gruppe sind auch die vielen Schießspiele mit zum Teil recht zweifelhaftem Inhalt einzuordnen. Auch höchst komplexe Simulationen wie Golfprogramme oder die Flugsimulationen gehören hierher. Geschicklichkeitsspiele stellen besondere Anforderungen an die Motorik und Reaktionsfähigkeit des Spielers. Durch den schnellen und exakten Einsatz von Steuergeräten wie Maus, Joystick und Thumbwheel werden Gegenstände an Hindernissen und/oder an Gegnern vorbeidirigiert bzw. diese „eliminiert“.
Immer beliebter und ausgereifter werden Abenteuerspiele und Simulationen. Bei ihnen wird eine künstliche Welt oder auch ein Teil der wirklichen Welt im Computer nachgeahmt. Bei Abenteuerspielen muß man mit einer Spielfigur oder einer ganzen Truppe von Figuren innerhalb eines Gänge-Labyrinthes ein Ziel erreichen, sei es, die Prinzessin oder gar die Welt vor einem bösen Dämon zu retten. Die Grafik solcher Spiele ist teilweise dreidimensional und so ausgereift, daß man das Gefühl hat, einen Film zu steuern.
In Simulationen gibt es dagegen manchmal gar kein ausdrückliches Ziel. Hier besteht der Spielspaß darin, Wechselwirkungen in einer abgeschlossenen Welt zu erforschen. In dem Spiel Sim Town z. B. wird das Wachstum einer Stadt simuliert. Der Spieler nimmt dabei die Position des Bürgermeisters ein und steuert das Spiel durch gezielte Landvergabe an Handel, Einwohner und Industrie, Bau einer Infrastruktur und Festlegung von bestimmten Steuersätzen. In Abhängigkeit von diesen Faktoren wächst oder schrumpft die Stadt ständig.
Die Qualität der Spiele nimmt ständig zu. Dabei wird auch immer mehr neue Hardware aus dem Multimediabereich eingesetzt. Viele Spiele nutzen z. B. Soundkarten, über die Musik, Geräusche und Sprache vom Computer ausgegeben werden.

Sonstige Programme

Hierzu kann man z. B. die Entwicklungssysteme rechnen. Dies sind Computersysteme, die speziell für die Entwicklung von Hardware und Software für andere Computer (etwa Steuerungscomputer) geeignet sind. Ein solches Entwicklungssystem besteht oft aus einem leistungsfähigen Personal Computer mit einem EPROM-Programmiergerät als Zusatzhardware und spezieller Software.
Um die Leistungsfähigkeit von Computern zu ermitteln, werden manchmal sogenannte Benchmark-Programme eingesetzt. Beim Benchmark-Verfahren werden mehrere Computer oder Programme demselben Prüfverfahren unterzogen, um so die verschiedenen Verarbeitungszeiten zu vergleichen. Dies ist allerdings mit Vorsicht zu betrachten, da immer überprüft werden muß, ob ein bestimmter Benchmark dem speziellen Computer und seinen Fähigkeiten auch gerecht wird.
Eine ganz spezielle Art von Programmen sind Demonstrations-Programme. Dabei handelt es sich meist um die im Leistungsumfang eingeschränkte Version eines Anwendungsprogramms oder einer Programmiersprache. Demo-Programme werden aus werblichen Gründen entweder kostenlos oder gegen geringe Gebühr abgegeben. Der Anwender kann ohne große Investitionen überprüfen, ob ein bestimmtes Programm die Dienstleistungen erfüllen kann, die er benötigt. Manche Demon-

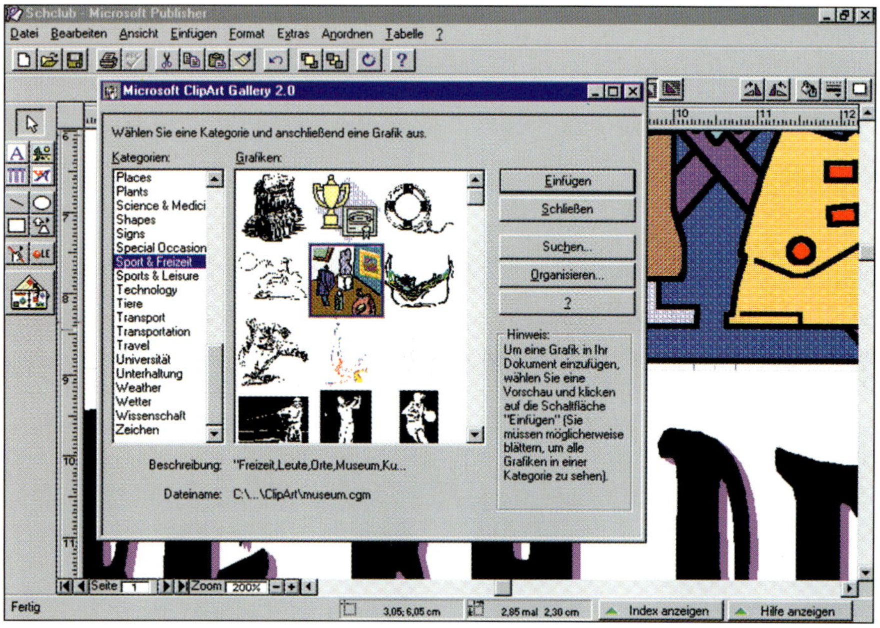

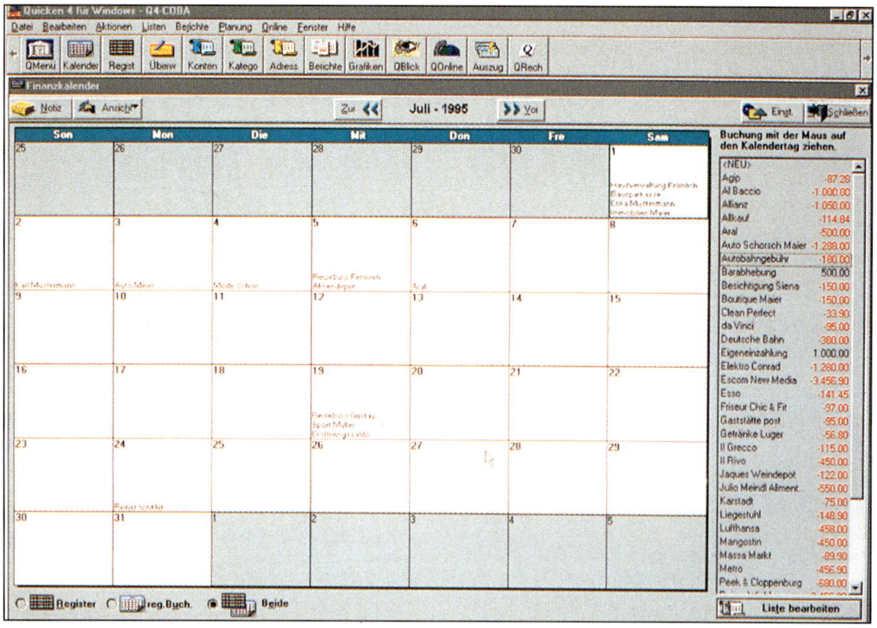

Bild oben:
Cliparts bieten eine Fülle von Montage- und damit Gestaltungsmöglichkeiten.

Bild unten:
Terminkalender „Quicken 4 für Windows“.

strations-Programme laufen selbständig ab, um z. B. beim Händler die Möglichkeiten des zum Verkauf angebotenen Programms zu veranschaulichen. Dann gibt es noch den großen Bereich der Public-Domain-Software. „Public Domain“ heißt soviel wie „öffentlicher Bereich“. Gemeint sind damit Programme, die zum Selbstkostenpreis an jedermann weitergegeben werden. Eine Diskette mit Public-Domain-Programmen kostet kaum mehr als eine leere. Oft handelt es sich um Utilities, die aus Universitäts- und Forschungskreisen stammen und quasi als Nebenprodukt abgefallen sind. Die Programmierer stellen so ihre Leistung allen Interessenten zur Verfügung, ohne daran verdienen zu wollen. Einige Public-Domain-Programme (auch Freeware genannt) sind leicht fehlerhaft, andere bringen durchaus Profileistung, wohlgemerkt zu einem Preis, mit dem die Profis nicht mithalten können.

Damit ist die Vielfalt der bereits heute verfügbaren Programme bei weitem noch nicht erschöpft. Es gibt unter anderem Programme

- für die Vermögensverwaltung inklusive aller Arten von Wertpapieren und Immobilien, mit denen nicht nur eine aktuelle Übersicht ermöglicht wird, sondern zusätzlich auch Renditeberechnungen durchgeführt werden können (natürlich auch für geplante Investitionen)
- zur Familien- und Ahnenforschung (Stammbaumerstellung)
- zur Gesundheitsvorsorge (die Programme fragen Risikofaktoren ab und bewerten sie)
- zum Komponieren und Zusammenstellen von Musiktiteln
- zum Erstellen von Kreuzworträtseln
- für die statistische Auswertung der Lottozahlen (mit Tippvorschlägen)
- für astronomische und astrologische Berechnungen
- zum Thema Biorhythmus
- zur Vereinsverwaltung

Programmiersprachen

Programme sind eigentlich nur eine Ansammlung von Kommandos, die der Prozessor des Computers interpretiert und verarbeitet. Die verschiedenen Kommandofolgen bewirken, daß Texte auf dem Bildschirm oder Drucker ausgegeben und die Tastatureingaben verarbeitet werden. Dabei werden Funktionsaufrufe durchgeführt, Daten gespeichert, ausgedruckt usw. Von den Kommandos selbst sieht der Anwender nichts; sie werden intern verarbeitet, ohne daß er sich Gedanken darüber machen müßte.
Erhält man jedoch einen Einblick in die Kommandofolgen eines Programms, so sieht man eine verwirrende Ansammlung von Zeichen und Zahlen: den Maschinencode, auch Maschinensprache genannt. Jede Funktion eines Programms setzt sich aus unterschiedlichen Codes dieser Art zusammen. Es wäre sehr mühsam, ein Programm direkt in Maschinensprache zu erstellen, selbst professionelle Programmierer wären damit überfordert. Deshalb erleichtern Programmiersprachen diese Arbeit.
Eine Programmiersprache stellt eine Reihe von Befehlswörtern aus der Alltagssprache zur Verfügung, mit denen sich ein Funktionsablauf bestimmen läßt. Alles, was ein Programm können soll, wird in Befehlszeilen eingegeben und erst danach durch ein spezielles Programm in Maschinensprache übersetzt. Befehlszeilen sind in einer ganz bestimmten Schreibweise formuliert, die von Programmiersprache zu Programmiersprache verschieden ist. Dabei sind die Befehlsworte meistens der englischen Sprache entnommen.
Das Programm wird mit einem speziellen Editor oder einem normalen Textverarbeitungsprogramm Zeile für Zeile geschrieben. Danach bestehen zwei Möglichkeiten: Ein „Interpreter" übersetzt die einzelnen Programmzeilen bei der Programmausführung, oder ein „Compiler" übersetzt das gesamte Programm auf einmal in Maschinensprache. Interpreter werden heute kaum noch eingesetzt. Statt dessen kommen heute immer mehr Compiler zum Einsatz, da diese erhebliche Vorteile bieten.
Warum gibt es unterschiedliche Programmiersprachen? Ein Rosenzüchter stellt an den Boden andere Anforderungen als ein Weizenanbauer. In ähnlicher Weise gibt es für die verschiedenen Anforderungen, die an Programme gestellt werden, auch unterschiedlich geeignete Programmiersprachen. FORTRAN beispielsweise wird im technisch-wissenschaftlichen Bereich eingesetzt, weil diese Programmiersprache Rechenfunktionen in großer Geschwindigkeit durchführen kann. PROLOG hingegen eignet sich besonders zur Verarbeitung von Textelementen und wird vorzugsweise zur Erstellung sogenannter Expertensysteme benutzt.
Eine gewisse Einteilung läßt sich durch die Begriffe systemorientierte, anwendungsorientierte und höhere Programmiersprachen schaffen. Doch bei einigen Sprachen ist die Grenze fließend, das heißt, sie sind so universell einsetzbar, daß mit ihnen die meisten anfallenden Programmaufgaben gelöst werden können.
Für den durchschnittlichen Anwender ist es nicht notwendig, sich mit Programmiersprachen auseinanderzusetzen. Die fertigen Programme können praktisch ohne irgendwelche besonderen Computerkenntnisse genutzt werden. Wer einen Personal Computer einsetzt, wird aber möglicherweise mit sogenannten Batch-Programmen in Berührung kommen. Es handelt sich dabei um Befehlszeilen, die vom Betriebssystem des Rechners (z. B. MS-DOS) ohne eine Übersetzung in Maschinensprache abgearbeitet werden.
Der Sprachumfang für Batch-Programme ist recht bescheiden. Anwender kommen für einfache Aufgabenstellungen mit fünf, sechs Befehlen aus. Alle Befehlszeilen werden als Text eingegeben, so wie beim Schreiben eines Einkaufszettels. In der Reihenfolge der Eingaben werden sie dann auch abgearbeitet.

Bekannte Programmiersprachen

Assembler

Assembler (englisch: „to assemble", zusammenbauen, montieren) ist eine sogenannte systemnahe Programmiersprache. Sie ist immer an eine bestimmte Prozessorfamilie gebunden, weil sie sich direkt an den Maschinensprachelementen orientiert, die von Prozessortyp zu Prozessortyp verschieden sind.
Assembler entstand, als Computer noch mit Röhren und später mit Transistoren gebaut wurden. Das Programmieren in Assembler setzt gute Kenntnisse über Aufbau und Wirkungsweise eines Prozessors voraus.

BASIC

Bis zum Ende der 80er Jahre war die Programmiersprache BASIC sehr populär. Praktisch alle Heimcomputer stellten nach dem Einschalten automatisch BASIC zur Verfügung, weil diese Programmiersprache dort fest im Arbeitsspeicher enthalten war.
Das Programmieren in BASIC kann auch ein interessierter Computerlaie rasch erlernen, weil die Befehlswörter leicht zu merken sind und eine sogenannte unstrukturierte Programmierung möglich ist. Dies bedeutet, daß die Abfolge von programmierten Einzelfunktionen an beliebigen Stellen innerhalb des Programms stehen können, ohne daß dies zu Fehlern führt. Der interne Programminterpreter springt, den Nummern der Programmzeilen entsprechend, im Programm auf und ab.
Der Nachteil von BASIC ist die zum Teil sehr langsame Ablaufgeschwindigkeit der so erstellten Programme. Ein weiteres Problem ergibt sich aus den verschiedenen BASIC-Dialekten, die im Laufe der Zeit entstanden sind. Sie machen einen Programmaustausch zwischen den Computerfamilien oft unmöglich.
Eine Weiterentwicklung von BASIC war Turbo-BASIC. Es wird zusammen mit einem Editor und einem Compiler geliefert, der die Programmzeilen in Maschinensprache übersetzt. Die Programme laufen über ihn wesentlich schneller ab als über den Interpreter der anderen BASIC-Versionen.

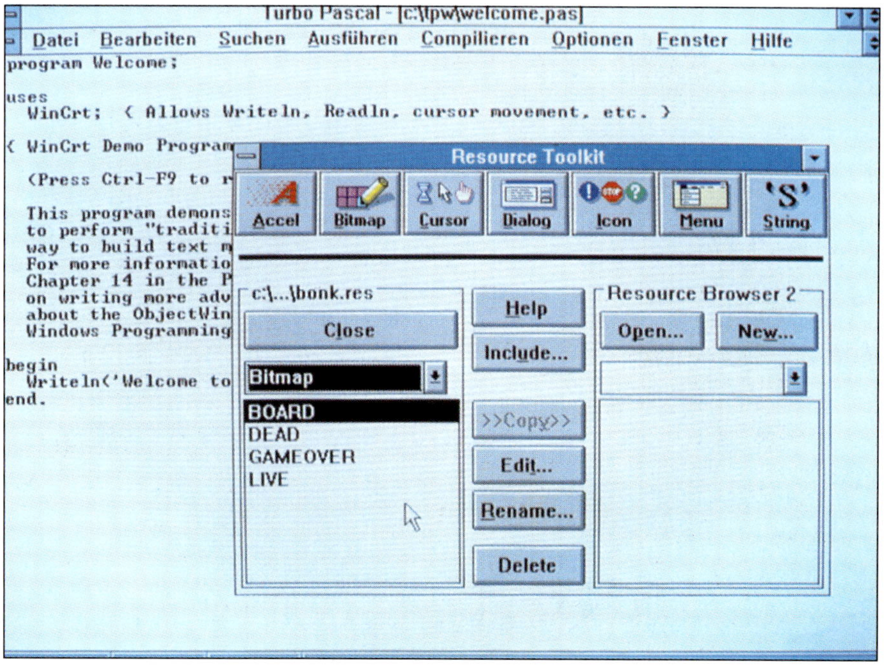

C

Die Programmiersprache C zählt wie Assembler zu den systemnahen Sprachen. C ist schwierig zu erlernen und wird in erster Linie von professionellen Programmierern benutzt. C hat sich zwischenzeitlich für die verschiedensten Anwendungen durchgesetzt. Der Grund für diesen Erfolg ist in der Flexibilität und Schnelligkeit der Programme zu finden. Auch das Betriebssystem UNIX besteht zu immerhin etwa 95 % aus C-Programmen.

COBOL

Die anwendungsorientierte Programmiersprache COBOL entstand 1959 aufgrund einer Initiative des amerikanischen Verteidigungsministeriums. Ihre Struktur ist hauptsächlich zur Erstellung von kaufmännischen Programmen geeignet.
Die Anzahl der Befehlswörter von COBOL ist gering, so daß für eine Befehlsabfolge wesentlich mehr Programmzeilen geschrieben werden müssen als zum Beispiel in C oder BASIC. Die COBOL-Programme erreichen dafür aber eine sehr hohe Ablaufgeschwindigkeit.
Da COBOL große Datenmengen verarbeiten kann und keine Elemente enthält, die auf einen speziellen Prozessor oder Rechnertyp direkt zugreifen, sind COBOL-Programme recht gut übertragbar und finden in großen Rechenanlagen Verwendung.

FORTRAN

FORTRAN ist ebenso wie COBOL eine anwendungsorientierte Programmiersprache. Der Name FORTRAN entstand aus den englischen Begriffen „formula" und „translater" (Formelübersetzer). Damit ist der Anwendungsbereich dieser Programmiersprache umschrieben: die Umsetzung technisch-wissenschaftlicher Aufgaben.
Ein besonderes Merkmal von FORTRAN ist die Möglichkeit, sogenannte Unterprogramme getrennt vom eigentlichen Programm zu erstellen und bei Bedarf einzulesen. Im Laufe der Zeit entsteht so eine Unterprogrammbibliothek für verschiedene Einzelaufgaben, die nun

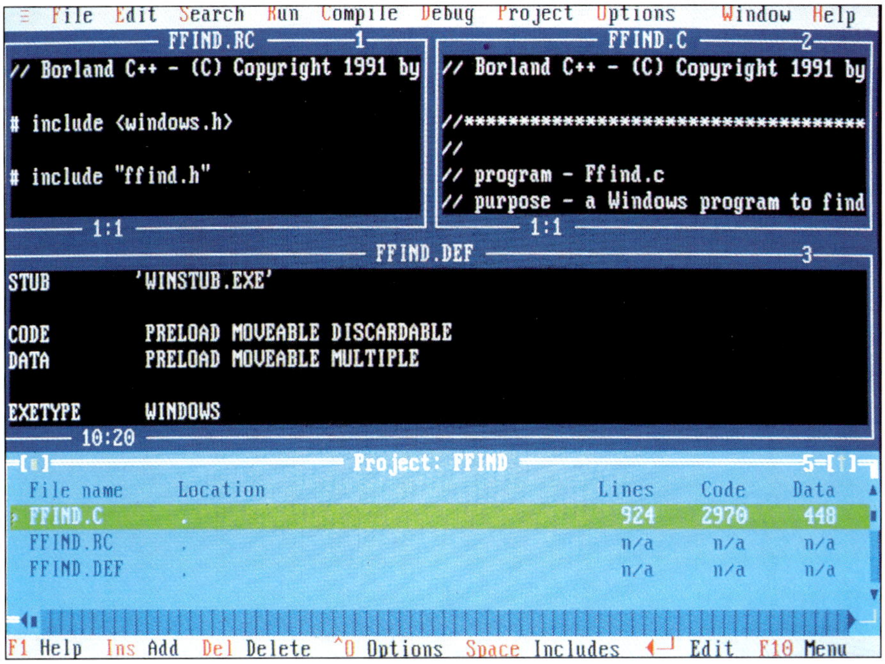

Bild linke Seite:
Seine leichte Verständlichkeit macht PASCAL zu einer beliebten Programmiersprache.

Bild rechte Seite:
Suchen und Auswählen von bereits erstellten Programmen in „C“

nicht immer wieder aufs neue programmiert werden müssen. Diese Technik wurde in viele andere Programmiersprachen übernommen.

PASCAL

PASCAL zählt zu den am meisten eingesetzten Programmiersprachen. Der Grund ist die Verständlichkeit der Syntax, die Übersichtlichkeit der Programmzeilen und die rasche Ablaufgeschwindigkeit der Programme. Das Programmieren in PASCAL erfordert allerdings logisches und strukturiertes Denken.
PASCAL wurde 1971 von dem Schweizer Niklaus Wirth entwickelt. Seither sind verschiedene Versionen dieser Programmiersprache auf den Markt gekommen, wie z. B. Turbo-PASCAL.

PROLOG

PROLOG ist eine Programmiersprache für Expertensysteme. Der Name ist eine Abkürzung von: PROgramming in LOGic, Programmieren mit Logik. Dies macht schon die Anforderung an den Programmierer deutlich. Dabei ist jedoch nicht die Reihenfolge der Programmzeileneingabe wichtig, sondern die Art der Anweisungen, das heißt die effektive Nutzung der syntaktischen Struktur.

Sonstige Programmiersprachen

ALGOL

ALGOL (Abkürzung für: ALGOrithmic Language) ist eine europäische Entwicklung. Hier wurden erstmals Programmstrukturen für Blockbedingungen verwirklicht. Neu war auch eine dynamische Speicherverwaltung. Das bedeutet, der für den Programmablauf notwendige Speicher wird bei bestimmten Prozeduren erst während des Ablaufs vergeben und nicht statisch vordefiniert.

FORTH

FORTH ist eine Programmiersprache, die nicht nur fest vorgegebene Befehlswörter bereitstellt, sondern erlaubt, eigene Befehle zu definieren und dem vorhandenen Vokabular hinzuzufügen. Diese Befehle müssen allerdings aus den vorhandenen Befehlen zusammengesetzt sein.

Service

Vor dem Kauf eines Personal Computers mit Zubehör, unmittelbar danach und im weiteren Verlauf der Nutzung ist guter Rat gefragt. Grund genug, sich rechtzeitig um Beratung, Wartung und Schulung zu kümmern. Diese drei Stichworte stehen für

- **die richtige Entscheidung für das individuell passende System,**
- **Hilfe in der Not**
- **und Fachwissen aus erster Hand, schnell und sicher vermittelt.**

Bei der Entscheidung für einen PC mit Zubehör sollten Sie besonders beachten, welches Betriebssystem verfügbar ist und welche Programme damit arbeiten können. Denken Sie an mögliche Erweiterungen, die Qualität von Bildschirmen und Tastaturen und die Arbeitsgeschwindigkeit des Rechners.

Kauf eines Computers

Kaufen Sie einen Computer, wird Ihre Entscheidung langfristig Folgen haben. Bedenken Sie: Mit dem Erwerb eines Personal Computers legen Sie sich auf ein bestimmtes System fest. Sollte sich später herausstellen, daß dieses Ihre Anforderungen nicht erfüllen kann, müssen Sie es auswechseln. Das kann bitter sein, denn Programme, Zubehör wie Drucker und Bildschirme und nicht zuletzt Ihr Fachwissen lassen sich oft nicht so ohne weiteres auf ein anderes, leistungsstärkeres System übertragen. Haben Sie sich etwa anfangs für ein preisgünstiges Auslaufmodell entschieden, wird bei Appetit auf mehr Computerleistung vielleicht ein ganz neues Rechnersystem mit entsprechend hohen Kosten notwendig.
Welche Zukunftschancen, also welche Lebenserwartung, welche Leistungsentwicklung und welche Verfügbarkeit ein Rechnersystem hat, kann ein Laie nur schwer erkunden. Er sollte deshalb Rat von Fachleuten einholen.

Die richtige Wahl

Sie müssen nicht unbedingt zum EDV-Spezialisten werden, um die richtige Entscheidung für die Anschaffung Ihres eigenen Computers fällen zu können. Im Gespräch mit erfahrenen EDV-Anwendern, mit interessierten Kollegen und Freunden werden Sie sicher bald erfahren, welche EDV-Systeme für Ihre Zwecke interessant sind. Profitieren Sie ruhig von den guten (und vielleicht auch schlechten) Erfahrungen der anderen: Von Anwendern erfahren Sie oft mehr über die Vor- und Nachteile eines Systems als durch stundenlanges und ermüdendes Studium der Gebrauchsanweisung. Achten Sie vor allem auf folgende Punkte:

- Welches Computersystem wird besonders oft positiv erwähnt?
- Welche Programme werden häufig genannt?
- Wie heißen die Händler, ist der Reparaturservice gut?

Vielleicht wenden Sie sich an einen EDV-Berater, der Ihnen bei der Entscheidungsfindung behilflich ist. Das kann ein Fachhändler sein, der sich von einem intensiven Beratungsgespräch allerdings auch einen finanziellen Vorteil erwartet. Sie können außerdem einen EDV-Berater konsultieren, wie er von Berufsverbänden empfohlen wird.

Wichtig ist, daß der Fachmann, den Sie um Rat bitten, auch wirklich neutral berät. Manche Fachhändler vertreten nur einen Hersteller und damit dessen System, so daß ein objektiver Systemvergleich nicht erwartet werden kann.

Entscheidungshilfen

Zeitschriften

Der Fachzeitschriftenmarkt in der Bundesrepublik ist fast unüberschaubar geworden. Neben den großen Verlagen tummeln sich kleine, spezialisierte Verlage, die auch ausgefallene Fragestellungen diskutieren. In den großen Magazinen finden Sie Grundlagenbeiträge, Erfahrungsberichte, Tests und Marktübersichten.

Grundlagenberichte sind interessant, wenn Sie sich schnell und kompakt über neue Entwicklungen und Trends informieren wollen. Themen wie „Der beste Bildschirm“ oder „Textverarbeitung“ werden in kurzen Abständen immer wieder in den Heften erörtert.

Erfahrungsberichte finden sich nicht so oft. Meist berichten EDV-Leiter aus mittleren Unternehmen über größere Projekte. Themen wie „Auftragsabwicklung mit dem PC“ oder „Vernetzung eines mittelständischen Betriebes“ werden gelegentlich publiziert.

Testberichte füllen in den meisten Zeitschriften die Seiten. Es werden neue Geräte und Programme getestet und bewertet. Jede Zeitschrift prüft nach eigenen Kriterien. Der bejubelte Testsieger muß wegen der manchmal einseitigen und wirklichkeitsfremden Beurteilungskriterien nicht unbedingt mit dem für Sie besten Produkt identisch sein. So bewerten nur wenige Tests, ob auf einem bestimmten Rechnermodell wirklich alle wichtigen, zur Systemfamilie gehörigen Programme einwandfrei laufen. Auch Dauer- oder Bela-

stungstests sind äußerst selten. Marktübersichten werden in Form umfangreicher Tabellen veröffentlicht. Diese Beiträge sollen über Leistungsmerkmale und Preise aller zur Zeit am Markt verfügbaren Produkte einer Warengruppe informieren.
Wegen der Produktvielfalt begrenzen Magazine ihre Übersichten meist auf ganz enge Marktsegmente. Themen wie „Laserdrucker bis 1500 DM“ oder „PCs mit einem Pentium-Prozessor unter 4000 DM“ werden Sie oft finden. Meist geben die Zeitschriften lediglich ungeprüfte Herstellerangaben wieder, die beispielsweise über eine Fragebogenaktion eingesammelt wurden. Gelegentlich sind die Angaben auch veraltet, besonders die Preise und die Ausstattungsmerkmale sind in der Computerwelt heftigen Schwankungen unterworfen.
Sollte Ihnen das eine oder andere Gerät in einer Marktübersicht gefallen, sollten Sie sich auf jeden Fall zusätzlich bei mehreren Fachhändlern über die aktuelle Ausstattung und den günstigsten Preis informieren.

Fachbücher

Bücher zum Thema Personal Computer können grundsätzlich kaum eine Entscheidungshilfe für den Kauf eines speziellen Computers sein, da sie aufgrund der verhältnismäßig langen Herstellungszeit kaum Informationen über die jeweils aktuellen Entwicklungen bieten können bzw. relativ schnell wieder veraltet sind.
Computerbücher können Ihnen also nur eine Wissensgrundlage vermitteln, jedoch keine konkreten Entscheidungshilfen bei der Auswahl eines eigenen Personal Computers liefern.

Wo kauft man einen Computer?

Fachhandel

Es gibt „Fachhändler“, die in erster Linie Interesse am schnellen Geld haben und stets zu einem System raten: zu dem mit der höchsten Gewinnspanne für sich selbst. Auf der anderen Seite stehen die seriösen Händler, die langfristig denken und vor allem zufriedene Kunden haben wollen. Wenn Sie dauerhaft mit einem Händler kooperieren, wird er sich für den Erfolg Ihres EDV-Einsatzes ein Stück mitverantwortlich fühlen.
Woran erkennt man nun einen kompetenten, seriösen Handelspartner? Er wird sich vor dem Verkauf ausführlich mit den Anforderungen auseinandersetzen, die Sie an ein Computersystem stellen. Er wird sich zuerst eingehend mit Ihren Wünschen, den Perspektiven Ihres Unternehmens und Ihren Vorerfahrungen beschäftigen und danach einen Rat erteilen. Wenn Sie also merken, daß Ihr Gesprächspartner Sie bereits nach kurzer Zeit kaum noch zu Wort kommen läßt, hat er offensichtlich sein Ziel schon klar vor Augen.
Ein kompetenter Händler kennt die von ihm betreute Hard- und Software nicht nur aus den Prospekten. Er kann Ihnen die Geräte zeigen und sie auch bedienen. Er ist mit den Programmen vertraut und kann zumindest einfache Vorgänge demonstrieren. Sollte aber Ihr Ratgeber bei Ihren Fragen stets nur nicken und sagen: „Dieses Programm kann alles, was Sie verlangen, ohne Einschränkung“, dann ist bestimmt etwas faul. Lassen Sie sich die Realisation Ihrer Anforderungen zeigen!
Nicht in jedem Beratungsgespräch durch den Fachhändler werden alle Register gezogen. Denken Sie daran, daß jede Beratung Geld kostet. Für den Verkauf eines Programms von 200 oder 300 DM kann kein Verkäufer Stunden investieren.
Überlegen Sie sich auch, zu welcher Tageszeit Sie Ihren Computerkauf tätigen. Erfahrungsgemäß sind am frühen Abend die meisten Angestellten von Computershops bereits erschöpft. Oder Sie müssen zu diesem Zeitpunkt mit einem heftigen Andrang zahlreicher Kunden rechnen, so daß kein Verkäufer zu einem langem Verkaufsgespräch Zeit hat. Deshalb ist der günstigste Zeitpunkt für ein Kaufgespräch der späte Vormittag oder der frühe Nachmittag.

Bild linke Seite:
Der Laptop als Ergänzung zum Schulheft ist heute nicht ungewöhnlich.

Bild rechte Seite:
Bundling ist die preisgünstigste Art, ein Computersystem zu erstehen.

Folgende Fragen sind wichtig bei einem PC-Kauf:

1. Was alles ist konkret im Lieferumfang des Computers enthalten?
2. Wie lange ist die zugesagte Gewährleistungsfrist? – Das gesetzliche Minimum beträgt sechs Monate.
3. In welchem Zeitraum können Sie den PC umtauschen, wenn Sie mit diesem nicht zufrieden sind?
4. Welche Software ist auf der Festplatte vorinstalliert? Werden die Programme auf Diskette oder CD-ROM mitgeliefert? Sind die Programme Komplettversionen und update-fähig?
5. Werden zur Software auch die Handbücher mitgeliefert? Sind dies Originalhandbücher oder kopierte Blätter? In welcher Sprache sind die Handbücher abgefaßt?
6. Werden Sie beim Kauf eines PCs als Kunde registriert und regelmäßig über Neuerungen und Angebote informiert?
7. Was ist, wenn der PC einmal kaputtgeht? Hat der Händler eine eigene Reparaturwerkstatt, oder muß das Gerät eingeschickt werden? Wie lange dauert in der Regel eine Reparatur?
8. Gibt es eine telefonische Hotline bei technischen Problemen?

Versandhandel

Wenn Sie einen Computer über den Versandhandel bestellen möchten, sollten Sie zu den bereits oben beschriebenen Fragen außerdem folgende berücksichtigen:

1. Wie wird der Computer versandt? Über die Post oder mit einem privaten Paketdienst?
2. Welche Versandkosten kommen auf Sie zu?
3. Schließt der Versender eine Transportversicherung ab (bei privaten Paketdiensten bereits integriert), oder müssen Sie dies übernehmen?
4. Was passiert bei Transportschäden? Tauscht der Versender das defekte Gerät anstandslos um?

Wartung

Wenn Sie ein paar tausend Mark für einen Computer ausgeben, wollen Sie ihn eventuell auch zum Geldverdienen einsetzen. Was ist aber, wenn das Gerät im entscheidenden Augenblick ausfällt, der Bildschirm dunkel bleibt? Haben Sie Ihren Rechner im Versandhandel gekauft, müssen Sie jetzt per Telefon oder Telefax mit dem Händler Kontakt aufnehmen und wegen der Reparatur verhandeln: Wo ist eine Vertragswerkstatt, wer hat die Ersatzteile? Unter Umständen müssen Sie das Gerät einpacken und zu einer Werkstatt schicken. Das Transportrisiko tragen übrigens Sie, und die Zeitverzögerung dürfte erheblich sein.

Haben Sie die Leistungen eines Händlers vor Ort in Anspruch genommen, wird der normalerweise auch eine eigene Werkstatt besitzen. Dort können Sie das Gerät zur Reparatur abgeben.

Die Zeit kurz nach dem Kauf eines Computers kann Ihnen helfen, Ärger zu vermeiden: Nutzen Sie Ihren Rechner sofort nach der Auslieferung intensiv. Die Erfahrung zeigt, daß Defekte häufig in den ersten 24 Betriebsstunden auftreten. Leisten Sie diese Stunden also frühzeitig ab, und Sie können im Fall eines Defektes Ihr Gerät gleich wieder zum Händler bringen, der es Ihnen wahrscheinlich umtauschen wird. Diese Umtauschfrist (zu der der Händler allerdings nicht verpflichtet ist) beträgt erfahrungsgemäß etwa ein bis zwei Wochen.

In einem Unternehmen mit mehreren PCs sollte es leichter zu verschmerzen sein, wenn einer der Rechner für ein paar Tage ausfällt. Man weicht einfach auf einen anderen Rechner aus und bringt den defekten PC zur Werkstatt. Voraussetzung ist, daß die Daten des defekten Gerätes von der anderen Maschine weiterverarbeitet werden können. Aus diesem Grund ist es sinnvoll, ähnliche Geräte mit identischen Sicherungsmethoden anzuschaffen. Nur so können Sie die gesicherten Daten problemlos von einem Gerät auf das andere übertragen.

Oft fallen Peripheriegeräte aus: Drucker versagen, die Maus wird träge, Tastaturen haken oder der Bildschirm bleibt dunkel. Von einem Händler werden Sie in der Regel ein Leihgerät bekommen, eine Versandwerkstatt kann Ihnen in diesem Punkt nicht helfen. Schlimmer ist es, wenn der Computer selbst nicht mehr will. Denn dann verlieren Sie – jedenfalls in den meisten Fällen – den Zugriff auf Ihre Festplatte und damit auf Ihre Programme und die gespeicherten Daten. Dann kommt es darauf an, Daten zu retten, soweit das noch möglich ist.

Halten Sie sich an einfache Schritte, um das Schlimmste zu verhüten:

- Erster Schritt: Schützen Sie die zuletzt angefertigten Sicherheitskopien der Daten vor Überschreiben. In der Aufregung passiert sonst leicht eine „Tragödie". Haben Sie die Daten auf Disketten gesichert, benötigen Sie das Programm zum Zurückspielen der Daten. Sollten Sie ein Bandlaufwerk zum Sichern der Daten benutzt haben, müssen Sie eventuell den Ausbau des Laufwerkes aus Ihrem Rechner veranlassen, um es in einen anderen Rechner einbauen zu können.

Bild linke Seite:
Kommt der PC via Versand, trägt der Händler das Transportrisiko.

Bild rechte Seite:
Defekte treten oft schon in den ersten Betriebsstunden auf.

- Zweiter Schritt: Läuft die Festplatte im defekten Gerät noch? Wenn ja: Prüfen Sie, ob sich ein Ausbau lohnt, um die Festplatte in einem anderen Rechner zu verwenden. Wenn nein: Überprüfen Sie, ob Sicherheitskopien der wichtigen Daten existieren. Sollte die Festplatte zum Händler in die Werkstatt müssen, vergessen Sie nicht, rechtzeitig darauf hinweisen, daß die Daten unersetzlich sind und nicht gelöscht werden dürfen. Nur zu gern werden Festplatten zu Testzwecken neu formatiert und dabei gelöscht.
- Dritter Schritt: Benachrichtigen Sie die Werkstatt, und liefern Sie das Gerät sicher verpackt dort ab.

Wartungsvertrag - ja oder nein?

Je unentbehrlicher der Rechner für Sie ist, um so wichtiger ist es, daß Sie einen Wartungsvertrag abschließen, der Reparaturen in einer festgelegten Zeit (z. B. 24 Stunden) garantiert. Wartungsverträge dieser Art sind teuer, helfen aber, hohe Ausfallkosten und lange Ausfallzeiten zu verhindern. Meist werden solche Verträge individuell zwischen einem Händler und dem Kunden abgeschlossen; es gibt keine Standards. Geregelt wird:

- die maximale Zeit, die zwischen Meldung eines Fehlers und Eingreifen der Werkstatt vergehen darf,
- die Modalitäten für Ersatzgeräte (eventuell zusätzliche Kosten, Bereitstellungsfrist),
- Häufigkeit und Umfang von Servicearbeiten (wie Reinigung, Pflege und Anfertigung von Sicherheitskopien der Daten)
- sowie – bei Bedarf – die Dauer der telefonischen Anwenderberatung.

Die Kosten werden oft prozentual nach dem Wert der Anlage (etwa 5 Prozent des Computerverkaufspreises pro Jahr) bemessen. Da kann es sich für manches Unternehmen mit mehreren Personal Computern schon lohnen, statt des Wartungsvertrages lieber einen Ersatz-PC vorrätig zu halten.

Oft fallen Peripheriegeräte wie Tastatur oder Maus aus.

Haben Sie keinen Wartungsvertrag abgeschlossen, müssen Sie sich für eine Werkstatt entscheiden. Sollten Sie Ihren Computer bei einem Fachhändler gekauft haben, können Sie dessen Werkstatt in Anspruch nehmen. Der Vorteil: Sollte bei den Arbeiten etwas schiefgehen, haben Sie sofort einen Ansprechpartner. Außerdem wird der Fachhändler (sofern Sie ein guter Kunde sind) Ihnen entgegenkommen, wenn es um ein Ersatzgerät auf Dauer der Instandsetzung oder um eine beschleunigte Reparatur geht. Der Nachteil: Ist die Werkstatt überlastet oder müssen die Ersatzteile erst beschafft werden, haben Sie auf Ihr Gerät zu warten.

Bei einer Werkstatt in der Nähe haben Sie die Vorgänge sicher besser unter Kontrolle als bei einer weit entfernten Großwerkstatt, die Ihren Rechner per Spedition zur Reparatur erhalten hat. Dafür kann eine Großwerkstatt unter Umständen preiswerter und (wenn es sich um eine zentrale Werkstatt des Herstellers handelt) kulanter vorgehen, als es ein Händler tun könnte.

Sollten Sie sich zwischen einer Werkstatt vor Ort und einer über den Versandweg zu erreichenden Großwerkstatt entscheiden müssen, helfen Ihnen folgende Überlegungen:

- Ist nur ein Computer vorhanden, dessen Ausfall gravierende Folgen hat – oder kann im Notfall auf andere Computer ausgewichen werden?
- Ist spezielle Hardware vorhanden, die häufiger Wartung bedarf, oder werden nur robuste Standardgeräte verwendet?
- Müssen bei Ausfällen in jedem Fall externe Kräfte eingeschaltet werden oder sind im Unternehmen Mitarbeiter vorhanden (und ggf. auch dafür einsetzbar), die über Hard- und/oder Softwarekenntnisse verfügen?

Wenn Sie bei diesen drei Fragen immer die erste Hälfte bejahen müssen, ist in jedem Fall ein Händler vor Ort zu empfehlen. Können Sie immer die zweite Hälfte bejahen, dürfte die zentrale Werkstatt die (preis-)günstigere Wahl sein. Wenn mal die erste Hälfte und mal die zweite zutrifft, müssen Sie selbst entscheiden oder sich kompetenten Rat verschaffen – siehe auch den Anfang dieses Kapitels.

Schulung

Auch wenn in der Werbung stets behauptet wird, daß speziell das von Ihnen gekaufte Programm kinderleicht zu bedienen ist, müssen Sie mit einer Einarbeitungszeit rechnen.

Erinnern Sie sich noch an Ihre ersten Fahrversuche mit dem Auto? Auch hier brauchten Sie Zeit, um alle Fertigkeiten zu erwerben, die für eine einfache Fahrt in die Innenstadt notwendig sind. Heute kommt Ihnen beim Autofahren alles ganz selbstverständlich vor.

Sicherlich kann man EDV-Anwendungen im Heimstudium erlernen. Immerhin liefern die großen Computer- und Programmanbieter dicke Handbücher zu ihren Produkten. Aber in einem guten Computerseminar werden Sie schneller und unterhaltsamer mit den Grundlagen der Computerei vertraut als durch Lesen der Handbücher, den Gebrauch von Lernprogrammen oder gar über die Methode „Versuch und Irrtum“.

Wie findet man die richtige Schulung?

Die mit einem Programm gelieferten Handbücher sind meist von Technikern verfaßt und haben den Zweck zu dokumentieren. Daher ist meist in knapper Sprache technisch exakt formuliert, welche Funktionen die Software im einzelnen beherrscht und wie man sie aufruft. Ein Anfänger ist mit derartig spezialisiertem Wissen überfordert. Handbücher sind Nachschlagewerke, keine Lehrbücher.

Am Anfang benötigen Sie einen Überblick über die Möglichkeiten Ihres Programms. Direkt am Computer sollten Sie unter Anleitung einfache Arbeitsschritte ausprobieren. Natürlich kann man das auch mit Lernprogrammen tun, die von vielen Anbietern den Programmen beigepackt werden. In einem Seminar jedoch können Sie sofort den Trainer befragen, wenn etwas nicht klappt. Oft ist man am Anfang von all den Fachbegriffen, Tastenkombinationen und Techniken einfach überfordert.

Besonders die ersten Schritte in die EDV sind schwierig. Zunächst gilt es,

Bild linke Seite:
Auch so geht es: Selbststudium mit Lernprogramm.

Bild rechte Seite:
Individuelle Schulung ist teuer, aber auch sehr effektiv.

sich mit einer völlig ungewohnten Art der Mensch-Maschine-Kommunikation anzufreunden. Man muß lernen, die Tastatur zu bedienen und die Informationen auf dem Bildschirm richtig zu deuten. Und vor allen Dingen muß man eine Theorie entwickeln, wie das Programm funktioniert und wie es am effektivsten bedient wird.

Das alles kann man sich Schritt für Schritt mit einem Handbuch in der Hand oder einem Lernprogramm im Computer erarbeiten. Aber im Dialog mit einem erfahrenen Trainer wird der Lernerfolg schneller und sicherer eintreten.

Bei der Wahl einer Schulung sollten Sie einige Überlegungen berücksichtigen:

- In einem Massenbetrieb mit zwanzig oder mehr Teilnehmern kann kein effektives EDV-Seminar abgehalten werden. Kleinere Gruppen ermöglichen schnelleren Lernerfolg. Zwei Argumente sind besonders einleuchtend: Je mehr Teilnehmer vorhanden sind, desto weniger Zeit bleibt für die individuelle Betreuung des einzelnen. Und: Wenn viele Teilnehmer zusammenkommen, ist die Chance, daß sie ähnliche Voraussetzungen mitbringen, gering. Die erste Regel lautet daher: Nicht mehr als acht Teilnehmer pro Kurs.
- Wollen Sie den Umgang mit Ihrem Computer lernen, müssen Sie das am Computer tun. Die Benutzung von Hard- und Software ist eine praktische und keine theoretische Aufgabe. Deshalb lautet die zweite Forderung: Jeder Teilnehmer bekommt einen PC.
- Computerprogramme sind meist umfangreich und leistungsstark. Wenn der Trainer selbst gerade die Grundlagen beherrscht, kann er Ihre Fragen nicht richtig beantworten. Sie erwarten zu Recht, daß Ihr Trainer das gesamte Programm überblickt, damit er Ihnen eine richtige Vorstellung von der Software vermitteln kann. Er muß Zwischenfragen zu Randgebieten beantworten können. Bestehen Sie darauf: Kompetente Trainer auch in Einsteigerseminaren!
- Die meisten Programme geben viele Informationen auf dem Bildschirm aus. Mit Worten allein kann da nicht alles erklärt werden: Sie verstehen einen Vorgang besser, wenn Sie ihn auf dem Bildschirm des Trainers verfolgen können. Deshalb sind Vorführungen – zusätzlich zu Ihren eigenen Experimenten – eine Bereicherung des Seminars. Vor allem, wenn der Dozent über einen Projektor zur Darstellung des Bildschirminhaltes verfügt, kann er Programmabläufe plastischer und unmißverständlicher vermitteln als mit Worten allein. Präsentationshilfsmittel wie Bildschirmprojektion oder Folienprojektor sollten also vorhanden sein.
- Überlasten Sie sich nicht mit zu viel Stoff. Die Erfahrung zeigt, daß es günstiger ist, ein eng umgrenztes Themengebiet systematisch und fundiert zu erlernen, als in einem unübersehbaren Wissensmeer zu schwimmen. Sie sollten deshalb nicht darauf bestehen, daß in Ihrem Seminar möglichst viele Themen behandelt werden. Statt dessen empfiehlt sich: Konzentration auf das Wesentliche.

Kein 3-Tage-Seminar kann Ihnen die Übung geben, die Sie für die Praxis benötigen. Unmittelbar nach Abschluß der Lehrveranstaltung sollten Sie sich deshalb an Ihr eigenes Gerät setzen und in den nächsten Tagen und Wochen intensiv mit dem Computer arbeiten. Wiederholen Sie die im Seminar durchgeführten Übungen. Erweitern Sie diese Vorgänge langsam, bis Sie auch kompliziertere Arbeitsvorgänge sicher beherrschen. Auch in der EDV gilt: Übung macht den Meister.

Lernprogramme

Um sich selbst in ein Computerthema einzuarbeiten, kann man als Hilfsmittel auch Lernprogramme (oder Tutorials) verwenden. Dies sind eigenständige Softwareprogramme, die in die Benutzung eines Gerätes oder in die Handhabung eines Anwendungsprogrammes einführen.
Die Arbeit mit Lernprogrammen hat gegenüber Schulungen den Vorteil, daß Sie frei bestimmen können, wann Sie lernen wollen. Im Vergleich zum Lernen mit einem Handbuch haben Sie den Vorteil, daß Sie nur wenig Text lesen müssen – es gibt vielmehr kurze Hinweise auf dem Bildschirm.
Sehr viele Anwendungsprogramme liefern heute bereits ein eigenes Tutorial mit. Diese können in der Regel direkt aus dem Programm – über die Hilfefunktion – heraus gestartet werden. Tutorials machen den Anwender meist nur mit den wichtigsten Grundfunktionen eines Programms vertraut.

Sie können und wollen keine tiefergehenden Kenntnisse vermitteln.
Der Aufbau von Lernprogrammen ist in der Regel nach didaktischen Gesichtspunkten gestaltet: Am Ende eines Kapitels wird eine Zusammenfassung des zuvor gelernten Stoffes angeboten. Dies geschieht meist in Form eines einfachen Tests oder Quiz. Dadurch kann jeder selbst kontrollieren, ob er das Lernziel der Lektion erreicht hat.
Tutorials können flexibel bedient werden, der Sprung zu einem anderen Kapitel ist also jederzeit möglich. Außerdem können elektronische Lesezeichen an die Stelle gesetzt werden, an der man seinen Unterricht beendet hat. So ist es möglich, am nächsten Tag genau dort fortzufahren.
Die Arbeit mit Lernprogrammen hat natürlich auch Nachteile: Ein Programm erwartet immer eine bestimmte Antwort, Abweichungen oder Variationen werden nicht zugelassen. Spezielle Fragen zu einem Programm kann ein Tutorial nicht beantworten. Hier ist doch ein Trainer gefordert, der das Produkt umfassend beherrscht.

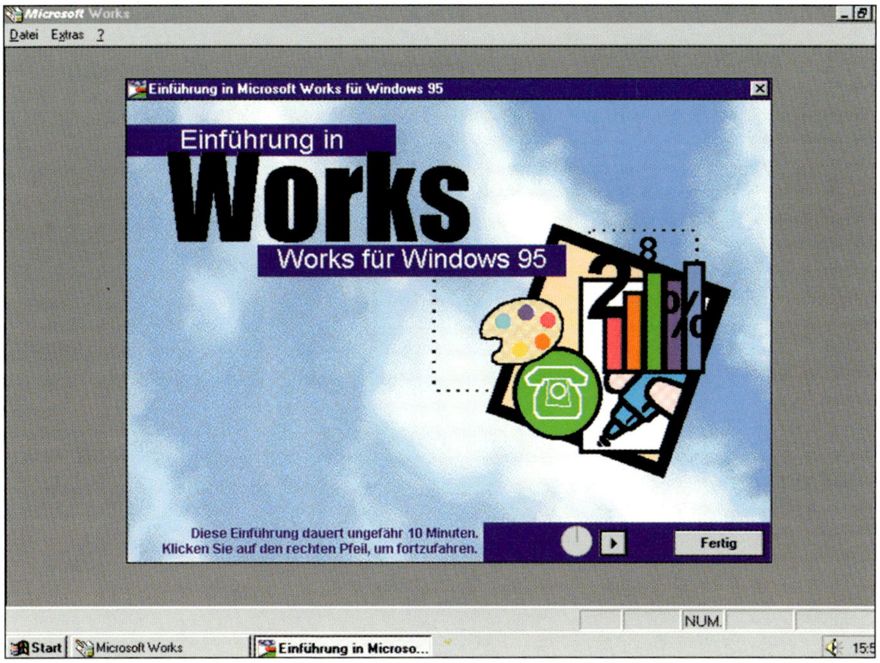

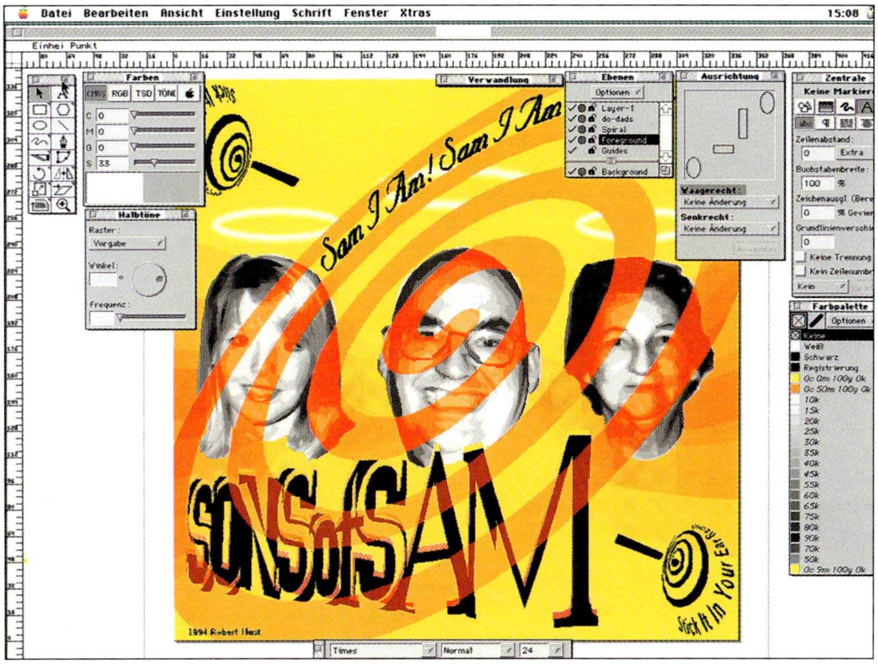

Jedes Anwendungsprogramm beinhaltet ein sogenanntes Tutorial, mit dessen Hilfe man die Bedienung der Software schnell erlernen kann.

Anhang

Fachwortverzeichnis

Adresse:
Eindeutige Kennzeichnung des Speicherortes von Informationen auf → Datenträgern. Auf den Speichermedien liegen die Informationen in Form von Datenwörtern vor, die sich aus mehreren → Bit zusammensetzen. Diese Bitkombinationen ermöglichen, daß Informationen gezielt angesprochen werden können.

Adreßbus:
Ein Leitungsbündel, das Bestandteil der → Zentraleinheit ist. Über diese Leitungen werden exakt definierte Positionen im → Speicher, internen, angesprochen, an denen Daten abgelegt oder von denen Daten abgeholt werden sollen (→ Bussystem).

Adventure:
Eine Gattung beliebter Computerspiele, in denen der Spieler in Situationen versetzt wird, die ihm Entscheidungen und das Lösen von kniffligen Problemen und Rätseln abverlangen.

ALU:
Abkürzung für: Arithmetic and Logic Unit (Rechenwerk).

Analog:
Ähnlich, vergleichbar. In der Datenverarbeitung ein Wert, dessen (physikalische) Größe stetig veränderbar ist (im Gegensatz hierzu: → digital).

Animation:
Die Bewegung von Bildern auf dem Computerbildschirm. Außerdem die Technik zur Erstellung von bewegten Bildern.

ANSI:
Abkürzung für: American National Standards Institute. Amerikanische Normengesellschaft, die frühzeitig im Bereich der Datenverarbeitung Normen festgelegt hat.

Anwendungsprogramme:
Software, die es ermöglicht, den Computer zur Erledigung bestimmter Aufgaben einzusetzen, ohne daß der Anwender über spezielle Programmierkenntnisse verfügen muß. Damit unterscheiden sich Anwendungsprogramme von Systemsoftware, die für die Bereitstellung der Grundfunktionen des Computers (→ Betriebssystem) oder als Bedienerführung (→ Benutzeroberfläche) dienen.

Arbeitsspeicher:
Im Arbeitsspeicher (→Speicher, interner) werden Programme und Daten abgelegt, die sich gerade in Bearbeitung befinden. Dies können sowohl Programmbefehle als auch Daten sein. Vom Arbeitsspeicher werden die Informationen dann an einen dauerhaften Speicher (→ Diskette, → Festplatte) übergeben.

Arcnet:
Netzwerktopologie, in der einzelne Arbeitsstationen in Form eines Sternes verbunden sind. Alle Daten gehen über einen zentralen Computer.

artificial intelligence:
Häufig abgekürzt auch AI. Sammelbegriff für alle Entwicklungen auf dem Gebiet der sogenannten „künstlichen Intelligenz“.

ASCII:
Abkürzung für: American Standard Code for Information Interchange. Internationale Vereinbarung über die Codierung alphanumerischer Zeichen.

Auflösung:
Maßeinheit für die Qualität der Zeichendarstellung bei Ausgabegeräten. Sie gibt die Anzahl der Punkte an, aus denen ein Bild aufgebaut ist.

Ausgabe:
Ergebnis eines Datenverarbeitungsvorgangs, wobei Daten nach „außen“ übertragen werden. Die Ausgabe findet auf geeigneten Ausgabegeräten in unterschiedlicher Form statt, z. B. visuell auf einem Bildschirm oder in Papierform auf einen Drucker.
Daten können aber auch in anderer Form ausgegeben werden, um mit anderen Systemen weiterverarbeitet zu können. Als Beispiel hierfür kann die Datenübertragung mit einem Modem gelten.

Ausgabeeinheit:
Alle Geräte, die maschinenlesbare Zeichen in gerätespezifische Zeichen umsetzen.
So setzt ein → Drucker den → ASCII in alphanumerische Zeichen um.

Backup:
Automatisches Verfahren zur Datensicherung, bei dem von allen → Dateien Kopien auf externen Speichermedien angefertigt werden, damit man beim Verlust von Daten durch Programmfehler oder den Ausfall von Geräten auf diese Kopien zurückgreifen kann.

BASIC:
Abkürzung für: Beginners All-purpose Symbolic Instruction Code. Zu Beginn der sechziger Jahre entstandene Programmiersprache, die sich großer Beliebtheit erfreut, weil die Befehlswörter leicht zu merken sind und eine sogenannte umstrukturierte Programmierung möglich ist.

Batch-File:
Stapelverarbeitungsdatei eines Betriebssystems. Sie führt festgelegte Befehle in einer vorgegebenen Reihenfolge durch und erleichtert somit bestimmte Arbeitsabläufe.

Baud:
Abgekürzt Bd, nach dem Pionier der Telegrafie, Jean Baudot, benannte Maßeinheit für die Schrittgeschwindigkeit der Datenübertragung. Ein Baud entspricht (nur!) bei bitweiser Übertragung einem Bit pro Sekunde (→ bps).

Benutzeroberfläche:
Die Schnittstelle zwischen einem Anwender und dem Betriebssystem. Funktionen werden dabei grafisch veranschaulicht, wodurch deren Nutzung vereinfacht wird. Die bekannteste Benutzeroberfläche im PC-Bereich ist Windows.

Betriebssystem:
Das Betriebssystem koordiniert die Zusammenarbeit von → Hardware und → Software, der unterschiedlichen Hardwarekomponenten untereinander, und es verwaltet die Speichereinheiten. Es besteht aus zahlreichen kleinen Systemprogrammen. Je nachdem, ob ein Betriebssystem einen oder mehrere Benutzer unterstützt, unterscheidet man Ein- und Mehrplatzbetriebssysteme. Bekanntestes Einplatzbetriebssystem im PC-Bereich ist → MS-DOS, während UNIX ein klassisches Mehrbenutzerbetriebssystem ist.

Bildschirm:
Ausgabegerät zur Darstellung von Computerdaten (andere Bezeichnung: Monitor). Bei Bildschirmen finden heute drei Techniken Verwendung: die Röhrentechnik (Kathodenstrahlröhre), die LCD-Technik (mit Flüssigkristallanzeige) und die Plasma-(Gasentladungs-) Technik.

Binärsystem:
Darstellungsform eines Zeichensystems, das mit nur zwei Elementen auskommt, um Zahlen, Buchstaben, Sonderzeichen und so weiter zu verschlüsseln. Wichtigstes binäres Zahlensystem ist das → Dualsystem.

Bit:
Abkürzung für: binary digit (binäre Ziffer). Kleinste von einem Computer zu verarbeitende Einheit. Jedes Bit kann nur einen von zwei möglichen Zuständen annehmen. Eine Folge von acht Bit ergibt ein → Byte.

Booten:
Vorgang nach dem Einschalten des Computers. Dabei wird die Startroutine des PC aktiviert, die die angeschlossenen Hardwarebestandteile testet und die notwenigen Betriebssystemdateien in den Arbeitsspeicher lädt.

bps:
Abkürzung für: bits per second. Maßeinheit für die Übertragungsgeschwindigkeit von Bit.

Bussystem:
Sammelleitungen zur Übertragung von Daten im Verbund der Hardwarekomponenten (Zentraleinheit, Ein- und Ausgabeeinheiten, externe Speicher und Datenendeinrichtungen). Nach Art der übertragenen Daten unterscheidet man → Adreßbus, → Datenbus und → Steuerbus.

business graphics:
Die Aufbereitung kaufmännischen Zahlenmaterials (zum Beispiel des monatlichen Umsatzes) in Form von Grafiken (zum Beispiel Linien-, Torten- oder Balkendiagrammen).

Byte:
Eine Folge von acht Bit, die als Einheit ein Computerwort ergibt. Aufgrund der möglichen Kombinationen in der Bitfolge kann in einem Byte eins von 256 verschiedenen Zeichen maschinenlesbar werden.

Cache-Speicher:
Schneller Pufferspeicher, der die Geschwindigkeit eines Computers erhöht. Durch einen speziellen Speicherbaustein oder durch ein Softwareverfahren wird ein Cache eingerichtet, der kurzfristig Informationen zwischenspeichert und Zugriffszeiten verkürzt.

CAD:
Abkürzung für: Computer Aided Design. Computerunterstütztes Entwerfen und Konstruieren, besonders in den Gebieten Maschinenbau, Elektrotechnik und Bauingenieurwesen.

CD-ROM:
Abkürzung für: Compact Disc Read Only Memory. Optisches Speichermedi-

um, das mit Hilfe von Laserstrahlen gelesen und beschrieben werden kann. Eine CD-ROM bietet im Vergleich zu herkömmlichen Speichermedien wie Disketten eine vielfach höhere Speicherkapazität und schnellere Zugriffszeiten auf die gespeicherten Informationen.

Centronics-Schnittstelle:
Nach einem Hersteller von Druckern benannte, weitverbreitete Steckverbindung von einem Computer zum Drucker für die parallele Übertragung von Daten. Das heißt, alle acht → Bit eines → Byte werden gleichzeitig über acht Leitungen gesendet.

Chip:
Siliziumplättchen von wenigen Millimetern Kantenlänge, auf das als in sich abgeschlossenes, elektronisches Bauteil (integrierter Schaltkreis) eine Vielzahl von Transistoren, Widerständen und außerdem Kondensatoren aufgebracht ist.

Clipart-Bibliothek:
Sammlung von Bildern, mit deren Erwerb auch das Recht zur Verwertung und Veröffentlichung an den Käufer übergeht. Auf → Disketten oder → CD-ROM bieten sie eine Fülle von Gestaltungsmöglichkeiten.

Codierung:
Die eindeutige Zuordnung von Zeichen, die bestimmte Informationen enthalten, zu anderen Zeichen, die daraufhin Träger jener Informationen werden.

Compiler:
Ein C. übersetzt Programme, die in einer höheren Programmiersprache geschrieben wurden, in Maschinencode. Im Unterschied zum → Interpreter, der bei jedem Programmablauf jede Programmzeile aufs neue übersetzt, übersetzen C. das gesamte Programm vor seinem Ablauf und erzielen so höhere Ablaufgeschwindigkeiten.

Coprozessor:
Zweiter oder zusätzlicher Prozessor eines Rechensystems. Coprozessoren werden eingesetzt, um dem Prozessor Arbeiten abzunehmen, die viel Zeit benötigen würden.

CPU:
Abkürzung für: Central Processing Unit. → Zentraleinheit.

Cursor:
Auf dem → Bildschirm erscheinendes Zeichen (z. B. Pfeil, Quadrat, Unterstrich), das die Stelle markiert, an der die nächsten Benutzereingaben erfolgen können. Die Steuerung des Cursors kann sowohl automatisch durch ein Programm erfolgen als auch manuell mit Hilfe von Cursor-Tasten.
→ Maus.

Datei:
Eine Sammlung von zusammengehörenden Daten unter einem Dateinamen, über den sie eingelesen, bearbeitet, wieder abgespeichert und/oder auf → Bildschirm und → Drucker ausgegeben werden können.

Dateinamenserweiterung:
Namensanhängsel an Dateinamen zur Kennzeichnung des Dateiformates. Eine Dateinamenserweiterung (engl.: extension) wird beim Speichern von einem Anwendungsprogramm automatisch angehängt und dient zur Identifizierung des jeweiligen Dateiformates.

Daten:
In Zeichen und/oder Zeichenkombinationen verschlüsselte Informationen zum Zweck der Speicherung und/oder Weiterverarbeitung auf elektronischen Datenverarbeitungsanlagen.

Datenbank:
Sammlung von → Dateien, auf die nach unterschiedlichen Kriterien zugegriffen werden kann. Aus Datenbankbeständen können zum Beispiel nach beliebigen Gesichtspunkten zusammengestellte Listen, das heißt Informationen aus verschiedenen Dateien, extrahiert und weiterverarbeitet werden.

Datenbus:
Neben → Adreßbus und → Steuerbus ein weiterer Bestandteil des → Bussystems. Der D. dient nur dem Transport der eigentlichen Daten.

Datenfernübertragung (DFÜ):
Wenn Daten über größere Entfernungen von einem Rechner oder einer Datenstation zu einem anderen Rechner übermittelt werden, spricht man von Datenfernübertragung. Dies geschieht z. B. mit Hilfe eines → Modems oder eines Akustikkopplers und Kommunikationssoftware. Dabei können öffentliche Datenleitungen (Telefonnetz, Datex) oder private Netze (LAN) genutzt werden.

Datentechnik, mittlere:
Mit dem Begriff der mittleren Datentechnik beschreibt man den nicht genau eingrenzbaren Bereich mittelgroßer kommerzieller Anwendungen.

Datenträger:
Grundsätzlich jedes Medium, auf das Daten abgelegt werden, um zu einem späteren Zeitpunkt wieder aufgerufen werden zu können (z. B. → Disketten, → Festplatten, → Magnetbänder.)

Datenverarbeitung:
Der Begriff umfaßt im weitesten Sinne jegliches Bearbeiten oder Verarbeiten von Informationen. Dies kann im Kopf, manuell, mit mechanischen, elektrischen oder – im voll automatisierten Ablauf – mit elektronischen Hilfsmitteln (Computern) geschehen.

Datex:
Leitungsnetz der Deutschen Telekom, über das Daten zwischen zwei Teilnehmern hin- und hergeschickt werden können. Man unterscheidet zwischen Datex-L und Datex-P. Datex steht hierbei für Data Exchange (Datenaustausch), das L für Leitungsvermittlung und P für Paketvermittlung. Zur Nutzung der Datex-Dienste wird ein Modem benötigt.

Desktop Publishing (DTP):
Ein Verfahren für Personal Computer, womit Texte und grafische Elemente am Bildschirm entsprechend dem späteren Ausdruck gestaltet werden können.

Digital:
In der Datenverarbeitung häufig synonym verwendet für binär codierte Informationen.
(→ Binärsystem → Codierung). Im Gegensatz hierzu: → Analog.

directory:
Das Dateieninhaltsverzeichnis eines Massenspeichers. Es enthält die Namen der dort abgespeicherten → Dateien sowie meist das Datum und die Uhrzeit ihrer Abspeicherung und die Anzahl der von einer Datei beanspruchten → Byte.

Diskette:
Externer Massenspeicher (→ Datenträger). Disketten bestehen aus einer Hülle, in der sich eine biegsame Scheibe befindet, deren Oberfläche mit einer hauchdünnen, magnetisierbaren Schicht versehen ist.

dot:
Punkt zur Darstellung von grafischen Elementen, am Bildschirm oder in der Druckausgabe zusammengesetzt. Es gilt: Je größer die Anzahl der dargestellten Punkte, desto genauer die Darstellung. Die Maßeinheit wird häufig in dpi (dots per inch) angegeben.

double density:
Doppelte Dichte. Die Aufzeichnungsdichte von → Disketten wird unter anderem über die Dichte ihrer Spuren (→ track) definiert (→ Formatierung).

double sided:
Zweiseitig. Eigenschaft von → Disketten, auf deren Vorder- und Rückseite Daten abgespeichert werden können. Dies bedingt allerdings ein Diskettenlaufwerk, das mit zwei → Schreib-/Leseköpfen ausgestattet ist.

Drucker:
Neben den → Bildschirmen sind Drucker die wichtigsten → Ausgabeeinheiten. Nach Art der Zeichendarstellung teilt man sie auf in Drucker mit Ganzzeichendarstellung und → Matrixdrucker.

DTP:
→ Desktop Publishing

Dualsystem:
Wichtigstes binäres Zahlensystem (→ Binärsystem), das auf der Basis der beiden Zahlzeichen 0 und 1 alle Zahlen als Potenzen von 2 darstellt.

Eingabeeinheit:
Alle Geräte oder Medien, die Zeichen oder physikalische Größen in solche Werte umsetzen, die vom Computer verarbeitet werden können.

E-Mail:
Abkürzung für: Electronic-Mail, elektronische Post. Austausch von Nachrichten, Informationen und Dateien über elektronische Medien. Per E-Mail können über ein Computernetz Mitteilungen in die Briefkästen (Mailboxes) anderer Benutzer gelegt werden.

Erweiterungskarte:
PCs verfügen in der Regel über eine Reihe von Steckplätzen, die zur Aufnahme von Erweiterungskarten vorgesehen sind. So läßt sich ein bestehendes Computersystem um neue Entwicklungen oder nützliche Zusatzfunktionen, z. B. eine Grafikkarte, ergänzen.

EVA-Prinzip:
Das grundlegende Prinzip jeder Datenverarbeitung: Eingabe, Verarbeitung, Ausgabe.

Extender:
Bestandteil von Dateinamen. Diese bestehen in der Regel aus maximal acht Buchstaben und/oder Ziffern, einem Punkt und einem dreistelligen E. (englisch „extent“, Ausdehnung).

FAT:
Abkürzung für: File Allocation Table, Dateizuordnungstabelle. Die FAT ist das Inhaltsverzeichnis eines Massenspeichers, in dem festgelegt ist, in welchen Speicherbereichen (Cluster) man eine Datei findet. Beim Formatieren des Datenträgers wird eine FAT neu erstellt und bei Kopier-, Lösch- oder anderen Schreibvorgängen laufend aktualisiert.

Festplatte:
Eine oder mehrere in einem luftdicht verschlossenen Gehäuse montierte starre Magnetplatten (→ Datenträger).

Font:
Zeichenvorrat eines Druckers oder Bildschirms mit unterschiedlichen Schriftarten, -größen usw., die für die Darstellung zur Verfügung stehen.

Formatierung:
Einteilung einer → Diskette oder → Festplatte in konzentrische Spuren und Sektoren. Diese erhalten eine Adressenmarkierung, Identifikations- sowie Beginn- und Endemarken, die das spätere Wiederfinden von Spur und Sektor garantieren. Datenträger werden vor Erstbenutzung formatiert.

Funktionstasten:
Bestandteil der Tastatur. Funktionstasten senden, wenn sie gedrückt werden, spezielle Steuerzeichen und lösen damit vordefinierte Abläufe aus.

GAN:
Abkürzung für: Global Area Network, internationales Netzwerk. Grenzüberschreitende Verbindung öffentlicher und privater Netze.

GByte:
Maßeinheit für die Größe von → Datenträgern. Ein GByte (GigaByte) entspricht einer Milliarde Byte oder eintausend MegaByte.

Hardcopy:
Abbildung oder Ausdruck eines Bildschirminhaltes. Ein Hardcopy ist ursprünglich ein Druckvorgang, der nicht von einem Anwendungsprogramm, sondern von der Hardware gesteuert wird. Dabei wird exakt das ausgegeben, was beim Start des Druckvorgangs auf dem Bildschirm zu sehen war.

Hardware:
Englisch für: Eisen-, Metallkurzwaren. Überbegriff für alle physikalisch vorhandenen Teile einer Datenverarbeitungsanlage. Im Unterschied hierzu: → Software.

Hauptspeicher:
→ Speicher, interner

high density:
Hohe Dichte. Diskettenformat mit hoher Speicherdichte und -kapazität.

IC:
Abkürzung für: Integrated Circuit (integrierter Schaltkreis). Ist ein → Chip in einem Gehäuse mit Anschlußstiften untergebracht, spricht man von einem IC.

importieren:
Das Einfügen von Daten (Quelldateien) in ein anderes Programm (Zieldatei). Der Import findet über Filter statt.

Inkompatibilität:
Die Unfähigkeit zweier Systemkomponenten zum Informationsaustausch.

Installation:
Alle Erfordernisse, um → Hardware und → Software anwendungsbereit zu machen. Generell das Einrichten von Hard- und Softwarekomponenten auf einem Computersystem.

Interpreter:
Übersetzungsprogramm in Programmiersprachen. Sie dienen der Übersetzung von Programmbefehlen (Quellcode) in den Maschinencode des Computers.

ISDN:
Abkürzung für: Integrated Services Digital Network (digitales Netzwerk für zusammengefaßte Leitungen). Computergesteuertes Übertragungsnetz der Deutschen Telekom, mit dem Texte, Daten, Sprache und Bilder übermittelt werden können.

KByte:
Maßeinheit für die Größe von Arbeits- und Festspeichern. 1 KByte = 1024 Byte.

Kompatibilität:
Verträglichkeit. Programme, Rechner und/oder elektronische Baugruppen sind untereinander kompatibel, wenn sie ohne besondere Maßnahmen zusammenarbeiten können.

Konfiguration:
Zusammensetzung des PC mit Hard- und Software.

LAN:
Abkürzung für: Local Area Network, lokales → Netzwerk. Als LAN bezeichnet man einen Netzwerktyp, der innerhalb eines Gebäudes besteht.

Laptop:
Tragbarer Computer mit LCD-Anzeige. Er darf max. ein Gewicht von 5 kg besitzen. Noch kleiner und leichter dagegen sind → Notebooks.

Laserdrucker:
Sehr schneller Matrixdrucker mit besonders guter Schrift- und Zeichenqualität. Das Grundprinzip entspricht dem Fotokopierer, die Fotoleitertrommel wird jedoch von einem entsprechend gesteuerten Laserstrahl belichtet.

LCD-Bildschirm:
Abkürzung für: Liquid Crystal Display-Bildschirm. Bei diesem Bildschirmtyp werden die Daten auf Basis von Flüssigkristallen angezeigt. L. verbrauchen wenig Strom und besitzen ein geringes Gewicht. Sie finden vor allem bei tragbaren Computern wie Laptop und Notebook Einsatz.

Magnetband:
Externes Speichermedium (→ Datenträger), oft in Form von Kassetten. Daten werden auf Magnetbänder sequentiell (hintereinander weg) gespeichert und gelesen.

MAN:
Abkürzung für: Metropolitan Network, innerstädtisches Netzwerk. Vernetzung von → LAN in einem Umkreis von 100 km.

Matrixdrucker:
Sammelbegriff für Druckertypen, die aus einer Vielzahl von Punkten Zeichen zusammensetzen (→ Nadeldrucker, → Tintenstrahldrucker, → Thermodrucker, → Laserdrucker).

Maus:
Ein kleines Eingabegerät, das an seiner Unterseite mit einer drehbar gelagerten Kugel ausgestattet ist. Durch Rollen über eine ebene Fläche gibt die Maus Impulse an den Rechner ab und steuert so die Bewegungen des → Cursors auf dem → Bildschirm.

MByte:
Maßeinheit für die Größe von Arbeits- und Festspeichern. Ein MByte = etwa eine Million → Byte.

Menütechnik:
Methode der Benutzerführung in → Anwendungsprogrammen. Befehle für einzelne Arbeitsschritte werden durch Auswahl aus einem angebotenen Vorrat (Menü) gegeben. Dabei zeigt jedes Menü dem Benutzer alle zu einem bestimmten Zeitpunkt möglichen Arbeitsschritte auf dem → Bildschirm an.

Modem:
Kunstwort aus: Modulator/Demodulator. Ein Gerät zur Umwandlung → digitaler Informationen in elektrische Frequenzen oder Tonsignale (→ analog) und umgekehrt.

MS-DOS:
Abkürzung für: Microsoft Disc Operating System. → Betriebssystem der amerikanischen Firma Microsoft, das im Bereich der Personal Computer weite Verbreitung gefunden hat.

Multimedia:
Darstellungsmöglichkeit von Informationen durch die Integration mehrerer unterschiedlicher Medien, wie z. B. Text, Ton, bewegtes Bild und Standbild.

Multitasking:
Gleichzeitiges Arbeiten mit mehreren Programmen (englisch: task, Aufgabe). Die Fähigkeit eines → Betriebssystems, den Arbeitsspeicher so zu verwalten, daß die Arbeit mit verschiedenen Anwenderprogrammen gleichzeitig möglich ist.

Nadeldrucker:
Nadeldrucker gehören zur Gruppe der Matrixdrucker. Sie setzen die einzelnen Zeichen aus Punkten zusammen, und diese werden durch mechanischen Anschlag der Nadeln (Durchmesser: weniger als 0,4 mm) auf ein Farbband auf dem Papier sichtbar gemacht.

Netzwerke:
System von miteinander verknüpften Computern. Diese werden durch Leitungen miteinander verbunden, um u. a. Daten untereinander austauschen und Speichermedien gemeinsam nutzen zu können. Man unterscheidet öffentliche und geschlossene (einem bestimmten Benutzerkreis vorbehaltene) Netzwerke, klassifiziert sie nach Art ihrer räumlichen Ausdehnung und nach der Art ihrer Vernetzung (Bus-, Ring-, Sternnetzwerke und vermaschtes Netzwerk). → GAN, → LAN, → MAN, → WAN

Notebook:
DIN-A4-große, tragbare Computer mit einem Gewicht von ca. 2 bis 3 kg. Sie besitzen einen LCD- oder einen Plasmabildschirm.

offline:
Englisch für: nicht angeschlossen, nicht verbunden.

online:
Englisch für: angeschlossen, verbunden. Ein online arbeitendes Peripheriegerät ist über eine Leitung direkt mit der sie steuernden und überwachenden → Zentraleinheit verbunden.

Peripherie:
An die → Zentraleinheit angeschlossene Ein- und Ausgabegeräte und externe Speicher.

Plotter:
Ausgabegerät für grafische Darstellungen auf Papier.

Programmiersprache:
Künstliche Sprache, in denen Algorithmen in einer Form definiert sind, die einerseits für den Anwender möglichst verständlich sein soll und andererseits dem zur Programmiersprache gehörenden Übersetzungsteil eindeutige Handlungsanweisungen für seine Arbeit gibt.

Prozessor:
Bauteil eines Computers, in dem die Verarbeitung der Daten stattfindet. Zum Prozessor gehören: Steuerwerk, Rechenwerk (ALU), → Register und → Bussystem.

Prüfbit:
Ergänzt eine Bitkombination zu einer (geraden oder ungeraden) → binären Quersumme und dient der Erkennung von Übertragungsfehlern.

RAM:
Abkürzung für: Random Access Memory, Speicher mit wahlfreiem (englisch „random") oder direktem Zugriff (englisch „access"), gelegentlich auch Schreib-/Lesespeicher genannt.

Register:
Als Register bezeichnet man die internen Speicherplätze des → Prozessors.

ROM:
Abkürzung für: Read Only Memory, Nur-Lese-Speicher. Im Gegensatz zu Schreib-/Lesespeichern (→ RAM) sind ROM Festwertspeicher. Ihre Inhalte sind unveränderbar und bleiben auch nach dem Wegfallen der Betriebsspannung erhalten.

Schnittstelle:
Jede Verbindung, über die eine EDV-Komponente mit einer anderen in Kontakt treten kann (englisch: Interface).

Schreib-/Lesekopf
Element zum Beschriften und Einlesen von Daten auf/von magnetischen Oberflächen.

Sektor:
Kleinste, adressierbare Speichereinheit auf einer → Diskette oder → Festplatte (→ Formatierung).

Server:
Computer in einem Netzwerk mit zentralen Steuerungsfunktionen. Ein Server stellt den im Netz befindlichen PC Daten und Programme zur Verfügung und verwaltet gemeinsame Ressourcen.

Software:
Der Begriff umfaßt alle zur Inbetriebnahme der → Hardware notwendigen Programme. Je nach Einsatzgebiet unterscheidet man zwischen Anwendungsprogrammen, Systemsoftware (→ Betriebssystem) und Programmiersprachen.

Speicher:
Grundsätzlich jedes Medium, das der Aufnahme von Daten in computerlesbarer Form dient.

Speicher, externe:
Sie dienen dazu, die begrenzte → Speicherkapazität des internen Speichers zu erweitern und/oder Daten in unbegrenztem Umfang dauerhaft zu fixieren (→ Datenträger).

Speicher, interner:
Auch Haupt- oder Arbeitsspeicher genannt. Er besteht aus einem Festwertspeicher (→ ROM) und einem flüchtigen Speicher (→ RAM).

Steuerbus:
Bestandteil des → Bussystems. Er überträgt die Signale zur Ablaufsteuerung aller Operationen.

Systemprogramme:
Gesamtheit aller Programme, die im Computer für den reibungslosen Ablauf aller → Anwendungsprogramme sorgen. Hierzu zählen beispielsweise Dienst- und Übersetzungsprogramme.

Tastatur:
Eingabegerät zur Eingabe von Daten und Befehlen.

Thermodrucker
→ Matrixdrucker. Bei den älteren werden die Zeichen durch Erwärmen der Segmente des Druckkopfes in ein hitzeempfindliches Spezialpapier eingebrannt. Beim modernen Thermo-Transfer-Drucker wird durch den Druckkopf die wärmeempfindliche Schicht eines speziellen Farbbandes geschmolzen und verbindet sich mit dem Papier.

Tintenstrahldrucker:
→ Matrixdrucker, der geräuschlos feine Farbpunkte auf das Papier spritzt.

Track:
Spur. Beim → Formatieren werden → Disketten und Festplatten in konzentrische Kreise (Spuren oder „tracks") sowie in radiale Sektoren aufgeteilt. Die Abstände der einzelnen Spuren voneinander sind identisch.

Treiber:
Programme zur Gerätesteuerung. Sie dienen zur Ansteuerung z. B. von Ausgabegeräten (Drucker, Bildschirm).

Utility:
Dienstprogramm, mit dem man Arbeitsschritte automatisieren kann. Häufig eingesetzte Utilities pflegen Datenbestände (→ Backup und Kopieren) und das Computersystem (Deinstallation von Software).

WAN:
Abkürzung für: Wide Area Network, Weitbereichsnetz. Ein Netzwerk, das sich über eine große Entfernung erstrecken kann. Hierzu werden mehrere Netze über Knotenrechner oder mit Hilfe öffentlicher Datenleitungen miteinander verbunden.

Zentraleinheit:
Im Bereich der Personal Computer hat es sich eingebürgert, den zentralen Teil des Gerätes – also alles, was sich im Hauptgehäuse befindet und somit praktisch den kompletten Computer mit Ausnahme von → Tastatur, → Bildschirm und anderen → Peripheriegeräten – als Zentraleinheit zu bezeichnen. Der Begriff wird nicht einheitlich verwendet, oft wird auch der → Prozessor Zentraleinheit oder → CPU genannt.

Register

A

Abenteuerspiele 129
Adreßbus 11
A/D-Wandler 40
Aiken, Howard H. 16
Akustikkoppler 76
ALGOL 133
Altanasoff, John 17
American Online 84
Anwendungsgebiete 10
Anwendungssoftware 103
API 99
Application Programming Interface 99
Arbeitsspeicher 13, 33
Assembler 131
Auflösungsstandards 60
Ausgabegeräte 59

B

Babbage, Charles 16
BASIC 132
Baud 76
Belichter 66
Benchmark-Programme 129
Benutzeroberflächen 98
Betriebssystem 91
Betriebssystemerweiterung 99
Bildschirm 59
Bildschirm-Auflösungsstandards 60
Bildschirmschoner 119
Bildwiederholfrequenz 60
Bit pro Sekunde 77
Blocksatz 116
Bootvorgang 91
Branchenprogramme 120
Braunsche Röhre 59
BubbleJet-Drucktechnik 64
Buchhaltungsprogramme 121
Busnetzwerke 86
Bussystem 11
Button, druckempfindlicher 50

C

C 132
Cache-Speicher 34
CAD 123
CD-Arten 70
CD-ROM 70
CD-ROM-Laufwerke 45
Chip 15
COBOL 132
Compact Disk 69
CompuServe 83
Computerkauf 135
Computerseminar 141
Coprozessoren 33
CPU 30
CUA-Menüs 98
Cursor 106

D

Datenaustausch 101
Datenautobahn 75, 81
Datenbankprogramme 110
Datenbus 12
Datendurchsatz 77
Datenfernübertragung 75
Datenleitungen 78
Datentechnik, mittlere 27
Datex-L 79
Datexnetz 79
Datex-P 79
DBase 112
DDE-Funktionen 102
Demo-Programme 129
Designer 114
Desktop-PC 23
Desktop Publishing (DTP) 115
DFÜ 75
digitaler Fotoapparat 58
Digitalisiertablett 52
Diskette 42, 67
Diskettenlaufwerke 42
DOS 95
DRAM 38
Draw-Programme 114
3,5-Zoll-Laufwerke 42
druckempfindlicher Button 50
Drucker 62
Druckmanager 101
DTP-Programme 115

E

EDV-Schulung 141
Eingabegeräte 48
Einzelplatzsysteme 26
EISA 12
Enhanced-IDE-Schnittstelle 45
Entwicklungssysteme 129
Ergonomie 61
Erweiterungssteckplätze 35, 36
Excel 109
externes Modem 76

F

Fachhandel 137
FAT 92
Fenster, aktive 100
Fenstertechnik 100
Festplatten 68
Festplatten-Controller 44
Festplattenlaufwerke 44
File Allocation Table 92
Flachbett-Plotter 66

Flachbettscanner 56
Flattersatz 116
floppy disc 42, 67
Flüssigkristallschirm 61
Formatvorlagen 106
FORTH 133
FORTRAN 132
Fotoapparat, digitaler 58
Fotoleitertrommel 65
Framegrabber 58

G

Gates, Bill 19
GDI-Laserdrucker 65
gewerbliche Programme 120
Glasfaserkabel 87
globale Netze 87
Grafikkarten 37
Grafikprogramme 112
Grafikstandards 39
Grafiktableau 52
grafische Benutzeroberflächen 98
Großrechner 27

H

Hahn, Philipp Matthäus 16
Handscanner 56
hard disc 44
Hardware 28
Harvard Graphics 113
Herstellung 14
Hilfsprogramme 119
Hollerith, Hermann 16
Homecomputer 24

I

IC 15
IDE-Schnittstelle 45
Imagedrucker 66
Information Highway 75
Infotainment 127
Integrierte Softwareprogramme 117
Interlace 60
internes Modem 76
Internet 82
ISA 12
ISDN 70

J

Joystick 52

K

Kamera, digitale 58
Kathodenstrahlbildschirme 60
Kauf eines Computers 135
Kernprogramm 89
Kommandoprozessor 90
Kommunikation 74

L

Laptop 22
Laserdrucker 64
Laufwerke 40
Layoutprogramm 115
LCD-Technik 61
Leibniz, Gottfried Wilhelm von 16
Leiterbahnen 15
Leiterplatte 15
Lernprogarmme 124, 144
Lichtgriffel (Lightpen) 54
Local Bus 12
Lokale Netze 85
Lotus 1-2-3 für Windows 110
Lotus Notes 112

M

Magnetbänder 72
Magnetkopf 42
Magneto-optische Discs 71
Makros 106
Malprogramme 114
MAN 87
Maskengeneratoren 119
Matrixdrucker 63
Maus 49
— mechanische 49
— optische 50
MCA 12
MDT 27
MF-II-Tastatur 48
Microsoft Network (MSN) 83
MIDI-Schnittstelle 40
Mischvernetzung 86
Modem 76
Monitor 59
Motherboard 30
MPR-II-Norm 61
MS-DOS 95
Multimedia 125
Multimedia-Karten 58
Multimedia-PC 24
Multitasking 94
Multiuser-Betrieb 95
Mutterplatine 30

N

Nadeldrucker 63
Netze
— globale 87
— lokale 85
Netzwerkadapter 85
Netzwerkarchitekturen 86

Neumann, John von 17
Norton Desktop 119
Notebook 22

O

Office-Programme 118
OLE-Technik 102
optischer Speicher 69
Organizer 25, 26
OS/2 96

P

PageMaker 117
Paint 115
Paintbrush 115
Paint-Programme 114
Palmtop 25
Paradox 112
parallele Schnittstelle 12
PASCAL 133
Pascal, Blaise 16
PC, tragbarer 22
PC-Gehäuseformen 22
PC-Tools 119
PDA 25
PEN-PDA 25, 26
Pentium 32
Personal Computer 21
Photokomposer 66
Piezo-Verfahren 63
Plasmatechnik 61
Platine 15
Plotter 66
Pocket-Modem 76
Portabilität 91
Powerpoint 113
Programmiersprachen 131
PROLOG 133
Protected Mode 94
Prozessor 13, 30
Public-Domain-Software 130
Publisher 117
Pull-Down-Menüs 98

Q

QuarkXPress 117
Quasi-Multitasking 100
Quattro Pro für Windows 110

R

RAM 33
Rechtschreibhilfen 107
Ringnetzwerke 86
ROL 84
ROM 34

S

SAA/CUA-Standard 98
Samplingrate 40
Samplingtiefe 40
Scanner 55
Schaltung
— elektronische 14
— integrierte 15
Scheckkarten-Modem 76
Schickhardt, Wilhelm 16
Schnittstelle 35
— parallele 12, 35
— serielle 36
Schreib-Leseköpfe 44, 68
Schulung 141
SCSI-Schnittstelle 45
Service 134
Silbentrennungsfunktion 107
Simulationen 129
Software 88
Softwareprogramme, integrierte 117
Soundblaster 40
Soundkarte 39
Speicher, optischer 69
Speicheradressierung, direkte 93
Speichermanagement, virtuelles 101
Speichermedien 67
Spiele 127
Spracheingabe 58
StarWriter 108
Sternnetzwerke 86
Steuerbus 11
Streamerkassetten 72
Strichcodeleser 57
Suchen-und-Ersetzen-Funktion 106
Supercomputer 27
Syquest-Wechselplatten 72
System 7 97
Systemplatine 30

T

Tabellenkalkulation 108
Taktfrequenz 13
Tastatur 48
TCO-Richtlinie 61
Technisch-wissenschaftliche
  Programme 123
Testberichte 136
Textprogramme 107
Textverarbeitung 105
Thermodrucker 65
Thermotransferdrucker 65
Tintenstrahldrucker 62, 63
Tischmodem 76
T-Online 81
Touchscreen 54
Trackball 50
Treiberprogramme 90
Trommelplotter 66
Trommelscanner 56
Tutorials 144

U

UNIVAC I. 17
Universalscanner 55
UNIX 97
Utilities 119

V

Versandhandel 138
Verzeichnisstruktur 92
Videospeicher 38
virtuelles Speichermanagement 101
VRAM 38

W

Wafer 14
WAN 27, 87
Wartung 139
Wechselfestplatten 72
Wide Area Network 27
Windows 99
Windows 95 96
Windows-Desktop 99
Windows NT 95
WinWord 107
Word für Windows 107
Word Pro 108
Works für Windows 118
Workstations 26
WORM 71
WYSIWYG (What You See Is What You Get) 116
WYSIWYG-fähig 108

Z

Zeichenprogramme 114
Zeilensprungverfahren 60
Zeitscheibenverfahren 100
Zentraleinheit 11, 14, 30
Zuse, Konrad 16
Zwischenablage 102

Die Deutsche Bibliothek – CIP-Einheitsaufnahme

Maag, Daniela:
Computer-Grundwissen / Autorin Daniela Maag. –
Niedernhausen/ Ts. : Bassermann, 1997.
ISBN 3-8094-0281-8

ISBN 3-8094-0281-8

Umschlaggestaltung: Peter Udo Pinzer
Titelbild: Pool Gesellschaft für Werbefotografie mbH, Griesheim
Fotos: Agfa, Leverkusen: S. 56 oben; bomico, Kelsterbach: S. 128 unten, 129; Borland, Langen: S. 132, 133; BR/M. Sprögel: S. 17 oben rechts; Cherry: S. 49; Citizen Europe: S. 65; Commodore, Frankfurt/Main: S. 18; Control Data, Frankfurt/Main: S. 143; DeTeWe, Berlin: S. 81, 82, 87; Digitech, Saarbrücken: S. 76; 3M, Neuss: S. 71 rechts; 1 & 1, Montabaur: S. 120, 121, 122, 127; Epson, Düsseldorf: S. 63; Hewlett-Packard, Böblingen: S. 63, 64; IBM Deutschland, Stuttgart: S. 14, 15, 16, 17 oben links u. unten, 19 links, 19 rechts, 26, 31, 32 links u. rechts, 34, 37 oben, 41, 44, 45 oben, 51, 54 oben, 54 unten, 55 oben, 59 oben, 71 links, 72, 75, 78, 80, 85, 90 links, 94, 97, 104, 123, 124, 135, 136, 138, 139, 140, 142, 145; Intel, Feldkirchen: S. 33; Kodak, Stuttgart: S. 58 oben; Logitech, München: S. 50, oben u. unten, 53, 55 unten, 56 unten, 57, 58 unten; Lotus Development, München: S. 107; Macrotron, München: S. 66; Micrografx, München: S. 114; Microsoft (Publipress, Ottobrunn): S. 19 Mitte, 83, 84, 90 rechts, 91, 92, 93, 96, 98, 99, 100, 101, 102, 103, 105, 106, 108, 109 oben u. unten, 110, 111, 112, 113 oben u. unten, 115, 116 oben u. unten, 117, 118 oben u. unten, 119, 125, 128 oben, 130 oben u. unten; Miro, Braunschweig: S. 29, 37 unten; Momenta, Frankfurt/Main: S. 25; Motorola, Wiesbaden: S. 79; Nokia: S. 61 unten; Olivetti, Frankfurt/Main: S. 22; Panasonic, Hamburg: S. 47; Peacock, Wunnenberg-Haaren: S. 23 oben, 24; Peter Pinzer: S. 35, 67, 68, 70; Roland, Nordenstedt: S. 39, 40; Seagate, München: S. 45 unten, 69; Sharp, Hamburg: S. 137; Siemens Nixdorf, Augsburg: S. 158; Sigma (HBI, München): S. 60, 61 oben; Sony Deutschland, Köln: S. 7, 38, 59 unten; Tandon, Frankfurt/Main: S. 43, 73; Toshiba, Neuss: S. 23 links unten, 46, 52, 70; Vobis, Aachen: S. 23 rechts unten, 48.

Zeichnungen S. 86: H. Sinz, Essen
Layout: Hartmut Steinebrunner, Frankfurt/Main
Redaktion: Marlies Ferber
Herstellung: Harald Kraft

Satz: FROMM MediaDesign GmbH, Selters/Ts.
Gesamtkonzeption: Bassermann'sche Verlagsbuchhandlung, 65527 Niedernhausen/Ts.

817 2635 4453 6271